普通高等教育"十二五"规划教材
经济管理类数学基础系列

概率论与数理统计
（第二版）

李伯德　智　婕　主编

科学出版社
北　京

内容简介

本书是"普通高等教育'十二五'规划教材·经济管理类数学基础系列"之一.全书包括八章内容:随机事件与概率、随机变量及其分布、多维随机变量及其分布、大数定律与中心极限定理、数理统计的基础知识、参数估计、假设检验及回归分析.

本书体系完整,逻辑清晰,深入浅出,便于自学,既可作为高等学校经济类、管理类专业和其他相关专业概率论与数理统计课程的教材或教学参考书,也可供考研者参考使用.

图书在版编目(CIP)数据

概率论与数理统计/李伯德,智婕主编. —2 版. —北京:科学出版社,2015
普通高等教育"十二五"规划教材. 经济管理类数学基础系列
ISBN 978-7-03-044457-8

Ⅰ.①概… Ⅱ.①李…②智… Ⅲ.①概率论-高等学校-教材②数理统计-高等学校-教材 Ⅳ.①O21

中国版本图书馆 CIP 数据核字(2015)第 114493 号

责任编辑:相 凌 孙翠勤/责任校对:李 影
责任印制:徐晓晨/封面设计:华路天然工作室

科学出版社 出版
北京东黄城根北街 16 号
邮政编码:100717
http://www.sciencep.com

北京厚诚则铭印刷科技有限公司 印刷
科学出版社发行 各地新华书店经销
*

2010 年 8 月第 一 版　　开本:720×1000　1/16
2015 年 6 月第 二 版　　印张:15 1/2
2018 年 1 月第十三次印刷　字数:320 000
定价:39.00元
(如有印装质量问题,我社负责调换)

第二版前言

2010年本书第一版出版以来,按照全国高等学校教学研究中心研究项目"科学思维、科学方法在高校数学课程教学创新中的应用与实践"的要求,进行了五年的教学实践.五年中,读者和使用本书的同行们提出了许多宝贵的修改意见和建议,这些意见和建议除了在平时的教学实践中不断吸纳外,借这次修订机会,对本书的部分内容也作了相应调整与修订,使其更符合先易后难、循序渐进的教学规律.本书是兰州财经大学"质量工程"——"经济数学基础系列课程教学团队(2013年度)"教材建设的阶段性成果.

本书习题配置合理,难易适度,适当融入了一些研究生入学考试内容,选用了近年全国硕士研究生入学统一考试中的部分优秀试题,如1998考研真题用(1998)表示,2009考研真题用(2009)表示.教材每章后的习题均为(A)(B)两组,其中(A)组习题反映了本科经济管理类专业数学基础课的基本要求,(B)组习题综合性较强,可供学有余力或有志报考硕士研究生的学生练习.

各章中标有"*"的内容是为对数学基础要求较高的院校或专业编写的,可以作为选学内容或供读者自学使用.

本书由李伯德、智婕主编.第1章由张再玲编写,第2章由智婕编写,第3、4章由李伯德编写,第5、6章由刘转玲编写,第7、8章由张力远编写,全书由主编统稿定稿.

尽管这次修订编者希望本书更符合现代教育教学规律,更符合大学数学教学的实际,更容易被读者所接纳,但仍可能存在不妥之处,恳请读者和同行继续批评指正.

编 者
2015年3月

第一版前言

本书是"中国科学院'十一五'规划教材·经济管理类数学基础系列"教材之一，是全国高等学校教学研究中心"科学思维、科学方法在高校数学课程教学创新中的应用与实践"的研究成果。本书由多年从事数学教学实践的教师，根据教育部高等学校数学与统计学教学指导委员会制定的"经济管理类数学基础课程教学基本要求"和最新颁布的《全国硕士研究生入学统一考试数学(三)》考试大纲的要求，按照继承与改革的精神编写而成。

"概率论与数理统计"是一门研究随机现象统计规律性的数学课程，在工程技术、军事、经济、管理乃至社会科学诸多领域有着广泛的应用，是经济管理类专业学生必修的基础课程。

同时，它还是一门基础理论与应用方法并重的课程。对基础理论部分，本书从实例出发，逐步归纳分析，最终给出一般性的概念和结论，并注重其实际意义的解释说明，力求通俗易懂，如概率的公理化定义、中心极限定理等。这样由浅入深学习，可以培养学生的抽象思维能力。在实际应用方面，本书对应用型例题进行了精心编排，力求具有针对性、实用性，注重对学生解决问题能力的训练，有利于激发学生的学习兴趣，提高学习效率。

本书的大多数例题和习题都体现了经济管理的特色，学生可以更多地接触用数学方法解决经济管理问题的实例，以提高分析问题、解决问题的能力。

本书由李伯德教授、张再玲副教授主编。第1章由张再玲编写，第2、3章由智婕编写，第4、5章由李伯德编写，第6、7章由刘转玲编写，第8、9章由王媛媛编写，全书由主编统稿定稿。

由于编者水平有限，书中疏漏及不妥之处在所难免，恳请读者及专家学者批评指正。

编　者
2010年3月

目　　录

第1章　随机事件与概率 ··· 1
1.1　随机事件 ··· 1
一、随机现象 ··· 1
二、随机试验与样本空间 ·· 2
三、随机事件 ··· 2
四、随机事件的集合表示 ·· 3
五、事件的关系与运算 ·· 3
六、事件的运算性质 ··· 5
1.2　随机事件的概率 ··· 6
一、用频率估计概率 ··· 6
二、概率的公理化定义 ·· 8
三、概率的性质 ··· 8
1.3　古典概型和几何概型 ·· 10
一、古典概型 ·· 10
二、几何概型 ·· 14
1.4　条件概率与概率的三个基本公式 ································· 15
一、条件概率 ·· 15
二、乘法公式 ·· 17
三、全概率公式 ·· 18
四、贝叶斯公式 ·· 19
1.5　事件的独立性与独立重复试验 ···································· 21
一、两个事件的独立性 ··· 21
二、有限个事件的独立性 ·· 22
三、n重伯努利试验 ·· 23
习题1 ··· 25
第2章　随机变量及其分布 ··· 30
2.1　随机变量及其概率分布 ··· 30
一、随机变量的概念 ·· 30
二、随机变量的分布函数 ·· 31
2.2　离散型随机变量 ·· 32

一、离散型随机变量的概率分布 32
　　二、离散型随机变量的分布函数 35
2.3　连续型随机变量 36
　　一、连续型随机变量的概率密度 37
　　二、连续型随机变量的分布函数 38
2.4　随机变量函数的分布 40
　　一、离散型随机变量函数的分布 41
　　二、连续型随机变量函数的分布 42
2.5　随机变量的数学期望与方差 44
　　一、随机变量的数学期望 44
　　二、随机变量的方差 48
2.6　常用分布及其数字特征 50
　　一、常用的离散型分布及其数字特征 50
　　二、常用的连续型分布及其数字特征 58
2.7　随机变量的矩和切比雪夫不等式 66
　　一、矩的概念 66
　　二、切比雪夫不等式 67
习题2 69

第3章　多维随机变量及其分布 75

3.1　多维随机变量及其联合分布函数 75
　　一、多维随机变量的概念 75
　　二、联合分布函数 75
　　三、联合分布函数的性质 76
　　四、边缘分布函数 77
3.2　二维离散型随机变量 78
　　一、联合概率分布 78
　　二、边缘概率分布 81
　　三、条件概率分布 82
3.3　二维连续型随机变量 83
　　一、联合概率密度 83
　　二、边缘概率密度 85
　　三、条件概率密度 85
　　四、两种重要的二维连续型分布 86
3.4　随机变量间的独立性 89
　　一、两个随机变量相互独立的概念 89

  二、离散型随机变量独自的充要条件 …………………………………… 89
  三、连续型随机变量独立的充要条件 …………………………………… 90
  四、二维正态随机变量的两个分量独立的充要条件 …………………… 91
  *五、$n(n>2)$个随机变量相互独立的结论 ……………………………… 92
 3.5 二维随机变量函数的分布 ………………………………………………… 92
  一、二维离散型随机变量函数的分布 …………………………………… 92
  二、二维连续型随机变量函数的分布 …………………………………… 94
  *三、两个连续型随机变量之差、积与商的概率密度 …………………… 98
 3.6 二维随机变量的数字特征 ………………………………………………… 99
  一、两个随机变量的函数的期望公式 …………………………………… 99
  二、数学期望与方差的运算性质 ………………………………………… 100
  三、协方差 ………………………………………………………………… 102
  四、相关系数 ……………………………………………………………… 105
 习题 3 …………………………………………………………………………… 108

第 4 章 大数定律与中心极限定理 …………………………………………… 114
 4.1 大数定律 ………………………………………………………………… 114
  一、依概率收敛 …………………………………………………………… 114
  二、大数定律 ……………………………………………………………… 114
 4.2 中心极限定理 …………………………………………………………… 116
  一、独立同分布下的中心极限定理 ……………………………………… 117
  二、二项分布的极限分布是正态分布 …………………………………… 117
  三、中心极限定理用于统计推断（近似计算） ………………………… 118
 习题 4 …………………………………………………………………………… 121

第 5 章 数理统计的基础知识 …………………………………………………… 123
 5.1 数理统计的基本概念 …………………………………………………… 123
  一、总体和个体 …………………………………………………………… 123
  二、样本与样本分布 ……………………………………………………… 124
  三、统计量 ………………………………………………………………… 125
  四、常用的统计量 ………………………………………………………… 126
 5.2 常用的统计分布 ………………………………………………………… 127
  一、分位数 ………………………………………………………………… 127
  二、χ^2 分布 …………………………………………………………… 128
  三、t 分布 ………………………………………………………………… 130
  四、F 分布 ………………………………………………………………… 132
 5.3 抽样分布 ………………………………………………………………… 134

一、抽样分布概述 ·· 134
　　二、正态总体的抽样分布 ·· 134
　　三、非正态总体的抽样分布 ·· 139
习题 5 ·· 139

第 6 章　参数估计 ·· 142
6.1　点估计概述 ·· 142
　　一、点估计的概念 ·· 142
　　二、评价估计量的标准 ·· 143
6.2　最大似然估计与矩估计 ·· 146
　　一、最大似然估计 ·· 146
　　二、矩估计 ··· 151
6.3　区间估计 ·· 153
　　一、单个正态总体参数的置信区间 ·· 154
　　二、双正态总体参数的区间估计 ·· 159
习题 6 ·· 163

第 7 章　假设检验 ·· 167
7.1　假设检验的基本概念 ··· 167
　　一、假设检验问题的提出 ·· 167
　　二、假设检验的基本思想 ·· 168
　　三、显著性水平与拒绝域 ·· 169
　　四、假设检验的两类错误 ·· 170
　　五、假设检验的基本步骤 ·· 170
7.2　一个正态总体参数的假设检验 ·· 171
　　一、均值的假设检验 ·· 171
　　二、方差的假设检验 ·· 174
7.3　两个正态总体参数的假设检验 ·· 175
　　一、两均值差异性的假设检验 ·· 175
　　二、两均值未知时,两方差差异性的假设检验 ·· 178
*7.4　比率的假设检验 ·· 179
　　一、单总体比率的假设检验 ·· 179
　　二、两总体比率的差异性比较 ·· 180
*7.5　参数的假设检验与区间估计的关系 ·· 181
*7.6　非参数的假设检验 ·· 182
　　一、频率直方图 ··· 183
　　二、皮尔逊 χ^2 拟合检验法 ··· 184

习题 7 ·· 186

第 8 章　回归分析 ·· 189
8.1　回归分析概述 ··· 189
8.2　一元线性回归分析 ··· 190
一、一元线性回归模型 ··· 190
二、参数 β_0,β_1,σ^2 的最小二乘估计 ································ 191
三、一元线性回归模型的显著性检验 ···························· 195
四、预测和控制 ·· 198
*8.3　一元非线性回归模型的线性化 ································ 201
*8.4　多元线性回归 ··· 204
一、多元线性回归模型 ··· 204
二、回归系数的最小二乘估计 ····································· 205
三、回归模型的显著性检验 ·· 206
四、多元线性回归模型的预测 ····································· 208

习题 8 ·· 209

部分习题参考答案 ··· 211
参考文献 ·· 226
附表 ·· 227
附表 1　泊松分布表 ··· 227
附表 2　标准正态分布函数 $\Phi(x)$ ······································ 229
附表 3　χ^2 分布上侧分位数 $\chi^2_{\alpha,n}(1 \leqslant n \leqslant 45)$ ························ 230
附表 4　F 分布上侧分位数 $F_\alpha(n_1,n_2)$ ································ 232
附表 5　t 分布上侧分位数表 ·· 237
附表 6　检验相关系数的临界值表 ······································· 238

第 1 章 随机事件与概率

概率论与数理统计是研究随机现象统计规律性的一门应用性学科. 它的理论与方法广泛应用于工业、国防、经济与工程技术等领域. 本章主要内容有: 随机事件、频率与概率、概率的公理化定义、古典概型和几何概型、条件概率、概率的三个基本公式(乘法公式、全概率公式和贝叶斯(Bayes)公式)及事件的独立性与独立重复试验等.

1.1 随 机 事 件

一、随机现象

在自然界和人类社会生活中出现的现象,大致可分为两类:一类是在一定条件下必然出现的现象,称为**确定性现象**. 例如: 向上抛一石子必然下落,同性电荷必然排斥,"旭日东升""夕阳西下"等. 而另一类则是在一定条件下无法准确预知其结果的现象,称为**随机现象**.

例如:

(1) 抛掷一枚质地均匀的硬币,有可能正面朝上,也有可能反面朝上;

(2) 掷一颗质地均匀的骰子,出现的点数;

(3) 将来某日某种股票的价格;

(4) 某型号电池的寿命;

(5) 未来某天进入某超市的顾客数.

随机现象到处可见. 由于随机现象的结果事先不能预知,初看起来似乎毫无规律. 然而人们发现同一随机现象在大量重复出现时,其每种可能的结果的频率却具有稳定性,从而表明随机现象也有其固有的量的规律性,人们把随机现象在大量重复出现时所表现出来的量的规律性称为随机现象的**统计规律性**. 例如,一名优秀的射手,一两次射击不足以反映其真正水平,只有多次重复射击才能反映其真正水平. 再例如,抛掷一枚质地均匀的硬币,尽管掷一次时,有可能正面朝上,也有可能反面朝上,但是重复掷多次时,将会发现正面与反面朝上的次数大致相等,各占总次数的 1/2.

概率论与数理统计就是研究随机现象统计规律性的一门学科.

二、随机试验与样本空间

1. 随机试验

为了对随机现象的统计规律性进行研究,就需要对随机现象进行大量的重复观察,对随机现象的观察称为**随机试验**,简称**试验**,记为 E.

例1 抛掷一枚硬币,观察朝上的是哪个面.

例2 同时抛掷两枚硬币,观察两枚分别朝上的是哪个面.

例3 掷一颗骰子,观察出现的点数.

例4 观察某高速公路上一段时间内发生的交通事故数.

例5 考察某地 12 月份的最低气温(设范围为 $t_1 \sim t_2$).

例6 从一批灯泡中,任取一只,测定灯泡的寿命.

以上都是随机试验的例子. 一般地,随机试验具有如下三个特点:

(1) **可重复性**　试验在相同的条件下可重复进行;

(2) **随机性**　每次试验的结果是不确定的,事先无法准确预知;

(3) **可观察性**　试验结果是可观察的,所有可能的结果是明确的.

2. 样本空间

随机试验 E 的每一个可能的结果称为一个样本点,记为 ω. 由全体样本点组成的集合称为**样本空间**,记为 Ω,即 $\Omega = \{\omega\}$.

例 1 的样本空间 $\Omega_1 = \{正, 反\}$.

例 2 的样本空间 $\Omega_2 = \{(正,正),(正,反),(反,正),(反,反)\}$.

例 3 的样本空间 $\Omega_3 = \{1,2,3,4,5,6\}$.

例 4 的样本空间 $\Omega_4 = \{0,1,2,\cdots\}$.

例 5 的样本空间 $\Omega_5 = \{t \mid t_1 \leqslant t \leqslant t_2\}$.

例 6 的样本空间 $\Omega_6 = \{t \mid 0 \leqslant t < +\infty\}$.

注　样本空间的元素可以是数也可以不是数;样本空间中至少有两个样本点;从样本空间所含元素的个数来区分,样本空间可分为有限与无限两类.

三、随机事件

在概率论中,把具有某一可观察特征的随机试验的结果称为事件. 事件可分为以下三类.

1. 随机事件

在试验中可能发生也可能不发生的事件称为**随机事件**,随机事件通常用字母 A, B, C 等表示.

在例 3 中,用 A 表示"点数是 3",用 B 表示"点数小于 4",用 C 表示"点数小于 5 的偶数".

2. 必然事件

在每次试验中必然发生的事件称为**必然事件**,用字母 Ω 表示.

在例 3 中,"点数小于 7"是一个必然事件.

3. 不可能事件

在任何一次试验中都不可能发生的事件称为不可能事件,用字母 $\varnothing$ 表示.

在例 3 中,"点数是 10"是一个不可能事件.

虽然必然事件与不可能事件是完全对立的,但它们的共同特点是在试验之前我们能够准确预知其是否发生,因而均不是随机事件,通常称之为**确定性事件**,概率论研究的是随机事件,但为方便起见,常常将必然事件与不可能事件视为特殊的随机事件,即随机事件的极端情形.

四、随机事件的集合表示

前面我们用直观语言描述了随机事件,事实上随机事件还可以用集合的形式来表示.

在实际中,进行随机试验时,人们常常关心满足某种条件的那些样本点组成的集合.若规定某种灯泡的寿命 t(单位:h)小于 500 为次品,则在例 6 中人们关心灯泡的寿命是否满足 $t \geqslant 500$,满足这一条件的样本点组成 Ω_6 的一个子集:$A = \{t \mid t \geqslant 500\}$,$A$ 显然是一个随机事件.

一般地,在一个随机试验中,称样本空间 Ω 的子集为**随机事件**,简称**事件**. 在每次试验中,当且仅当这一子集中的某一样本点出现时,称这一**事件发生**.

例 2 的样本空间 $\Omega_2 = \{(正,正),(正,反),(反,正),(反,反)\}$.

事件 A 为"两枚都出现正面",$A = \{(正,正)\}$;

事件 B 为"恰有一枚出现正面",$B = \{(正,反),(反,正)\}$;

事件 C 为"至少有一枚出现正面",$C = \{(正,正),(正,反),(反,正)\}$.

恰由一个样本点组成的事件称为**基本事件**,由两个或两个以上的样本点组成的事件称为**复杂事件**. 以上事件 A 为基本事件;事件 B,C 为复杂事件.

样本空间 Ω 是**必然事件**,空集 $\varnothing$ 是**不可能事件**.

五、事件的关系与运算

在一个随机试验中,一般有很多个事件,为了通过对简单事件的研究来掌握复杂事件,需要研究事件之间的关系与运算.因为事件是样本空间的一个子集,所以事件之间的关系与运算可按集合之间的关系与运算来处理.

1. 包含关系

如果属于 A 的样本点必属于 B,则称**事件 A 包含于事件 B**,或称**事件 B 包含事件 A**,记为 $A \subset B$. 其含义是:事件 A 发生必然导致事件 B 发生.

例 3 中,事件 A"点数是 3"的发生必然导致事件 B"点数小于 4"的发生,故 $A \subset B$.

2. 相等关系

如果属于 A 的样本点必属于 B,同时属于 B 的样本点必属于 A,即 $A \subset B$ 且 $B \subset A$,则称**事件 A 与事件 B 相等**,记为 $A = B$. 显然相等的两个事件总是同时发生或同时不发生.

3. 和(并)

由事件 A 与 B 中所有的样本点(相同的只计入一次)组成的新事件称为**事件 A 与事件 B 的和(并)**,记为 $A \cup B$ 或 $A + B$. 其含义是:事件 A 与事件 B 中至少有一个发生.

类似地,称 $\bigcup\limits_{i=1}^{n} A_i$ 为 n 个事件 $A_1, A_2, \cdots, A_n$ 的和事件,称 $\bigcup\limits_{i=1}^{\infty} A_i$ 为可数个事件 $A_1, A_2, \cdots, A_n, \cdots$ 的和事件.

4. 积(交)

由事件 A 与 B 中公共的样本点组成的新事件称为**事件 A 与事件 B 的积(交)**,记为 $A \cap B$ 或 AB. 其含义是:事件 A 与事件 B 同时发生.

类似地,称 $\bigcap\limits_{i=1}^{n} A_i$ 为 n 个事件 $A_1, A_2, \cdots, A_n$ 的积事件,称 $\bigcap\limits_{i=1}^{\infty} A_i$ 为可数个事件 $A_1, A_2, \cdots, A_n, \cdots$ 的积事件.

5. 差

由事件 A 中而不在事件 B 中的样本点组成的新事件称为**事件 A 与事件 B 的差**,记为 $A - B$. 其含义是:事件 A 发生而事件 B 不发生.

例 3 中,事件 A 为"点数是 3",事件 B 为"点数小于 4",则 $B - A = \{1, 2\}$.

6. 互不相容事件

如果 A 与 B 没有共同的样本点,则称**事件 A 与事件 B 互不相容**,或称为**互斥的**,记为 $AB = \varnothing$. 其含义是:事件 A 与事件 B 不可能同时发生.

基本事件是两两互不相容的.

7. 对立事件

由在 Ω 中而不在 A 中的样本点组成的新事件称为**事件 A 的对立事件**,或称为 A **的逆事件**,记为 $\overline{A}$,即 $\overline{A}=\Omega-A$. 其含义是:事件 A 不发生. 显然 A 也是 $\overline{A}$ 的对立事件. 两个相互对立的事件 A 与 $\overline{A}$,在每次试验中有且仅有一个发生.

注 两个相互对立的事件一定是互不相容事件,但是两个互不相容的事件一般未必是对立事件.

例 1 中"正"与"反"两个事件是互不相容事件,也是对立事件.

例 3 中"点数是 3"与"点数大于 3"两个事件是互不相容事件,但不是对立事件.

8. 完备事件组

设 $A_1, A_2, \cdots, A_n, \cdots$ 是有限或可数个事件,如果其满足

(1) $A_i A_j = \varnothing, i \neq j, i, j = 1, 2, \cdots$;

(2) 且 $\bigcup_i A_i = \Omega$,

则称 $A_1, A_2, \cdots, A_n, \cdots$ 是一个完备事件组.

图 1-1 是事件的关系与运算的维恩图,以助于直观上的理解.

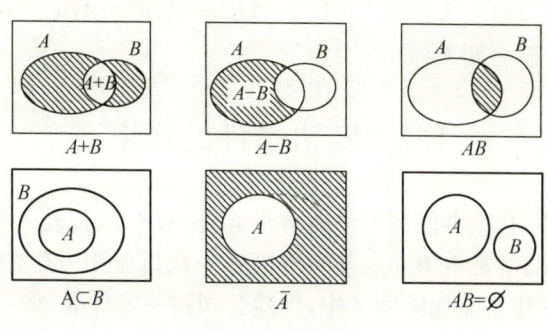

图 1-1 维恩图

六、事件的运算性质

由集合的运算性质,容易得出事件的运算性质. 设 A, B, C 是同一随机试验中的事件,则有

(1) **交换律** $A \cup B = B \cup A, A \cap B = B \cap A$;

(2) **结合律** $(A \cup B) \cup C = A \cup (B \cup C), (A \cap B) \cap C = A \cap (B \cap C)$;

(3) **分配律** $(A \cup B) \cap C = A \cap C \cup B \cap C, (A \cap B) \cup C = (A \cup C) \cap (B \cup C)$;

(4) 对偶律 $\overline{A \cup B} = \overline{A} \cap \overline{B}, \overline{A \cap B} = \overline{A} \cup \overline{B}.$

注 上述各运算律可推广到有限个或可数个事件的情形.

例7 在例3中,样本空间 $\Omega = \{1,2,3,4,5,6\}$. 设事件 A 为"奇数点",事件 B 为"被3整除的点",事件 C 为"点数小于2",事件 D 为"偶数点",事件 F 为"点数不超过5",写出各事件间的关系.

解 $A = \{1,3,5\}, B = \{3,6\}, C = \{1\}, D = \{2,4,6\}, F = \{1,2,3,4,5\}; A \supset C, F \supset C, B$ 与 C, D 与 C, A 与 D 都是不相容事件,其中 A 与 D 为对立事件.

例8 甲、乙、丙三人同时各译一份密码,记事件 A 为"甲译出",事件 B 为"乙译出",事件 C 为"丙译出",则可用上述三个事件的运算表示下列事件.

(1) "甲未译出": $\overline{A}$.

(2) "甲译出而乙未译出": $A\overline{B}$.

(3) "三人中只有乙未译出": $A\overline{B}C$.

(4) "三人中恰好有一人译出": $A\overline{B}\overline{C} + \overline{A}B\overline{C} + \overline{A}\overline{B}C$.

(5) "三人中至少有一人译出": $A + B + C$;

(6) "三人中至少有一人未译出": $\overline{A} + \overline{B} + \overline{C}$.

(7) "三人中恰有两人译出": $AB\overline{C} + A\overline{B}C + \overline{A}BC$.

(8) "三人中至少有两人译出": $AB + AC + BC$.

(9) "三人均未译出": $\overline{A}\,\overline{B}\,\overline{C}$.

(10) "三人中至多一人译出": $\overline{A}\,\overline{B}\,\overline{C} + A\overline{B}\,\overline{C} + \overline{A}B\overline{C} + \overline{A}\,\overline{B}C$.

(11) "三人中至多两人译出": $\overline{ABC}$.

1.2 随机事件的概率

每个随机事件(必然事件与不可能事件除外)在一次试验中都有可能发生,也有可能不发生. 人们常常希望知道某些事件在一次试验中发生的可能性究竟有多大. 例如,在开办学生平安保险业务中,保险公司按一定标准,将一个学生的平安情况分为平安、轻度意外伤害、严重意外伤害以及意外事故死亡等多种结果. 由于这些结果都是随机事件,因此重要的是知道各个事件发生的可能性的大小. 于是希望找到一个合适的数来表示事件在一次试验中发生的可能性大小. 为此,首先引入频率,它描述了事件发生的频繁程度,进而引出表征事件在一次试验中发生的可能性大小的数——概率.

一、用频率估计概率

定义1.1 若在相同的条件下进行了 n 次试验,在这 n 次试验中,事件 A 发生

的次数 $\mu_n(A)$ 称为事件 A 发生的**频数**，比值 $\dfrac{\mu_n(A)}{n}$ 称为事件 A 发生的**频率**，记为

$$f_n(A) = \dfrac{\mu_n(A)}{n}. \tag{1.1}$$

由定义，可直接得出频率的基本性质：

(1) **非负性**　对每一事件 A，都有 $f_n(A) \geqslant 0$；

(2) **正则性**　$f_n(\Omega) = 1$；

(3) **有限可加性**　设 $A_1, A_2, \cdots, A_k$ 是两两不相容的事件，则

$$f_n\left(\bigcup_{i=1}^{k} A_i\right) = \sum_{i=1}^{k} f_n(A_i).$$

由于事件 A 发生的频率是它发生的次数与试验总次数之比，其大小表示事件 A 发生的频繁程度．频率越大，就意味着事件 A 在一次试验中发生的可能性越大．因而，直观的想法是用频率来表示 A 在一次试验中发生的可能性的大小，但这是否可行呢？

历史上有不少人做过抛硬币试验，结果见表 1-1．

表 1-1　抛硬币试验表

实验者	抛硬币次数	出现正面次数	频率
德摩根(De Morgan)	2048	1061	0.5181
蒲丰(Buffon)	4040	2048	0.5069
费勒(Feller)	10000	4979	0.4979
皮尔逊(Pearson)	12000	6019	0.5016
皮尔逊	24000	12012	0.5005

由表 1-1 中的试验数据可以看出，频率稳定在 0.5 附近，并且试验次数越多，频率越接近 0.5．

大量长期的实践表明，随着试验重复次数 n 的增大，事件 A 发生的频率 $f_n(A)$ 会稳定地在某一常数 p 的附近摆动，n 越大摆动幅度越小，称这个常数 p 为**频率的稳定值**（这个性质就是**频率的稳定性**）．将频率的这个稳定值称为事件 A 发生的**概率**，记为 $P(A)$，即

$$P(A) = p.$$

这个定义为概率的统计定义．用这种方法求事件的概率就是用频率估计概率．用"频率"估计概率，就好比用"尺子"度量长度、用"天平"度量物质的质量．形象地说，频率是测定事件概率的"尺子"，试验次数越大，测定越准确．

但是，在实际中，不可能对每一个事件都做大量的重复试验，从中得出频率的稳定值．同时，为了理论研究的需要，从频率的稳定性和频率的性质得到启发，下面

给出如下概率的公理化定义.

二、概率的公理化定义

在概率论发展的历史上,曾有过概率的古典定义、概率的几何定义和概率的统计定义,这些定义有各自适合的随机现象.那么如何给出适合所有随机现象的一般定义呢？这个问题在很长时间内都没有得到解决.直到 1933 年,苏联数学家柯尔莫哥洛夫(1903—1987),在他的《概率论的基本概念》中给出了概率的公理化定义,这个定义既概括了历史上几种概率定义的共同特点,又避免了各自的局限性.概率的这一公理化体系的形成是概率发展史的一个里程碑,由此将概率论建立在严密的逻辑基础上.

定义 1.2 设 Ω 为一个样本空间,定义在 Ω 上的事件类 F（全体事件构成的集合）上的实值函数 $P(\cdot)$,即对于任意事件 $A \in F$,都赋予一个实数 $P(A)$,如果 $P(A)$ 满足下面三条公理：

(1) **非负性** 对任意事件 $A \in F$,有 $P(A) \geqslant 0$;

(2) **正则性** $P(\Omega) = 1$;

(3) **可列可加性** 设 $A_1, A_2, \cdots, A_n, \cdots$ 是两两不相容的事件,且

$$P\left(\bigcup_{i=1}^{\infty} A_i\right) = \sum_{i=1}^{\infty} P(A_i),$$

则称 $P(A)$ 为事件 A 的**概率**.

三、概率的性质

由概率的公理化定义的三条公理,可推出概率的一些重要性质,这些性质是概率计算的基础.

性质 1 $P(\varnothing) = 0$.

性质 2（有限可加性） 设 $A_1, A_2, \cdots, A_n$ 是两两不相容的事件,则

$$P\left(\bigcup_{i=1}^{n} A_i\right) = \sum_{i=1}^{n} P(A_i).$$

性质 3（对立事件公式） $P(\overline{A}) = 1 - P(A)$.

性质 4（减法公式） $P(A - B) = P(A) - P(AB)$.

特别地,若 $A \supset B$,则

(1) $P(A - B) = P(A) - P(B)$;

(2) $P(A) \geqslant P(AB)$.

性质 5 $0 \leqslant P(A) \leqslant 1$.

性质 6（加法公式） $P(A \cup B) = P(A) + P(B) - P(AB)$.

注 性质 6 可推广到任意 n 个事件的和的情形.当 $n = 3$ 时,有

1.2 随机事件的概率

$$P(A \cup B \cup C) = P(A) + P(B) + P(C) - P(AB) - P(BC) - P(AC) + P(ABC).$$

证 （这里只证性质 1 和 性质 2,其余均留给读者自己证明.）

(1) 由于可列个不可能事件的并仍是不可能事件,所以

$$\Omega = \Omega \cup \varnothing \cup \cdots \cup \varnothing \cup \cdots.$$

因为不可能事件与不可能事件都是互不相容的,所以由概率的可列可加性得

$$P(\Omega) = P(\Omega) + P(\varnothing) + \cdots + P(\varnothing) + \cdots.$$

因 $P(\Omega) = 1$,所以

$$P(\varnothing) + P(\varnothing) + \cdots = 0.$$

再由概率的非负性,必有

$$P(\varnothing) = 0.$$

(2) 对 $A_1, A_2, \cdots, A_n, \varnothing, \varnothing, \cdots$,应用概率的可列可加性,得

$$\begin{aligned} P\Big(\bigcup_{i=1}^{n} A_i\Big) &= P(A_1 \cup A_2 \cup \cdots \cup A_n \cup \varnothing \cup \varnothing \cup \cdots) \\ &= P(A_1) + P(A_2) + \cdots + P(A_n) + P(\varnothing) + P(\varnothing) + \cdots \\ &= \sum_{i=1}^{n} P(A_i). \end{aligned}$$

例1 已知 $P(A) = 0.6, P(AB) = 0.1, P(\overline{A}B) = 0.15$,求:(1) $P(A+B)$;(2) $P(B)$;(3) $P(A\overline{B})$;(4) $P(\overline{A}\overline{B})$.

解 (1) 因为 $P(\overline{A}B) = 0.15$,所以 $P(\overline{A+B}) = P(\overline{A}\overline{B}) = 0.15$,从而

$$P(A+B) = 1 - P(\overline{A+B}) = 1 - 0.15 = 0.85.$$

(2) 由 $P(A+B) = P(A) + P(B) - P(AB)$,得

$$P(B) = P(A+B) - P(A) + P(AB) = 0.85 - 0.6 + 0.1 = 0.35.$$

(3) $P(A\overline{B}) = P(A-B) = P(A) - P(AB) = 0.6 - 0.1 = 0.5.$

(4) $P(\overline{A}B) = P(B-A) = P(B) - P(AB) = 0.35 - 0.1 = 0.25.$

例2 令 A, B, C 为三个随机事件,且 $P(A) = 0.8, P(B) = 0.6$. 事件 A, B 同时发生时事件 C 必发生,试问事件 C 发生的概率至少是多少?

解 由题设知 $AB \subset C$,根据概率的性质 4,有 $P(AB) \leqslant P(C)$,又因为 $P(A \cup B) = P(A) + P(B) - P(AB)$,且 $P(A \cup B) \leqslant 1$. 所以

$$P(AB) = P(A) + P(B) - P(A \cup B) \geqslant P(A) + P(B) - 1,$$

故

$$P(C) \geqslant P(AB) \geqslant 0.8 + 0.6 - 1 = 0.4,$$

即

$$0.4 \leqslant P(C) \leqslant 1.$$

1.3 古典概型和几何概型

概率的公理化定义刻画了概率的本质. 对一个随机事件 A, 如何确定其概率 $P(A)$ 的值是概率论中的基本问题. 本节将分别讨论直接计算 $P(A)$ 的两种情形.

一、古典概型

把满足以下两个条件的概率模型称为**古典概型**:

(1) 随机试验只有有限个可能的结果, 即 $\Omega = \{\omega_1, \omega_2, \cdots, \omega_n\}$;

(2) 每一个结果发生的可能性的大小相同, 即
$$P\{\omega_1\} = P\{\omega_2\} = \cdots = P\{\omega_n\}.$$

古典概型也称为**等可能概型**. 它是一类最简单的概率模型, 是概率论发展早期的主要研究对象, 故称古典概型.

根据概率的公理化定义, 有
$$1 = P(\Omega) = P\Big(\bigcup_{i=1}^{n}\{\omega_i\}\Big) = \sum_{i=1}^{n} P\{\omega_i\}.$$

再结合古典概型的定义, 得
$$P\{\omega_i\} = \frac{1}{n}, \quad i = 1, 2, \cdots, n.$$

设 A 为古典概型中的任意一个事件, 并令 $A = \{\omega_{i_1}, \omega_{i_2}, \cdots, \omega_{i_m}\} = \bigcup_{j=1}^{m}\{\omega_{i_j}\}$, 则事件 A 发生的概率
$$P(A) = \sum_{j=1}^{m} P\{\omega_{i_j}\} = \frac{m}{n},$$

即
$$P(A) = \frac{m}{n} = \frac{A \text{ 包含的基本事件数}}{\Omega \text{ 中基本事件的总数}}. \tag{1.2}$$

称此概率为**古典概率**.

例 1 一部文集有四卷, 随意地排列在一层书架上, 求下列事件的概率:

(1) 各卷自左至右或自右至左恰好排成 1, 2, 3, 4 的顺序;

(2) 第 4 卷排在最左边或最右边;

(3) 第 1, 2 卷相邻;

(4) 第 1 卷排在第 2 卷的左边 (不一定相邻).

解 将 4 卷文集随意地排在一层书架上, 共有 $4! = 24$ 种排法.

(1) 各卷自左至右或自右至左恰好排成 1, 2, 3, 4 的顺序, 有 2 种排法, 则

1.3 古典概型和几何概型

$$p_1 = \frac{2}{24} = \frac{1}{12}.$$

(2) 第 4 卷排在最左边或最右边,有 $2 \times 3! = 12$ 种排法,则

$$p_2 = \frac{2 \times 3!}{24} = \frac{1}{2}.$$

(3) 第 1,2 卷相邻,即"捆绑"在一起,有 $2! \times 3! = 12$ 种排法,则

$$p_3 = \frac{2! \times 3!}{24} = \frac{1}{2}.$$

(4) 在第 1 卷排在第 2 卷的左边的每一种排法中,交换第 1 卷与第 2 卷的位置,便得到第 1 卷排在第 2 卷的右边的一种排法,反之亦然,因而第 1 卷排在第 2 卷的左边的排法与第 1 卷排在第 2 卷的右边的排法种数相同,各占总排法数的 $\frac{1}{2}$,则

$$p_4 = \frac{1}{2}.$$

例 2 一个盒子中有 10 个球,其中 4 个黄球,6 个白球,求下列事件的概率:
(1) 从盒子中任取一个球,这个球是黄球;
(2) 从盒子中任取两个球,恰好一个黄球一个白球;
(3) 从盒子中任取两个球,两球全是黄球;
(4) 从盒子中任取五个球,恰有两个黄球.

解 (1) 10 个球中任取一个,共有 $C_{10}^1 = 10$ 种取法;10 个球中有 4 个黄球,取到黄球的取法有 $C_4^1 = 4$ 种,记事件 A 为"取到的是黄球",根据古典概率计算,得

$$P(A) = \frac{C_4^1}{C_{10}^1} = \frac{2}{5}.$$

(2) 10 个球中任取两个,共有 C_{10}^2 种取法;恰好一个黄球一个白球的取法有 $C_4^1 C_6^1$ 种,记事件 B 为"恰好取到一个黄球一个白球",则

$$P(B) = \frac{C_4^1 C_6^1}{C_{10}^2} = \frac{8}{15}.$$

(3) 10 个球中任取两个,共有 C_{10}^2 种取法;两球全是黄球的取法共有 C_4^2 种,记事件 C 为"取到的两球全是黄球",则

$$P(C) = \frac{C_4^2}{C_{10}^2} = \frac{2}{15}.$$

(4) 10 个球中任取五个,共有 C_{10}^5 种取法;恰好两个黄球的取法有 $C_4^2 C_6^3$ 种,记事件 D 为"恰好取到两个黄球",则

$$P(D) = \frac{C_4^2 C_6^3}{C_{10}^5} = \frac{1}{252}.$$

例 3 一个袋子中装有大小相同的 a 个黑球，b 个白球，不放回地每次从中任取一球，求下列事件的概率：

(1) 事件 A 为"第 i 次取到的是黑球"；
(2) 事件 B 为"第 i 次才取到的是黑球"；
(3) 事件 C 为"前 i 次能取到黑球"；
(4) 事件 D 为"前 i 次恰好取到 k 个黑球"，其中 $1 \leqslant k \leqslant i \leqslant a+b$。

解 因为是分次取球，所以前 i 次共有 A_{a+b}^i 中取法。

(1) 第 i 次取到的黑球是 a 个黑球中的任意一个，那么前 $i-1$ 次各次取球必在 $a+b-1$ 个球中任意选取，所以事件 A 中包含的取法共有 $A_{a+b-1}^{i-1} \cdot A_a^1$ 种，则

$$P(A) = \frac{A_{a+b-1}^{i-1} \cdot A_a^1}{A_{a+b}^i} = \frac{a}{a+b}.$$

(2) 第 i 次才取到的黑球是 a 个黑球中的任意一个，那么前 $i-1$ 次各次取球必在 b 个白球中任意选取，所以事件 B 中包含的取法共有 $A_b^{i-1} \cdot A_a^1$ 种，则

$$P(B) = \frac{A_b^{i-1} \cdot A_a^1}{A_{a+b}^i}.$$

(3) 前 i 次能取到黑球的情况比较复杂，而其对立事件 $\bar{C}=$"前 i 次未取到黑球"，$\bar{C}$ 包含的取法有 A_b^i 种，则

$$P(C) = 1 - P(\bar{C}) = 1 - \frac{A_b^i}{A_{a+b}^i} = 1 - \frac{C_b^i}{C_{a+b}^i}.$$

(4) 前 i 次恰好取到 k 个黑球，强调的是取到黑球的个数为 k 个（这时取到白球的个数为 $i-k$ 个），事件 D 中包含的取法共有 $C_a^k \cdot C_b^{i-k}$，则

$$P(D) = \frac{C_a^k C_b^{i-k}}{C_{a+b}^i}.$$

例 4 将 5 个玻璃球随意地放入 8 个杯子，其中每个球等可能地放入任意一个杯子，求：

(1) 指定的某 5 个杯子各放一球的概率 p_1；
(2) 每个杯子最多放入一球的概率 p_2；
(3) 某指定的杯子不空的概率 p_3；
(4) 某指定的杯子恰好放入 2 个球的概率 p_4。

解 将 5 个玻璃球随意地放入 8 个杯子，共有 8^5 种放法。

(1) 将 5 个玻璃球放入指定的某 5 个杯子，每个杯子各放一球，共有 5! 种放法，则

$$p_1 = \frac{5!}{8^5}.$$

(2) 每个杯子最多放入一球，相当于 5 个玻璃球放进任意的 5 个杯子，每个杯子各放一球，共有 $C_8^5 \cdot 5!$ 种放法，则

$$p_2 = \frac{C_8^5 \cdot 5!}{8^5}.$$

(3) 某指定的杯子空的放法共有 7^5 种,所以

$$p_3 = 1 - \frac{7^5}{8^5}.$$

(4) 应该先从 5 个球中任意取出 2 个球放入某指定的杯子,再将其余的 3 个球随意地放入其余的 7 个杯子. 所以,某指定的杯子恰好放入 2 个球的放法共有 $C_5^2 \cdot 7^3$ 种,则

$$p_4 = \frac{C_5^2 \cdot 7^3}{8^5}.$$

***例 5** 一种福利彩票称为幸福 35 选 7,即从 $01, 02, \cdots, 35$ 中不重复地开出 7 个基本号码和一个特殊号码. 中各等奖的规则见表 1-2,试求中各等奖的概率.

表 1-2 幸福 35 选 7 的中奖规则

中奖级别	中奖规则
一	7 个基本号码全中
二	中 6 个基本号码及特殊号码
三	中 6 个基本号码
四	中 5 个基本号码及特殊号码
五	中 5 个基本号码
六	中 4 个基本号码及特殊号码
七	中 4 个基本号码,或中 3 个基本号码及特殊号码

解 从 $01, 02, \cdots, 35$ 中不重复地开出 7 个号码,共有 C_{35}^7 种组合,要中奖应把抽取看成是在三种类型中抽取.

第一类号码:7 个基本号码;

第二类号码:1 个特殊号码;

第三类号码:27 个无用号码.

令 $p_i (i=1, 2, \cdots, 7)$ 为中 i 等奖的概率,则

$$p_1 = \frac{C_7^7 \cdot C_1^0 \cdot C_{27}^0}{C_{35}^7} = \frac{1}{6724520}, \quad p_2 = \frac{C_7^6 \cdot C_1^1 \cdot C_{27}^0}{C_{35}^7} = \frac{7}{6724520},$$

$$p_3 = \frac{C_7^6 \cdot C_1^0 \cdot C_{27}^1}{C_{35}^7} = \frac{189}{6724520}, \quad p_4 = \frac{C_7^5 \cdot C_1^1 \cdot C_{27}^1}{C_{35}^7} = \frac{567}{6724520},$$

$$p_5 = \frac{C_7^5 \cdot C_1^0 \cdot C_{27}^2}{C_{35}^7} = \frac{7371}{6724520}, \quad p_6 = \frac{C_7^4 \cdot C_1^1 \cdot C_{27}^2}{C_{35}^7} = \frac{12285}{6724520},$$

$$p_7 = \frac{C_7^4 \cdot C_1^0 \cdot C_{27}^3 + C_7^3 C_1^1 C_{27}^3}{C_{35}^7} = \frac{204750}{6724520}.$$

可以计算一下,买一张这种彩票,能中奖的概率究竟有多大?

二、几何概型

除古典概率之外,历史上出现最早的直接计算事件概率的方法之一,是借助于几何度量确定事件的概率.我们把满足以下两个条件的概率模型称为**几何模型**:

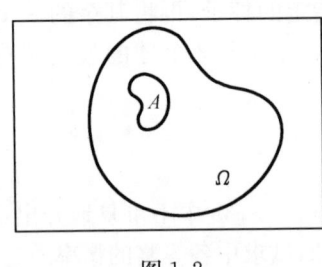

图 1-2

(1) 样本空间 Ω 是平面上某个区域,它的面积为 $S(\Omega)$;

(2) 向区域 Ω 上等可能地任意投一点.

向区域 Ω 上等可能地任意投一点(图 1-2),即指该点落入 Ω 内任意区域 A 的可能性的大小与区域 A 的面积 $S(A)$ 成正比,而与区域 A 的位置和形状无关."点落入区域 A"这一事件仍记为 A,则 $P(A)=tS(A)$,其中 t 为常数,而 $P(\Omega)=tS(\Omega)$,于是 $t=\dfrac{1}{S(\Omega)}$,从而事件 A 的概率为

$$P(A)=\frac{S(A)}{S(\Omega)}. \tag{1.3}$$

称这种概率为**几何概率**.需要说明的是当样本空间 Ω 是一线段或一空间立体时,该定义仍然适用,只需将面积改为长度或体积即可.

例 6 假设地铁列车每 5min 开过一列.求每个乘客到达候车厅后等车时间不超过 3min 的概率.

解 乘客可能在两列车之间的任意时刻到达,所以,$\Omega=(0,5)$,记事件 A 为"每个乘客到达候车厅后等车时间不超过 3min",则 $A=(0,3]$,从而

$$P(A)=\frac{L(0,3]}{L(0,5)}=\frac{3}{5}.$$

例 7(会面问题) 甲、乙两人相约在某一段时间 $[0,T]$ 内在预定地点会面.先到者应等候另一人 t min 后方可离开.求两人能会面的概率(假定每个人可在指定的时间内任意时刻到达).

解 设甲、乙在时间 $[0,T]$ 内到达预定地点的时刻分别为 x 和 y,则样本空间为 $\Omega=\{(x,y)\mid 0\leqslant x\leqslant T, 0\leqslant y\leqslant T\}$.

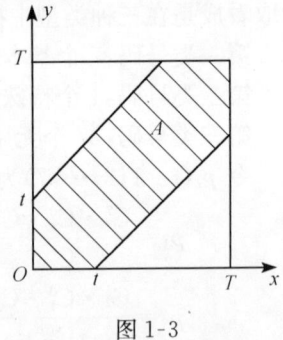

图 1-3

记事件 A 为"两人能会面",则

$$A=\{(x,y)\mid (x,y)\in\Omega, |x-y|\leqslant t\},$$

如图 1-3 所示.从而

$$P(A) = \frac{S(A)}{S(\Omega)} = \frac{T^2 - (T-t)^2}{T^2} = 1 - \left(1 - \frac{t}{T}\right)^2.$$

1.4 条件概率与概率的三个基本公式

条件概率是概率论的基本概念之一,同时又是计算概率的重要工具. 概率的三个基本公式(乘法公式、全概率公式和贝叶斯公式)都建立在条件概率的概念之上.

一、条件概率

所谓条件概率,是指在某事件 A 发生的条件下,另一事件 B 发生的概率,记为 $P(B|A)$. 我们先看下面的例子.

例1 一个家庭有两个小孩,分别考察其性别情况,假定生男、生女是等可能的,则样本空间 $\Omega=\{bb,bg,gb,gg\}$,其中 b 代表男孩,g 代表女孩. 已知家庭中至少有一个女孩,求家庭中至少也有一个男孩的概率.

解 记事件 A 为"家庭中至少有一个女孩",事件 B 为"家庭中至少有一个男孩",则 $A=\{bg,gb,gg\}, B=\{bb,bg,gb\}$,从而

$$P(A) = \frac{3}{4}, \quad P(B) = \frac{3}{4}, \quad P(AB) = \frac{2}{4}.$$

又已知事件 A 发生,则事件 B 发生的概率为

$$P(B|A) = \frac{2}{3}.$$

这是因为事件 A 的发生,排除了 bb 发生的可能性,这时样本空间 Ω 也随之缩小为 Ω_A,而在 Ω_A 中事件 B 只含两个样本点,故 $P(B|A) = \frac{2}{3}$.

事实上,以上条件概率还可写成

$$P(B|A) = \frac{2}{3} = \frac{2/4}{3/4} = \frac{P(AB)}{P(A)}.$$

例2 在图 1-4 中,假设区域 Ω 的面积等于 1. 现在向区域 Ω 均匀地投随机点,则随机点"落入区域 Ω"是必然事件. 记事件 A 为"随机点落入区域 A",事件 B 为"随机点落入区域 B",事件 AB 为"随机点落入区域 AB". 求已知随机点落入区域 A 的条件下,再落入区域 B 的概率 $P(B|A)$.

解 显然 $P(A) = \frac{S(A)}{S(\Omega)}, P(B) = \frac{S(B)}{S(\Omega)}$. 于是

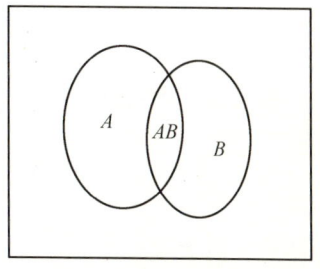

图 1-4

$$P(B|A) = \frac{S(AB)}{S(A)} = \frac{S(AB)/S(\Omega)}{S(A)/S(\Omega)} = \frac{P(AB)}{P(A)}.$$

例 1 和例 2 的不同点是：一个是古典概率，而另一个是几何概率；相同点是：$P(B|A)$ 都不等于 $P(B)$，且 $P(B|A)$ 的计算公式都相同。这个计算公式就是条件概率的定义。

定义 1.3 设 A,B 是两个事件，且 $P(A)>0$，则称

$$P(B|A) = \frac{P(AB)}{P(A)} \tag{1.4}$$

为已知事件 A 发生的条件下，事件 B 发生的**条件概率**。相应地，$P(B)$ 称为**无条件概率**。

注 （1）$P(B)$ 表示"事件 B 发生"的概率，计算时是在整个样本空间 Ω 上考察事件 B 发生的概率。

（2）$P(B|A)$ 为已知事件 A 发生的条件下，事件 B 发生的条件概率，计算时仅限于在事件 A 发生的范围内考察事件 B 的概率。一般地，$P(B|A) \neq P(B)$。

对于给定的事件 A，条件概率 $P(B|A)$ 具有（无条件）概率的一切性质。例如：

(1) $P(\Omega|A) = 1$；

(2) $P(\varnothing|A) = 0$；

(3) $P(\bar{B}|A) = 1 - P(B|A)$；

(4) $P((B-C)|A) = P(B|A) - P(BC|A)$；

(5) $P((B \cup C)|A) = P(B|A) + P(C|A) - P(BC|A)$。

例 3 已知袋中有 5 个大小相同的球，其中 3 个白球，2 个黑球。现从袋中不放回地取两次，每次取一个球。

(1) 已知第一次取到白球，求第二次取到的是黑球的概率；

(2) 已知第二次取到白球，求第一次取到的是黑球的概率。

解 记事件 A 为"第一次取到白球"，事件 B 为"第二次取到白球"，则事件 $\bar{A}=$"第一次取到黑球"，事件 $\bar{B}=$"第二次取到黑球"。

(1) **解法一** 已知第一次取到白球，那么袋中剩 4 个球，其中 2 个白球，2 个黑球，则在已知第一次取到白球的条件下，第二次取到的是黑球的概率为

$$P(\bar{B}|A) = \frac{2}{4} = \frac{1}{2}.$$

解法二 由古典概率知

$$P(A) = \frac{3}{5}, \quad P(A\bar{B}) = \frac{A_3^1 \cdot A_2^1}{A_5^1 \cdot A_4^1} = \frac{3}{10}.$$

根据条件概率的定义，得

$$P(\bar{B}|A) = \frac{P(A\bar{B})}{P(A)} = \frac{3/10}{3/5} = \frac{1}{2}.$$

(2) 由古典概率知

$$P(\overline{A}B) = \frac{A_2^1 \cdot A_3^1}{A_5^1 \cdot A_4^1} = \frac{3}{10}, \quad P(B) = \frac{A_4^1 \cdot A_3^1}{A_5^1 \cdot A_4^1} = \frac{3}{5},$$

故

$$P(\overline{A} \mid B) = \frac{P(\overline{A}B)}{P(B)} = \frac{3/10}{3/5} = \frac{1}{2}.$$

读者可以自己总结一下常用的两种求条件概率的方法.

以条件概率为基础,下面给出计算概率的三个重要公式:乘法公式、全概率公式和贝叶斯公式.这三个公式有助于计算较为复杂的事件的概率.

二、乘法公式

由条件概率的定义式(1.4),得

$$P(AB) = P(A)P(B \mid A), \quad P(A) > 0. \tag{1.5}$$

由对称性,可得

$$P(AB) = P(B)P(A \mid B), \quad P(B) > 0. \tag{1.6}$$

式(1.5)和式(1.6)都称为两个事件积的概率的**乘法公式**.这两个乘法公式还可推广到有限个事件积的概率的情形:

设 $A_1, A_2, \cdots, A_n$ 是任意 n 个事件,且 $P(A_1 A_2 \cdots A_n) > 0$,则

$$P(A_1 A_2 \cdots A_n) = P(A_1) P(A_2 \mid A_1) P(A_3 \mid A_1 A_2) \cdots P(A_n \mid A_1 A_2 \cdots A_{n-1}).$$

例 4 设甲、乙、丙三人依次通过抽签参加某种考试.已知在所抽的 10 个考题签中有 3 个题难答.求下列事件的概率:

(1) 甲抽到难答签;

(2) 甲未抽到难答签而乙抽到难答签;

(3) 甲、乙、丙均抽到难答签.

解 记事件 A 为"甲抽到难答签",事件 B 为"乙抽到难答签",事件 C 为"丙抽到难答签".

(1) 因甲是第一个抽签的,所以甲抽到难答签的概率为

$$P(A) = \frac{3}{10}.$$

(2) 事件"甲未抽到难答签而乙抽到难答签"是 $\overline{A}B$,根据乘法公式

$$P(\overline{A}B) = P(\overline{A}) P(B \mid \overline{A}) = \frac{7}{10} \times \frac{3}{9} = \frac{7}{30}.$$

(3) 事件"甲、乙、丙均抽到难答签"是 ABC,根据乘法公式

$$P(ABC) = P(A) P(B \mid A) P(C \mid AB) = \frac{3}{10} \times \frac{2}{9} \times \frac{1}{8} = \frac{1}{120}.$$

例5 假设在飞机空战中,若甲机先向乙机开火,则击落乙机的概率为0.2;若乙机未被击落,则乙机向甲机进行还击,击落甲机的概率是0.3;若甲机也未被击落,则甲机再次向乙机开火,击落乙机的概率为0.4,在这几个回合中,分别计算甲、乙机被击落的概率.

解 记事件 A_i 为"乙机第 i 次被击落", $i=1,2$;事件 A 为"乙机被击落",事件 B 为"甲机被击落",显然
$$A=A_1+\overline{A}_1\overline{B}A_2,$$
从而
$$P(A)=P(A_1+\overline{A}_1\overline{B}A_2)=P(A_1)+P(\overline{A}_1\overline{B}A_2),$$
$$=0.2+P(\overline{A}_1)P(\overline{B}|\overline{A}_1)P(A_2|\overline{A}_1\overline{B})=0.2+0.8\times0.7\times0.4=0.424,$$
$$P(B)=P(\overline{A}_1B)=P(\overline{A}_1)P(B|\overline{A}_1)=0.8\times0.3=0.24,$$
即甲机被击落的概率为0.24,乙机被击落的概率为0.424.

三、全概率公式

全概率公式是概率论中的一个重要公式,它将计算一个较复杂事件的概率问题转化为若干个互不相容的简单事件的概率的求和问题.先看下面的例子.

例6 一个袋内装有10个球,其中3个白球,2个黑球和5个黄球,采取不放回抽样,每次任取一个,求第二次取到白球的概率.

解 记事件 A_1 为"第一次取到白球",事件 A_2 为"第一次取到黑球",事件 A_3 为"第一次取到黄球",事件 B 为"第二次取到白球",显然 A_1, A_2, A_3 是一个完备事件组. 由于 $B=\Omega B=(A_1+A_2+A_3)B=A_1B+A_2B+A_3B$,而 A_1B, A_2B, A_3B 互不相容,所以
$$P(B)=P(A_1B)+P(A_2B)+P(A_3B)$$
$$=P(A_1)P(B|A_1)+P(A_2)P(B|A_2)+P(A_3)P(B|A_3)$$
$$=\frac{3}{10}\times\frac{2}{9}+\frac{2}{10}\times\frac{3}{9}+\frac{5}{10}\times\frac{3}{9}=0.3.$$

将例6中的方法一般化,便得到下面定理.

定理1.1 设 $A_1, A_2, \cdots, A_n, \cdots$ 是一个完备事件组,且 $P(A_i)>0, i=1,2,\cdots$,则对于任意事件 B,有
$$P(B)=\sum_i P(A_i)P(B|A_i). \tag{1.7}$$

式(1.7)称为**全概率公式**.

证 因为 $B=B\Omega=B(\bigcup_i A_i)=\bigcup_i(A_iB)$,又因 $A_1B, A_2B, \cdots, A_nB, \cdots$ 互不相容,所以由可加性和乘法公式得
$$P(B)=P(\bigcup_i(A_iB))=\sum_i P(A_iB)=\sum_i P(A_i)P(B|A_i).$$

读者可以自己写出全概率公式的最简单($n=2$)的情形. 另外, 定理 1.1 中的条件"$A_1, A_2, \cdots, A_n, \cdots$ 是一个完备事件组"改为"$A_1, A_2, \cdots, A_n, \cdots$ 互不相容, 且 $B \subset (\bigcup_i A_i)$"也可.

例 7 有大小形状完全相同的 30 个球平均装在三个盒子中. 其中第一个盒子中有 7 个标有字母 X, 有 3 个标有字母 Y; 第二个盒子中有白球和红球各 5 个; 第三个盒子中有白球 2 个, 有红球 8 个. 试验规则如下: 先在第一个盒子中任取一球, 若取得标有字母 X 的球, 则在第二个盒子中任取一球; 若取得标有字母 Y 的球, 则在第三个盒子中任取一球. 如果第二次取到的是红球, 就认为试验成功. 求试验成功的概率.

解 第二次取球, 可能是从第二个盒子中取, 也可能是从第三个盒子中取, 这与第一次取到标有字母 X 的球还是标有字母 Y 的球有关.

记事件 A 为"第一次取到标有字母 X 的球", 事件 $\overline{A}$ 为"第一次取到标有字母 Y 的球", 事件 B 为"第二次取到的是红球"(即"试验成功"). 显然, $A, \overline{A}$ 是一个完备事件组. 由于

$$P(A) = \frac{7}{10}, \quad P(\overline{A}) = \frac{3}{10}, \quad P(B|A) = \frac{5}{10}, \quad P(B|\overline{A}) = \frac{8}{10},$$

于是根据全概率公式, 得

$$P(B) = P(A)P(B|A) + P(\overline{A})P(B|\overline{A}) = \frac{7}{10} \times \frac{5}{10} + \frac{3}{10} \times \frac{8}{10} = 0.59.$$

例 8 在例 7 中, 如果已知第二次取到的是红球, 求第一次取到的球上标有字母 X 的概率, 即求条件概率 $P(A|B)$. 根据条件概率的定义, 有

$$P(A|B) = \frac{P(AB)}{P(B)}, \quad P(AB) = P(A)P(B|A),$$

$$P(B) = P(A)P(B|A) + P(\overline{A})P(B|\overline{A}),$$

所以

$$P(A|B) = \frac{P(AB)}{P(B)} = \frac{P(A)P(B|A)}{P(A)P(B|A) + P(\overline{A})P(B|\overline{A})}$$

$$= \frac{\frac{7}{10} \times \frac{5}{10}}{\frac{7}{10} \times \frac{5}{10} + \frac{3}{10} \times \frac{8}{10}} = 0.5932.$$

将例 8 中计算条件概率 $P(A|B)$ 的公式推广到一般情形, 得到如下的贝叶斯公式.

四、贝叶斯公式

定理 1.2 设 $A_1, A_2, \cdots, A_n, \cdots$ 是一个完备事件组, 且 $P(A_i) > 0, i = 1, 2, \cdots,$

则对于任意事件 $B,P(B)>0$,有

$$P(A_j \mid B) = \frac{P(A_j)P(B \mid A_j)}{\sum_i P(A)P(B \mid A_i)}, \quad j=1,2,\cdots, \tag{1.8}$$

式(1.8)称为**贝叶斯公式**.

请读者仿照例 8,写出该定理的证明.

例 9 某工厂有三条流水线生产同一产品.已知这三条流水线的产量分别占总产量的 48%,34% 和 18%,三条流水线的产品的不合格率依次为:0.04,0.03 和 0.05.现从该厂生产的产品中任取一件进行检查,结果是不合格品,问它是哪一条流水线生产的可能性最大?

解 记事件 A_i 为"该产品是第 i 条流水线生产的",$i=1,2,3$.事件 B 为"该产品是不合格产品".

该题的问题是比较三个条件概率 $P(A_1|B),P(A_2|B),P(A_3|B)$ 的大小.由题设知

$$P(A_1)=0.48, \quad P(A_2)=0.34, \quad P(A_3)=0.18,$$
$$P(B|A_1)=0.04, \quad P(B|A_2)=0.03, \quad P(B|A_3)=0.05.$$

根据贝叶斯公式

$$P(A_1 \mid B) = \frac{P(A_1)P(B \mid A_1)}{\sum_{i=1}^{3} P(A_i)P(B \mid A_i)}$$
$$= \frac{0.48 \times 0.04}{0.48 \times 0.04 + 0.34 \times 0.03 + 0.18 \times 0.05}$$
$$= 50\%.$$

这时,就可直接回答该次品是甲厂生产的可能性最大(为什么?).

无条件概率 $P(A_i)$ 称为**先验概率**,而已知事件 B 发生的条件下,事件 A_i 发生的条件概率 $P(A_i|B)$ 称为**后验概率**.所以贝叶斯公式也称**逆概率公式**,或**后验概率公式**.在一般的应用中,事件 B 都表示某种试验结果,事件 $A_1,A_2,\cdots,A_n,\cdots$ 是关于 B 发生的各种原因或条件.

例如,在产品验收中,以 B 表示产品的等级,而 $A_i(i=1,2,\cdots)$ 表示生产厂家(或流水线);在通信中,以 B 表示接收信号,而 $A_i(i=1,2,\cdots)$ 表示发送信号;在验血时,以 B 表示反应阳性,而 $A_i(i=1,2,\cdots)$ 表示某种疾病;刑事案件侦查时,以 B 表示发生一起刑事案件,而 $A_i(i=1,2,\cdots)$ 表示某个犯罪嫌疑人,等等.这些例子表明了贝叶斯公式在实际应用中的重要性,不过,贝叶斯公式的应用,往往因缺乏先验概率而受到限制.

1.5 事件的独立性与独立重复试验

由 1.4 节的学习可知,无条件概率 $P(B)$ 与条件概率 $P(B|A)$ 是两个不同的概念,一般 $P(B) \neq P(B|A)$. 但在有些问题中,却有 $P(B) = P(B|A)$,说明这时事件 B 的发生不受事件 A 发生的影响,称为**事件 B 独立于事件 A**,而此时乘法公式简化为 $P(AB) = P(A)P(B)$. 事件的独立是概率论中又一重要的概念,本节先讨论两个事件的独立性,然后讨论多个事件的相互独立,最后讨论独立重复试验.

一、两个事件的独立性

若 $P(A) > 0, P(B) > 0$,且事件 B 独立于事件 A,即 $P(B|A) = P(B)$,那么,$P(AB) = P(A)P(B)$,于是由条件概率的定义,有

$$P(A|B) = \frac{P(AB)}{P(B)} = \frac{P(A)P(B)}{P(B)} = P(A).$$

这说明此时事件 A 也独立于事件 B,即事件 A 与事件 B 的独立性是相互的.

定义 1.4 如果事件 A, B 满足
$$P(AB) = P(A)P(B),$$
则称**事件 A 与事件 B 相互独立**,或称为**独立**.

注 (1) 以上定义当 $P(A) = 0$ 或 $P(B) = 0$ 时仍适用.

(2) 要搞清两个事件互不相容与两个事件相互独立的区别. 前者指的是在一个随机试验中,两个事件不可能同时发生,与概率无关;而后者指的是两个事件彼此的发生互相不受对方的影响,并且与概率有关.

例 1 从一副不含大小王的扑克牌中任取一张,记事件 A 为"取到的牌是 A",事件 B 为"取到的牌是红色的". 试判断事件 A, B 是否相互独立.

解 由题设知,$P(A) = \frac{4}{52} = \frac{1}{13}$,$P(B) = \frac{26}{52} = \frac{1}{2}$,$P(AB) = \frac{2}{52} = \frac{1}{26}$,显然 $P(AB) = P(A)P(B)$,即事件 A 与 B 是相互独立的.

性质 如果事件 A 与 B 相互独立,则事件 A 与 $\overline{B}$,$\overline{A}$ 与 B,$\overline{A}$ 与 $\overline{B}$ 也相互独立.

该性质的证明留作练习,读者自己证明.

例 2 一个盒子中有红、黄、白和彩球四个球,其中彩球有红、黄、白三色. 现从中任取一球,记事件 A 为"取到的球上有红色",事件 B 为"取到的球上有黄色",事件 C 为"取到的球上有白色". 容易判断三个事件 A, B, C 中,任意两个都相互独立. 但 $P(C) = \frac{1}{2}$,而 $P(C|AB) = 1$,说明事件 C 的发生会受到事件 A, B 同时发生

的影响. 这就是下面要讨论的多个事件的相互独立性.

二、有限个事件的独立性

定义 1.5 设 n 个事件 $A_1, A_2, \cdots, A_n$,如果对满足 $1 \leqslant i < j < k < \cdots \leqslant n$ 的任意的 $i, j, k, \cdots$,都有以下等式均成立:

$$\begin{cases} P(A_i A_j) = P(A_i) P(A_j), \\ P(A_i A_j A_k) = P(A_i) P(A_j) P(A_k), \\ \qquad \vdots \\ P(A_1 A_2 \cdots A_n) = P(A_1) P(A_2) \cdots P(A_n), \end{cases}$$

则称 n 个**事件** $A_1, A_2, \cdots, A_n$ **相互独立**.

注 (1) 若 n 个事件 $A_1, A_2, \cdots, A_n$ 只满足第一个等式,则称**事件** $A_1, A_2, \cdots, A_n$ **两两独立**.

(2) 由上述定义看出,若事件 $A_1, A_2, \cdots, A_n$ 相互独立,则其中任意 $k(2 \leqslant k \leqslant n)$ 个事件都是相互独立的,且任意一部分与另一部分也是相互独立的.

(3) 将两个事件 A, B 相互独立的性质推广,得到 n 个事件 $A_1, A_2, \cdots, A_n$ 相互独立的性质,将其中任意部分改为相应的对立事件,所得新的 n 个事件仍然相互独立.

当 $n=3$ 时,三个事件 A, B, C 相互独立是指

$$\begin{cases} P(AB) = P(A) P(B), \\ P(AC) = P(A) P(C), \\ P(BC) = P(B) P(C), \\ P(ABC) = P(A) P(B) P(C) \end{cases}$$

成立.

请读者自己判断例 2 中的三个事件 A, B, C 是否两两独立? 是否相互独立?

例 3 设事件 A, B, C 的概率相等且相互独立,已知 $P(A+B+C) = \dfrac{19}{27}$,求 $P(A)$.

解 设 $P(A) = P(B) = P(C) = x$,那么 $P(\overline{A}) = P(\overline{B}) = P(\overline{C}) = 1-x$. 又因为

$$P(A+B+C) = 1 - P(\overline{ABC}) = 1 - (1-x)^3,$$

所以

$$(1-x)^3 = 1 - P(A+B+C) = 1 - \frac{19}{27} = \frac{8}{27},$$

从而 $x = \dfrac{1}{3}$.

例4 某厂工人小王看管甲、乙、丙三台机器.已知在 1h 内这三台机器需要照管的概率分别为 $0.1,0.2,0.3$. 各台机器需要照管是相互独立的,且一台机器需要照管时,时间不会超过 1h. 试求在 1h 内,机器因得不到小王的照管而被迫停机的概率.

解 在所讨论的 1h 内,记事件 A 为"机器甲需要照管",事件 B 为"机器乙需要照管",事件 C 为"机器丙需要照管",事件 D 为"机器因得不到小王的照管而被迫停机". 由题设知
$$P(A)=0.1, \quad P(B)=0.2, \quad P(A)=0.3.$$
而事件 D 发生的条件是:在 1h 内,需要照管的机器至少有两台,即
$$D=AB+BC+AC.$$
所以
$$\begin{aligned}P(D)&=P(AB+BC+AC)=P(AB)+P(BC)+P(AC)\\ &\quad-P(ABBC)-P(ABAC)-P(BCAC)+P(ABBCAC)\\ &=P(AB)+P(BC)+P(AC)-2P(ABC)\\ &=0.1\times0.2+0.2\times0.3+0.1\times0.3-2\times0.1\times0.2\times0.3\\ &=0.098.\end{aligned}$$

例5 甲、乙两人进行投篮比赛.已知甲投中的概率为 $\alpha(0<\alpha<1)$,乙投中的概率为 $\beta(0<\beta<1)$. 轮流进行,甲先投,先投中者获胜. 问甲、乙两人获胜的概率各为多少?

解 记事件 A 为"甲获胜",事件 B 为"乙获胜",事件 A_i 为"甲第 i 次投中",$i=1,2,\cdots$,事件 B_j 为"乙第 j 次投中",$j=1,2,\cdots$,则
$$A=A_1+\overline{A}_1\overline{B}_1A_2+\overline{A}_1\overline{B}_1\overline{A}_2\overline{B}_2A_3+\cdots,$$
于是由事件的互不相容和各次投篮的独立性,得
$$\begin{aligned}P(A)&=P(A_1+\overline{A}_1\overline{B}_1A_2+\overline{A}_1\overline{B}_1\overline{A}_2\overline{B}_2A_3+\cdots)\\ &=\alpha+(1-\alpha)(1-\beta)\alpha+(1-\alpha)^2(1-\beta)^2\alpha+\cdots\\ &=\frac{\alpha}{1-(1-\alpha)(1-\beta)}=\frac{\alpha}{\alpha+\beta-\alpha\beta},\end{aligned}$$
$$P(B)=1-P(A)=\frac{\beta(1-\alpha)}{1-(1-\alpha)(1-\beta)}=\frac{\beta-\alpha\beta}{\alpha+\beta-\alpha\beta}.$$

三、n 重伯努利试验

伯努利试验是指只有两种可能结果的随机试验. 例如,投掷一枚质地均匀的硬币时观察其出现正面还是反面、抽取一件产品考察其是次品还是正品等. 有些试验的结果虽然不止两个,但人们可能对试验感兴趣的是某事件 A 是否发生,那么所有的结果就可看成:A 或 $\overline{A}$(成功或失败),从而也可以将试验归为伯努利试验. 例

如,考察一台液晶电视的寿命,虽然它可能取不小于 0h 的任何数值,但有时根据需要,将寿命大于 10000h 的电视当作合格品,而把寿命不大于 10000h 的电视当作次品,我们感兴趣的只是这台液晶电视是合格品还是次品.

n **重伯努利试验**是指将伯努利试验在相同条件下独立地重复进行 n 次. 例如,在相同条件下接连进行 n 次射击、给定总体的 n 次有放回随机抽样、观察 n 台独立运转的同一类型机器是否正常等都是 n 重伯努利试验. 伯努利试验作为一种随机试验的模型,在实际中有着非常广泛的应用.

定理 1.3(伯努利定理) 设在一次试验中,事件 A 发生的概率为 $p(0<p<1)$,则在 n 重伯努利试验中,事件 A 恰好发生 k 次的概率为
$$P_n(k)=C_n^k p^k q^{n-k}, \quad k=0,1,2,\cdots,n,$$
其中 $q=1-p$.

证 记事件 A_i 为"第 i 次试验中事件 A 发生",$i=1,2,\cdots,n$;事件 B 为"在 n 重伯努利试验中,事件 A 恰好发生 k 次",则 B 为下列 C_n^k 个两两不相容事件的和,
$$A_{i_1}A_{i_2}\cdots A_{i_k}\overline{A}_{j_1}\overline{A}_{j_2}\cdots\overline{A}_{j_{n-k}},$$
其中 $i_1,i_2,\cdots,i_k$ 是取遍 $1,2,\cdots,n$ 中的任意 k 个数(共有 C_n^k 种取法),$j_1,j_2,\cdots,j_{n-k}$ 是从 $1,2,\cdots,n$ 中取走 $i_1,i_2,\cdots,i_k$ 后剩下的 $n-k$ 个数. 而对任意取出的 $i_1,i_2,\cdots,i_k$ 及 $j_1,j_2,\cdots,j_{n-k}$,根据事件的独立性及 $P(A_i)=p$,有
$$P(A_{i_1}A_{i_2}\cdots A_{i_k}\overline{A}_{j_1}\overline{A}_{j_2}\cdots\overline{A}_{j_{n-k}})=p^k q^{n-k}.$$
故有
$$P(B)=P_n(k)=C_n^k p^k q^{n-k}, \quad k=0,1,2,\cdots,n.$$

例 6 设某工厂生产的某种仪器,以概率 0.8 可以直接出厂,以概率 0.2 需进一步调试,经调试后以概率 0.9 可以出厂,以概率 0.1 定为不合格品. 现该厂新生产了 100 台该种仪器(假定各台仪器的生产是相互独立的). 求:

(1) 全部能出厂的概率 p_1;

(2) 其中恰有 2 台不能出厂的概率 p_2;

(3) 其中至少有 2 台不能出厂的概率 p_3.

解 由题设知,每台仪器能出厂的概率 $p=0.8+0.2\times 0.9=0.98$.

(1) 全部能出厂的概率
$$p_1=C_{100}^{100}0.98^{100}0.02^0=0.98^{100}.$$

(2) 其中恰有 2 台不能出厂的概率
$$p_2=C_{100}^2 0.02^2 0.98^{98}.$$

(3) 其中至少有 2 台不能出厂的概率
$$p_3=1-C_{100}^{100}0.98^{100}0.02^0-C_{100}^{99}0.98^{99}0.02^1$$
$$=1-0.98^{100}-2\times 0.98^{99}.$$

例 7 有 20 名志愿者去可能的 8 所希望小学支教(假定每位志愿者等可能地

去每所学校,且去哪所学校不受其他人的影响).试求 8 所希望小学中,某校恰好去了 3 名志愿者的概率和某校至少去了 3 名志愿者的概率.

解 由于每位志愿者等可能地去每所学校,即每位志愿者去每所学校的概率均为 $p=\dfrac{1}{8}$,又去哪所学校不受其他人的影响,所以 20 名志愿者去某所希望小学支教是"20 重伯努利试验",从而某校恰好去了 3 名志愿者的概率为

$$P_{20}(3)=C_{20}^{3}\left(\dfrac{1}{8}\right)^{3}\left(\dfrac{7}{8}\right)^{17}.$$

某校至少去了 3 名志愿者的概率为

$$p_1=1-C_{20}^{0}\left(\dfrac{1}{8}\right)^{0}\left(\dfrac{7}{8}\right)^{20}-C_{20}^{1}\left(\dfrac{1}{8}\right)^{1}\left(\dfrac{7}{8}\right)^{19}-C_{20}^{2}\left(\dfrac{1}{8}\right)^{2}\left(\dfrac{7}{8}\right)^{18}.$$

习 题 1

(A)

1. 写出下列随机试验的样本空间:
(1) 掷三枚硬币,分别观察其出现的面(正面或反面);
(2) 掷两枚骰子,分别观察其出现的点数;
(3) 连续投掷一枚硬币,直到出现正面为止,观察其投掷次数;
(4) 观察某商场一天的顾客数;
(5) 测试一个灯泡的寿命.

2. 在第 1 题(1)中,事件 A,B,C 分别表示"第一枚出现正面""只有两枚出现正面""至少有一枚出现正面".试用集合列举法表示以下事件:$A,B,C,A+B,A-B,AB,AC,C\bar{A}$.

3. 在射击比赛,一选手连续向目标射击三次,若事件 A_i 表示"第 i 次击中目标",$i=1,2,3$. 试用这三个事件 A_1,A_2,A_3 表示出下面的事件:
(1) "三次射击都击中目标";
(2) "三次射击至少有两次击中目标";
(3) "至少有一次未击中目标".

4. 两个事件互不相容与两个事件对立有何区别? 试举例说明.

5. 如果 A 与 B 互为对立事件,证明:$\bar{A}$ 与 $\bar{B}$ 也互为对立事件.

6. 证明:$(A\cup B)-B=A-AB=A\bar{B}=A-B$.

7. 已知 $P(\bar{A})=0.4,P(\bar{A}B)=0.1,P(B)=0.3$,求 $P(AB),P(A-B),P(A+B),P(\overline{AB})$.

8. 已知 $P(A)=0.5,P(B\bar{A})=0.2,P(\overline{CAB})=0.1$,求 $P(A+B+C)$.

9. 在所有的两位数(10~99)中任取一个数,求:
(1) 此数能被 2 整除的概率;
(2) 此数能被 3 整除的概率;
(3) 此数能被 6 整除的概率;

(4) 此数能被 2 或 3 整除的概率.

10. 设 15 件产品中有 12 件正品, 3 件次品. 现从中随机地抽取 2 件, 求:

(1) 2 件都是正品的概率;

(2) 2 件都是次品的概率;

(3) 一件是正品一件是次品的概率.

11. 房间有 8 个人, 求其中至少有两个人的生日在同一个月的概率.

12. 从 1, 2, 3, 4, 5 这五个数字有放回地接连抽取 3 个数字, 试求下列事件的概率.

(1) 3 个数字全不相同;

(2) 3 个数字都是奇数;

(3) 3 个数字中 3 出现了两次.

13. 一副扑克牌有 52 张, 不放回抽样, 每次一张, 连续抽 4 张, 求至少有两张花色相同的概率.

14. 一个班共有 30 名同学, 其中有 10 名女生, 假设同学们到校先后次序的所有模式都有相同的可能性. 求:

(1) 女生均比男生先到校的概率;

(2) 班上甲乙两位同学中, 甲总比乙先到校的概率.

15. 10 个人随机地围一圆桌而坐, 求甲乙两个人相邻而坐的概率.

16. 将 C, C, E, E, I, N, S 这 7 个字母分别写在卡片上, 然后将 7 张卡片随机地排成一行, 求恰好排成英文单词 SCIENCE(科学)的概率.

17. 将 3 封信随机地投入 4 个邮筒, 求下列事件的概率:

(1) 每个邮筒最多有 1 封信;

(2) 3 封信全在一个邮筒里.

18. 10 把钥匙中有 4 把能打开门, 因开门者忘记哪把能打开门, 便逐把试开, 求下列事件的概率:

(1) 第 3 把钥匙才打开门;

(2) 第 3 把钥匙能打开门;

(3) 最多试 3 把钥匙就能打开门.

19. 假设 5 个人在第一层进入十一层楼的电梯中, 如果每个人以相同的概率走出任一层(从第二层开始)求下列事件的概率:

(1) 5 个人在同一层下电梯;

(2) 5 个人都在第十一层下电梯;

(3) 5 个人各在不同层下电梯;

(4) 5 个人中恰好有 3 人在第十层下电梯.

20. 盒子中有标号分别为 1, 2, ⋯, 10 的大小相同的 10 个球, 现从中任取 3 个, 求以下事件的概率:

(1) 最小号是 5;

(2) 最大号是 5;

(3) 最小号不小于 5.

21. 两个不相关的信号等可能地在时间间隔 30min 的一段时间的任何瞬间进入收音机,若只有当这两个信号进入收音机的时间间隔不大于 2min 时,收音机才受到干扰,求收音机受到干扰的概率.

22. 设一个质点落在 xOy 平面上由 x 轴、y 轴及 $x+y=2$ 所围成的三角形区域内,而落在这个三角形区域内各点处的可能性相等,即落在这个三角形内任何区域上的概率与这区域的面积成正比,试求此质点落在直线 $x=1$ 的左侧的概率.

23. 一批产品共有 100 件,其中 10 件次品. 现从中一个一个取出,求第三次才取到次品的概率.

24. 设某种动物由出生活到 10 岁的概率为 0.8,而活到 15 岁的概率为 0.4. 问现年为 10 岁的这种动物能活到 15 岁的概率是多少?

25. 设 A 和 B 是任意两个事件,证明:若 $P(B|A) \leq P(B)$,则
$$P(A|B) \leq P(A).$$

26. 已知 A, B_1, B_2 是三个事件,且 $P(A) > 0$,$B_1 B_2 = \emptyset$. 证明:
$$P((B_1+B_2)|A) = P(B_1|A) + P(B_2|A).$$

27. 为安全起见,某工厂同时装有两套报警系统 1,2. 已知每套系统单独使用时能正确报警的概率分别为 0.93 和 0.94,又已知第一套系统失灵时第二套系统仍能正常工作的概率为 0.86. 试求该厂在同时启用两套报警系统时,能正确报警的概率.

28. 甲、乙两名选手进行乒乓球单打比赛. 甲先发球,甲发球成功后,乙回球失误的概率为 0.2;若乙回球成功,甲回球失误的概率为 0.3;若甲回球成功,乙再次回球失误的概率为 0.4. 试求在这几个回合中乙失掉 1 分的概率.

29. 一个学生的学生证可能丢在宿舍里、教室里或路上,其概率分别为 40%,35% 和 25%,而丢在上述三个地方被找到的概率分别为 0.8,0.5 和 0.1. 求该学生能找到学生证的概率.

30. 某保险公司把火灾保险的客户分为"易发"和"偶发"两类. 根据统计资料知,前者和后者分别占 30% 和 70%,且在一年内索赔的概率分别为 10% 和 2%.
    (1) 求某客户在一年内向保险公司索赔的概率;
    (2) 若有一客户向保险公司索赔,求该客户是"易发"的概率.

31. 某学生参加英语考试,做一道有 4 个选项的单项选择题,如果他不知道问题的正确答案时,就作随机猜测. 现从卷面看该题他答对了,试就以下两种情况求该学生确实知道正确答案的概率:
    (1) 学生知道正确答案和胡乱猜测的概率都是 0.5;
    (2) 学生知道正确答案的概率是 0.2.

32. 用血清甲胎蛋白法检查肝炎病毒. 假定该方法能正确测定出确实带有肝炎病毒的人中的 95% 存在肝炎病毒,又把不带病毒的人中 10% 错误地识别为存在肝炎病毒;假定在总人口中 4/10000 的人患有肝炎. 现有一人被此检验法诊断为阳性,求此人确患肝炎的概率是多少?

33. 有两箱同种零件,第一箱装有 50 件,其中有 10 件一等品;第二箱装有 30 件,其中有 18 件一等品. 现从两箱中随机挑出一箱,然后从该箱中先后任取两个零件(不放回). 求:
    (1) 第一次取出的零件是一等品的概率;
    (2) 在第一次取出的零件是一等品的条件下,第二次取出的零件仍是一等品的概率.

34. 证明:当 $P(A)>0, P(B)>0$ 时, A 与 B 互不相容与相互独立不能同时成立.

35. 设 $0<P(A)<1, 0<P(B)<1$,且 $P(A|B)+P(\bar{A}|\bar{B})=1$,证明:$A$ 与 B 相互独立.

36. 三人独立地破译一份密码,已知他们能单独译出的概率分别为 $0.2, 0.3, 0.1$. 求此密码能被译出的概率.

37. 有四张相同的卡片,其中三张上分别写有数字 $1, 2, 3$,而另一张上同时写有数字 $1, 2, 3$. 现随意取一张,记 A_i 为"卡片上写有 i",$i=1, 2, 3$. 证明:事件 A_1, A_2, A_3 两两独立但不相互独立.

38. 三台独立工作的机器,在一小时内需要维修的概率分别是 $0.8, 0.7, 0.6$. 求在一小时内:

(1) 没有一台需要维修的概率;

(2) 至少有一台机器不需要维修的概率;

(3) 最多有一台机器需要维修的概率.

39. 花园里种了 5 颗种子,已知该种子的发芽率为 0.7,求:

(1) 恰有 2 颗发芽的概率;

(2) 至少有 2 颗发芽的概率;

(3) 最多有 2 颗发芽的概率.

40. 电灯泡使用寿命在 1000h 以上的概率为 0.4,求 3 只灯泡在使用 1000h 以后最多有 1 只坏了的概率.

41. 甲、乙、丙三人同时向一架飞机射击,设他们击中飞机的概率均为 0.4. 如果只有一人击中飞机,其坠落的概率为 0.2;如果有两人击中飞机,其坠落的概率为 0.6;如果三人都击中飞机,则飞机必然坠落. 求:

(1) 飞机坠落的概率;

(2) 若飞机坠落,求它是被两人击中的概率.

42. 设某彩票每周开奖一次,每次的中奖率是万分之一,且各周开奖是相互独立的. 若每周买一张彩票,试分别求出坚持 1 年、5 年和 10 年的时间而未获奖的概率.

43. 已知某商场一天内来 k 个顾客的概率为 $\lambda^k e^{-k}/k!$,$k=0, 1, \cdots$,其中 $\lambda>0$. 又设每个到达商场的顾客购买商品是独立的,其概率为 p. 试证:这个商场一天内有 r 个顾客购买商品的概率是 $(\lambda p)^r e^{-\lambda p}/r!$.

(B)

1. 设 A, B 为任意两个事件,则 $P((\bar{A}+B)(A+B)(\bar{A}+\bar{B})(A+\bar{B}))=$ _____.

2. 某人有两盒火柴,每一盒里有 n 根. 每次使用时,他在任意一盒中取一根,问他发现一盒空,而另一盒还有 k 根火柴的概率是多少?

3. 把长度为 10m 的木棒任意折成三段,求它们可以构成一个三角形的概率.

4. 两艘轮船都要停靠同一泊位,它们可能在一昼夜的任意时间到达,设两船停靠泊位的时间分别需要 1h 与 2h,求一艘轮船停靠泊位时,需要等待空出码头的概率.

5. 设甲袋中装有 n 个白球,m 个红球;乙袋中装有 N 个白球,M 个红球. 现从甲袋中任取一球放入乙袋,再从乙袋中任取一球,问取到白球的概率是多少?

6. 甲、乙两选手进行乒乓球单打比赛,设在每局里甲获胜的概率是 $p(p\geqslant 0.5)$,且各局胜负相互独立.比赛可采用三局二胜制或五局三胜制,问哪一种赛制对甲更有利?

7. 设 10 件产品中有 4 件不合格品,从中任取两件,已知所取两件中有一件是不合格品,求另一件也是不合格品的概率.

8. 在一通信渠道中,能传送字符 0000,1111,XXXX 三者之一,由于通信噪声的干扰,能正确接收被传送字母的概率是 0.6,而接收到其他两个字母的概率均为 0.2,假设前后字母是否被歪曲互不影响.

(1) 求收到字符 01X0 的概率;

(2) 若收到字符 01X0,问被传送字符为 0000 的概率是多大?

9. 要验收一批(100 台)计算机,验收方案是:从该批计算机中任取 3 台,分别进行独立测试,如果 3 台中至少有一台是次品,则拒绝接收这批计算机.由于测试技术和水平的影响,一台次品被查出为次品的概率是 0.95,而一台正品被查出为次品的概率是 0.01.如果这 100 台计算机中有 4 台次品,试问这批计算机被接收的概率是多少?

第 2 章　随机变量及其分布

在第 1 章中介绍了随机事件及其概率,简单地了解了概率的直观定义、统计定义和公理化定义,掌握了一些随机事件概率的计算,并且熟悉了概率在日常生活中的某些应用.但这些认识仅停留在对随机现象的局部性质的了解上,还没有认识到随机现象的整体性质.为了深入地研究随机现象,需要把随机试验的结果数量化,就是说用一个变量来描述试验结果,从数量的侧面来研究随机现象的统计规律性.并建立起一系列的公式和定理,借以更好地描述、处理与解决各种联系于随机现象的理论和应用问题.为此,需要引入随机变量及其概率分布.

随机变量的数字特征是反映随机变量的某方面的特征,是联系于随机变量的分布函数的某些数,如数学期望、方差等.随机变量的分布函数完整地描述了随机变量的统计特征,但对于一般随机变量,要完全确定它的分布函数就不容易了.好在在许多实际问题中,并不需要完全知道随机变量的分布函数,只要知道它的某些特征就够了.比如,对某地区所有高中学校的某门课程的考试成绩进行评价,一般并不需要知道每个学生的具体成绩,而只需要了解平均成绩就可以了,有了这个平均成绩,就可以与平行班,或者和上、下届学生成绩进行比较,平均成绩就是学生成绩这一随机变量的特征.随机变量的数字特征及其有关运算,在概率论中起着重要作用.利用数字特征可以使许多问题分析简化.常用的数字特征有:数学期望(均值)、方差、矩、众数、中数、相关系数、协方差等.

2.1　随机变量及其概率分布

一、随机变量的概念

随机变量就是在试验的结果中能取得不同数值的量.它的数值是随试验的结果而定的,由于试验的结果是随机的,故其取值具有随机性,则称其为随机变量.显然随机变量是事件的推广,而随机变量的概率分布是事件的概率的推广.有了随机变量及其概率分布,就可以全面地考察试验结果,指示客观事物内在的统计规律性.引入随机变量的概念,它使概率论的研究对象由随机事件扩大到随机变量.

例 1　投掷一枚质地均匀的骰子,出现的点数 $1,2,3,4,5,6$ 就可以认为是一个变量 X 的所有取值,而相应的概率就可以表示为

$$P\{X=i\}=\frac{1}{6}, \quad i=1,2,\cdots,6.$$

例 2 观察某电器的使用寿命,实际使用寿命可能是 $[0,+\infty)$ 中的任何一个实数,使用寿命也可以认为是一个变量 X 的所有取值,关于寿命在某一区间上的概率可以表示为 $P\{0 \leqslant X < 500\} = a, P\{500 \leqslant X\} = b$,其中 $0 \leqslant a, b \leqslant 1$.

再如,一枚质地均匀的硬币,观察正、反面出现的情况,其结果为正面或反面,并不是数量;检查一产品,其结果为合格或不合格,也不是数量. 但若规定,得正面(合格)对应 1,得反面(不合格)对应 0,则上述两个试验的结果便可以数量化了. 总之,无论随机试验的结果是否直接表现为数量,也可以使其数量化,使随机试验的结果,即将样本空间中的样本点对应于一个数. 这就引入了随机变量的概念.

定义 2.1 设 E 是随机试验,它的样本空间为 $\Omega = \{\omega\}$,如果对于随机试验的每一个结果 ω,都有唯一的实数 $X(\omega)$ 与之对应,则称 $X(\omega)$ 是一个**随机变量**,简记为 X.

通常用 X, Y, Z 或 ξ, η, ζ 等表示随机变量. 而随机变量的具体取值则用小写字母 x, y, z 等表示.

随机变量是在随机情况下考虑的变量,它有两条性质.

(1) 随机性. 即事先无法确定知道可能取什么值,但只有试验结束后才能确定具体的取值;

(2) 遵从一定的概率规律. 由于试验的结果有随机性,所以各个结果的出现有一定的概率规律.

随机变量分为离散型随机变量和非离散型随机变量,而连续型随机变量是非离散型随机变量中最重要、最常用的一种,本书只讨论离散型和连续型随机变量这两类. 例 1 中的随机变量是离散型的,例 2 中的随机变量是连续型的.

当随机变量取定某一实数时,就表示了随机试验的某一结果,从而应有相应的概率,而从例 1 和例 2 里我们可以看出,随机变量可以是离散型的也可以是非离散型的,但它们的概率问题在讨论上是不同的. 为了能完整地描述随机变量的特性,将它们的概率情况统一起来,有必要引入分布函数的概念.

二、随机变量的分布函数

定义 2.2 设 X 是任意一个随机变量,称函数
$$F(x) = P\{X \leqslant x\}, \quad -\infty < x < +\infty \tag{2.1}$$
为随机变量 X 的**分布函数**,记为 $X \sim F(x)$.

由分布函数 $F(x)$ 的定义可知,$F(x)$ 表示随机变量 X 的取值落入区间 $(-\infty, x]$ 之内的概率,显然它是 x 的函数.

从 $F(x)$ 表示事件 $\{X \leqslant x\}$ 的概率这一事实可以导出分布函数 $F(x)$ 具有下列基本性质:

(1) **有界性** $0 \leqslant F(x) \leqslant 1$;

(2) **单调性** $F(x)$是单调不减的,即当$x_1<x_2$时,$F(x_1)\leqslant F(x_2)$;

(3) 当x趋于$-\infty$和$+\infty$时,分布函数$F(x)$的极限为

$$F(-\infty)=\lim_{x\to-\infty}F(x)=P\{-\infty<X<-\infty\}=0, \qquad (2.2)$$

$$F(+\infty)=\lim_{x\to+\infty}F(x)=P\{-\infty<X<+\infty\}=1; \qquad (2.3)$$

(4) **右连续性** 分布函数$F(x)$至多有可列个间断点,并且在其间断点处是右连续的,即对任何实数x,$F(x+0)=F(x)$.

证明略. 读者将在学习离散型随机变量的分布函数时进一步理解这一性质.

由于分布函数是一个普通函数,因此可以利用微积分的知识来研究随机现象. 一旦知道了一个随机变量的分布函数,与这个随机变量有关的许多概率问题将转化为求分布函数的函数值问题. 一般地,有

(1) $P\{a<X\leqslant b\}=F(a)-F(b)$; $\qquad (2.4)$

(2) $P\{X>a\}=1-F(a)$; $\qquad (2.5)$

(3) $P\{a\leqslant X\leqslant b\}=F(b)-F(a-0)$. $\qquad (2.6)$

例3 设随机变量X的分布函数为

$$F(x)=\begin{cases} 0, & x<0, \\ 0.3, & 0\leqslant x<1, \\ 0.7, & 1\leqslant x<2, \\ 1, & x\geqslant 2. \end{cases}$$

求概率$P\{X\leqslant 1.5\}$,$P\{|X|\leqslant 1.5\}$,$P\{X>1\}$.

解 $P\{X\leqslant 1.5\}=F(1.5)=0.7$,

$P\{|X|\leqslant 1.5\}=P\{-1.5\leqslant X\leqslant 1.5\}$

$\qquad =F(1.5)-F(-1.5-0)=0.7-0=0.7$,

$P\{X>1\}=1-P\{X\leqslant 1\}=1-F(1)=1-0.7=0.3$.

2.2 离散型随机变量

本节主要介绍离散型随机变量的概率分布和分布函数.

一、离散型随机变量的概率分布

定义2.3 如果随机变量X的全部可能取值,只有有限多个或至多可列个,则称X为**离散型随机变量**.

定义2.4 设X为离散型随机变量,它的全部可能取值为x_i,$i=1,2,\cdots$. 令

$$p_i=P\{X=x_i\}, \quad i=1,2,\cdots, \qquad (2.7)$$

则称$P\{X=x_i\}$,$i=1,2,\cdots$为X的**概率分布**,记为p_i.

2.2 离散型随机变量

可以用表 2-1 形式表示离散型随机变量的概率分布.

表 2-1 离散型随机变量的概率分布

X	x_1	x_2	$\cdots$	x_n	$\cdots$
p	p_1	p_2	$\cdots$	p_n	$\cdots$

离散型随机变量概率分布具有以下性质：

(1) $p_i \geqslant 0, i=1,2,\cdots;$ \hfill (2.8)

(2) $\sum_i p_i = 1.$ \hfill (2.9)

离散型随机变量的所有可能取值构成了集合 $\{x_i | i=1,2,\cdots\}$，则对于集合 $\{x_i | i=1,2,\cdots\}$ 中的任何一个子集 A，事件 $\{X \in A\}$ 的概率为

$$P\{X \in A\} = \sum_{x_j \in A} P\{X = x_j\}. \tag{2.10}$$

例 1 一批产品的次品率是 5%，从中随机地抽取一个产品进行检验，设产品质量为随机变量 X，并且正品记为 0，次品记为 1. 求随机变量 X 的概率分布.

解 由题设可知

$$P\{X=0\}=0.95, \quad P\{X=1\}=0.05.$$

于是随机变量 X 的概率分布为

X	0	1
P	0.95	0.05

例 2 一批产品共 10 件，其中有次品 3 件，为检查其质量，从中抽取 3 件，求抽到次品的概率分布，并作图.

解 设抽到次品数为 X，则 $X=0,1,2,3$，有古典概率可以计算出

$$P\{X=0\}=\frac{C_3^0 C_7^3}{C_{10}^3}=\frac{7}{24}, \quad P\{X=1\}=\frac{C_3^1 C_7^2}{C_{10}^3}=\frac{21}{40},$$

$$P\{X=2\}=\frac{C_3^2 C_7^1}{C_{10}^3}=\frac{7}{40}, \quad P\{X=3\}=\frac{C_3^3 C_7^0}{C_{10}^3}=\frac{1}{120}.$$

于是所求的概率分布为

X	0	1	2	3
P	$\frac{7}{24}$	$\frac{21}{40}$	$\frac{7}{40}$	$\frac{1}{120}$

显然，$p_i \geqslant 0, i=0,1,2,3$，且 $\sum_{i=0}^{3} p_i = 1$. 概率分布图如图 2-1 所示.

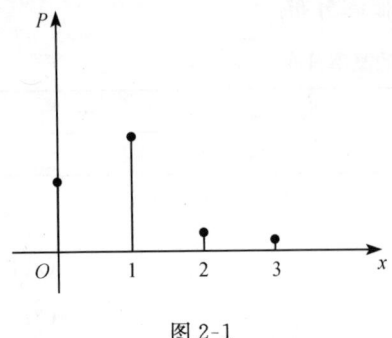

图 2-1

由图 2-1 可见,离散型随机变量概率分布的图形是一排"火柴棍"式的竖线,其高度就为随机变量 X 在该点处的概率值.

例 3 袋内有 5 个黑球,3 个白球,每次抽取一个,不放回,直到取得黑球为止. 记 X 为取到白球的数目,求随机变量 X 的概率分布;若记 Y 为抽取的次数,则随机变量 Y 的概率分布又如何?

解 设 X 为取到白球的数目,则 X 可取 $0,1,2,3$,且

$$P\{X=0\}=\frac{5}{8},$$

$$P\{X=1\}=\frac{3}{8}\times\frac{5}{7}=\frac{15}{56},$$

$$P\{X=2\}=\frac{3}{8}\times\frac{2}{7}\times\frac{5}{6}=\frac{5}{56},$$

$$P\{X=3\}=\frac{3}{8}\times\frac{2}{7}\times\frac{1}{6}\times\frac{5}{5}=\frac{1}{56}.$$

于是 X 的概率分布为

X	0	1	2	3
P	$\frac{5}{8}$	$\frac{15}{56}$	$\frac{5}{56}$	$\frac{1}{56}$

由于 Y 为抽取的次数,则 Y 可取 $1,2,3,4$. 由于事件"$Y=1$"表示抽取了一次,说明第一次抽到的是黑球,即为事件"$X=0$",因此 $P\{Y=1\}=P\{X=0\}=\frac{5}{8}$,同样有

$$P\{Y=2\}=P\{X=1\}=\frac{3}{8}\times\frac{5}{7}=\frac{15}{56},$$

$$P\{Y=3\}=P\{X=2\}=\frac{3}{8}\times\frac{2}{7}\times\frac{5}{6}=\frac{5}{56},$$

$$P\{Y=4\}=P\{X=3\}=\frac{3}{8}\times\frac{2}{7}\times\frac{1}{6}\times\frac{5}{5}=\frac{1}{56}.$$

所以随机变量 Y 的概率分布与随机变量 X 的概率分布一样,为

2.2 离散型随机变量

Y	1	2	3	4
P	$\frac{5}{8}$	$\frac{15}{56}$	$\frac{5}{56}$	$\frac{1}{56}$

例 4 假定一个试验成功的概率为 $p(0<p<1)$，不断进行重复试验，直到首次成功为止，用随机变量 X 表示试验的次数，求随机变量 X 的概率分布.

解 设 X 为试验的次数，则 X 可取 $1,2,\cdots$.

当 $X=1$ 时，表示第一次试验成功；当 $X=2$ 时，表示第一次试验失败，而第二次试验成功；依此类推，当 $X=n$ 时，表示前 $n-1$ 次试验失败，第 n 次试验成功. 所以随机变量 X 的概率分布为

$$P\{X=n\}=(1-p)^{n-1}p, \quad n=1,2,\cdots.$$

二、离散型随机变量的分布函数

设 X 为离散型随机变量，概率分布为 $p_i=P\{X=x_i\}, i=1,2,\cdots$，则其分布函数为

$$F(x) = P\{X \leqslant x\} = \sum_{x_i \leqslant x} p_i. \tag{2.11}$$

例 5 设随机变量 X 只取一个值 c，即 $P\{X=c\}=1$，求 X 的分布函数 $F(x)$，并画出 $F(x)$ 的图形.

解 由式(2.11)，得 X 的分布函数为

$$F(x) = \begin{cases} 0, & x < c, \\ 1, & x \geqslant c. \end{cases}$$

$F(x)$ 的图形如图 2-2 所示.

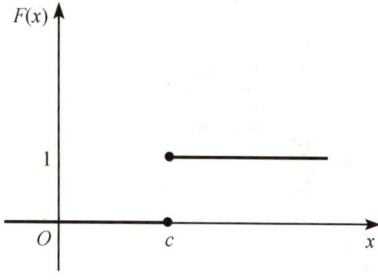

图 2-2

例 6 设随机变量 X 的概率分布见表 2-2.

表 2-2

X	0	1	2
P	0.2	0.5	0.3

求 X 的分布函数 $F(x)$，并画出 $F(x)$ 的图形.

解 由式(2.11)，知

当 $x<0$ 时，$P\{X \leqslant x\}=0$；

当 $0 \leqslant x<1$ 时，$P\{X \leqslant x\}=P\{X=0\}=0.2$；

当 $1 \leqslant x<2$ 时，$P\{X \leqslant x\}=P\{X=0\}+P\{X=1\}=0.7$；

当 $x \geqslant 2$ 时，$P\{X \leqslant x\}=P\{X=0\}+P\{X=1\}+P\{X=2\}=1$.

所以 X 的分布函数为

$$F(x)=\begin{cases}0, & x<0,\\ 0.2, & 0\leqslant x<1,\\ 0.7, & 1\leqslant x<2,\\ 1, & x\geqslant 2.\end{cases}$$

$F(x)$ 的图形如图 2-3 所示.

从例 5 和例 6 可以看出,离散型随机变量的分布函数为分段函数,其图形呈阶梯形,在随机变量的取值点上产生跳跃,并且其跳跃高度就为该点的概率,而随机变量的取值点就为跳跃间断点,并且是右连续的. 所以在讨论离散型随机变量 X 的分布函数 $F(x)$ 时,离散型随机变量 X 所取的值就是 $F(x)$ 的分段点,这些值所构成的左闭右开的小区间就是 $F(x)$ 的分段区间.

根据离散型随机变量的分布函数,也可以得到离散型随机变量相应的概率分布.

例 7 已知离散型随机变量 X 的分布函数

$$F(x)=\begin{cases}0, & x<-1,\\ 0.4, & -1\leqslant x<0,\\ 0.8, & 0\leqslant x<2,\\ 1, & x\geqslant 2\end{cases}$$

(图 2-4),求 X 的概率分布.

解 由离散型随机变量 X 的分布函数的特点,可得 X 的概率分布为

X	-1	0	2
P	0.4	0.4	0.2

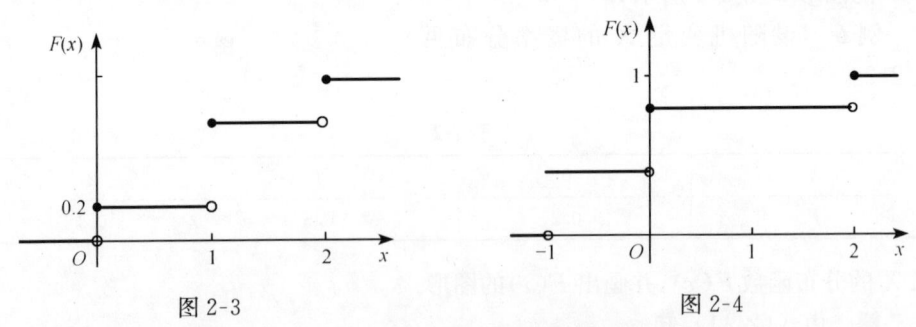

图 2-3   图 2-4

2.3 连续型随机变量

在实际问题中,随机变量不仅可以取有限个或可列个值,往往其取值可能充满

某个区间或区域,即非离散型随机变量. 例如:某地区的降雨量,测量灯泡的寿命,射击弹着点距靶心距离等,它们已经不能用可列个值来描述了,相应的概率问题一般也不能用离散型随机变量的概率分布来描述. 本节只介绍非离散型随机变量中最重要且最常用的一类随机变量——连续型随机变量.

一、连续型随机变量的概率密度

定义 2.5 对随机变量 X,如果存在一个非负可积函数 $f(x)$,$-\infty<x<+\infty$,使得对于任意两个实数 $a,b(a<b)$ 都有

$$P\{a<X<b\}=\int_a^b f(x)\mathrm{d}x, \tag{2.12}$$

则称 X 为**连续型随机变量**,称 $f(x)$ 为 X 的**概率密度**,简称概率密度,简记 $X\sim f(x)$.

概率密度 $f(x)$ 具有下面两条基本性质:

(1) $f(x)\geqslant 0, -\infty<x<+\infty;$ (2.13)

(2) $\int_{-\infty}^{+\infty} f(x)\mathrm{d}x = 1.$ (2.14)

由定义 2.5 知,连续型随机变量 X 取某个定值 c 的概率为

$$P\{X=c\}=0. \tag{2.15}$$

证 对任意的 $h>0$,知事件 $\{X=c\}$ 包含于事件 $\{c-h<X<c+h\}$ 之中,因而有

$$P\{X=c\}\leqslant P\{c-h<X<c+h\}=\int_{c-h}^{c+h} f(x)\mathrm{d}x,$$

令 $h\to 0$,得

$$0\leqslant P\{X=c\}\leqslant \lim_{h\to 0}\int_{c-h}^{c+h} f(x)\mathrm{d}x = 0,$$

所以,$P\{X=c\}=0$.

这样连续型随机变量 X 在某个区间上取值的概率与变量所在区间是否为开闭区间是无关的,所以下列公式成立:

(1) $P\{a<X<b\}=\int_a^b f(x)\mathrm{d}x.$ (2.16)

(2) $P\{a\leqslant X<b\}=\int_a^b f(x)\mathrm{d}x.$ (2.17)

(3) $P\{a<X\leqslant b\}=\int_a^b f(x)\mathrm{d}x.$ (2.18)

(4) $P\{a\leqslant X\leqslant b\}=\int_a^b f(x)\mathrm{d}x.$ (2.19)

例1 已知随机变量 X 的概率密度为

$$f(x)=\begin{cases} ax+b, & 0<x<2, \\ 0, & \text{其他} \end{cases}$$

且 $P\{1<X<3\}=0.25$. (1)确定常数 a 和 b 的值；(2)求 $P\{X>1.5\}$.

解 (1) $P\{1<X<3\}=\int_1^3 f(x)\mathrm{d}x=\int_1^2(ax+b)\mathrm{d}x=1.5a+b=0.25$,

$$\int_{-\infty}^{+\infty}f(x)\mathrm{d}x=\int_0^2(ax+b)\mathrm{d}x=2a+2b=1.$$

联立方程组 $\begin{cases}1.5a+b=0.25,\\2a+2b=1,\end{cases}$ 得到 $a=-0.5, b=1$.

(2) $P\{X>1.5\}=\int_{1.5}^{+\infty}f(x)\mathrm{d}x=\int_{1.5}^2(-0.5x+1)\mathrm{d}x=0.0625$.

例 2 设连续型随机变量 X 的概率密度为

$$f(x)=\begin{cases}\dfrac{1}{2}+x, & 0<x<a,\\0, & \text{其他}.\end{cases}$$

确定常数 a.

解 由概率密度的性质可得

$$\int_{-\infty}^{+\infty}f(x)\mathrm{d}x=\int_0^a\left(\dfrac{1}{2}+x\right)\mathrm{d}x=\left(\dfrac{1}{2}x+\dfrac{x^2}{2}\right)\Big|_0^a=\dfrac{1}{2}a+\dfrac{a^2}{2}=1,$$

于是，$a^2+a-2=0$，因此，$a=-2$ 或 $a=1$. 根据题设可得，$a=1$.

二、连续型随机变量的分布函数

设 X 是连续型随机变量，概率密度为 $f(x)$，则其分布函数为

$$F(x)=P\{X\leqslant x\}=\int_{-\infty}^x f(t)\mathrm{d}t,\quad -\infty<x<+\infty. \tag{2.20}$$

由于概率密度 $f(x)$ 在 $-\infty<x<+\infty$ 上是非负可积的，所以分布函数 $F(x)$ 在 $-\infty<x<+\infty$ 上是连续函数，并且在可导点 x 处有

$$F'(x)=f(x). \tag{2.21}$$

式(2.20)和式(2.21)反映了连续型随机变量的概率密度与分布函数之间的关系.

在几何上，$F(x)$ 和 $P\{a<x\leqslant b\}$ 可以用相应的曲边梯形的面积来表示(图 2-5).

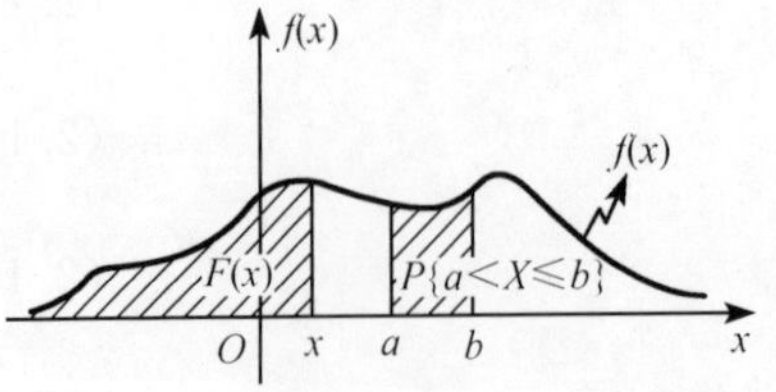

图 2-5

例 3 已知连续型随机变量 X 概率密度为

$$f(x)=\begin{cases}\dfrac{A}{\sqrt{x}}, & 0<x<1,\\0, & \text{其他}.\end{cases}$$

试确定常数 A，并求 X 的分布函数 $F(x)$.

解 由概率密度的性质，有

$$\int_{-\infty}^{+\infty} f(x)\mathrm{d}x = \int_0^1 \frac{A}{\sqrt{x}}\mathrm{d}x = 2A\sqrt{x}\Big|_0^1 = 2A = 1, 得 A = \frac{1}{2}.$$

当 $x \leqslant 0$ 时,$F(x) = P\{X \leqslant x\} = \int_{-\infty}^{x} f(t)\mathrm{d}t = \int_{-\infty}^{x} 0\mathrm{d}t = 0$;

当 $0 < x < 1$ 时,

$$F(x) = P\{X \leqslant x\} = \int_{-\infty}^{x} f(t)\mathrm{d}t = \int_{-\infty}^{0} 0\mathrm{d}t + \int_0^x \frac{1}{2\sqrt{t}}\mathrm{d}t = \sqrt{x};$$

当 $x \geqslant 1$ 时,

$$F(x) = P\{X \leqslant x\} = \int_{-\infty}^{x} f(t)\mathrm{d}t = \int_{-\infty}^{0} 0\mathrm{d}t + \int_0^1 \frac{1}{2\sqrt{t}}\mathrm{d}t + \int_1^x 0\mathrm{d}t = 1.$$

所以,X 的分布函数为

$$F(x) = \begin{cases} 0, & x \leqslant 0, \\ \sqrt{x}, & 0 < x < 1, \\ 1, & x \geqslant 1. \end{cases}$$

分布函数 $F(x)$ 的图形如图 2-6 所示.

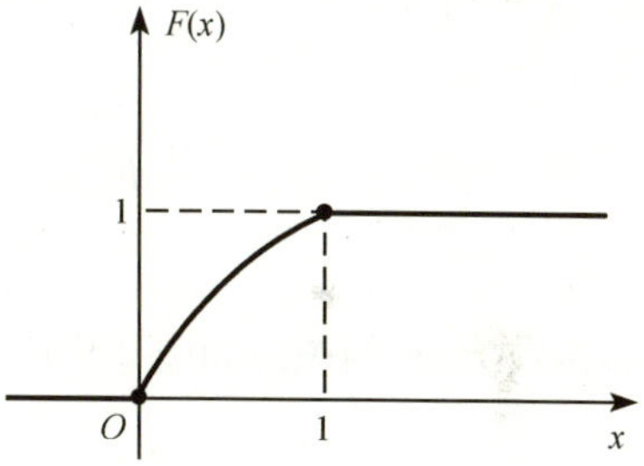

连续型随机变量的分布函数是连续的分段函数. 在求连续型随机变量的分布函数时,概率密度的分段点就是分布函数的分段点,在区间划分上,等号放在不影响该区间概率值的区间上,使得该区间上的概率保持一致.

例 4 已知连续型随机变量 X 的分布函数为

$$F(x) = A + B\arctan x, \quad -\infty < x < +\infty,$$

确定常数 A 与 B,并求 X 的概率密度 $f(x)$.

图 2-6

解 由分布函数的性质(3),得到

$$F(-\infty) = A - \frac{\pi}{2}B = 0, \quad F(+\infty) = A + \frac{\pi}{2}B = 1.$$

解得 $A = \frac{1}{2}, B = \frac{1}{\pi}$. 所以

$$f(x) = F'(x) = \left(\frac{1}{2} + \frac{1}{\pi}\arctan x\right)' = \frac{1}{\pi(1+x^2)}, \quad -\infty < x < +\infty.$$

例 5 已知连续型随机变量 X 的概率密度为

$$f(x) = \begin{cases} \lambda, & a \leqslant x \leqslant b, \\ 0, & 其他. \end{cases}$$

(1)试确定常数 λ. (2)设区间 $[c,d] \subset [a,b]$,求 $P\{c \leqslant X \leqslant d\}$. (3)求 X 的分布函数

$F(x)$.

解 (1) 由概率密度的性质有

$$\int_{-\infty}^{+\infty} f(x)\mathrm{d}x = \int_a^b \lambda \mathrm{d}x = \lambda x \Big|_a^b = \lambda(b-a) = 1, 得 \lambda = \frac{1}{b-a}.$$

(2) $P\{c \leqslant X \leqslant d\} = \int_c^d f(x)\mathrm{d}x = \int_c^d \frac{1}{b-a}\mathrm{d}x = \frac{d-c}{b-a}.$

(3) 当 $x < a$ 时,$F(x) = P\{X \leqslant x\} = \int_{-\infty}^x f(t)\mathrm{d}t = \int_{-\infty}^x 0\mathrm{d}t = 0;$

当 $a \leqslant x < b$ 时,

$$F(x) = P\{X \leqslant x\} = \int_{-\infty}^x f(t)\mathrm{d}t = \int_{-\infty}^a 0\mathrm{d}t + \int_a^x \frac{1}{b-a}\mathrm{d}t = \frac{x-a}{b-a};$$

当 $x \geqslant b$ 时,

$$F(x) = P\{X \leqslant x\} = \int_{-\infty}^x f(t)\mathrm{d}t$$
$$= \int_{-\infty}^a 0\mathrm{d}t + \int_a^b \frac{1}{b-a}\mathrm{d}t + \int_b^x 0\mathrm{d}t = 1.$$

所以,X 的分布函数为

$$F(x) = \begin{cases} 0, & x < a, \\ \dfrac{x-a}{b-a}, & a \leqslant x < b, \\ 1, & x \geqslant b. \end{cases}$$

分布函数 $F(x)$ 的图形如图 2-7 所示.

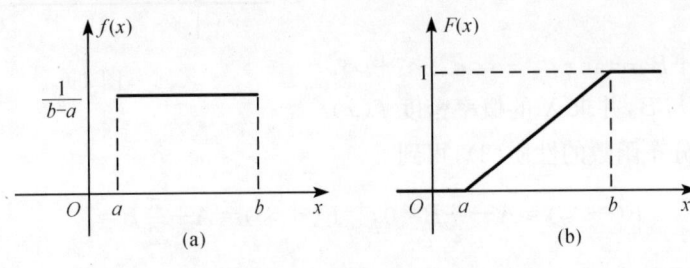

图 2-7

2.4 随机变量函数的分布

讨论随机问题时,经常会遇到随机变量的变换问题. 例如,在无线电收信机接收时,在某一时刻收到的信号是随机变量 X,若将其通过平方律检波器,则输出信号为 $Y = X^2$. 这时,需求 Y 的分布律,即求随机变量 X 的函数 Y 的分布律. 在实际

2.4 随机变量函数的分布

问题中,也会大量遇到求随机变量函数的概率分布.

这类问题的一般提法是:设 X 是一个随机变量,$g(x)$ 是 x 的一个函数(一般为连续函数),如果随机变量 X 取值 x 时,另一个随机变量 Y 取值 $g(x)$,则称随机变量 Y 是 X 的函数,记为 $Y=g(X)$.

一、离散型随机变量函数的分布

例1 已知随机变量 X 的概率分布为

X	-1	0	1	2
P	0.2	0.1	0.3	0.4

求:(1) $Y=4X+1$ 概率分布;(2) $Z=X^2$ 概率分布.

解 (1) 根据题意,Y 的取值为 $-3,1,5,9$,而
$$P\{Y=-3\}=P\{4X+1=-3\}=P\{X=-1\}=0.2,$$
同理,有
$$P\{Y=1\}=P\{X=0\}=0.1, \quad P\{Y=5\}=P\{X=1\}=0.3,$$
$$P\{Y=9\}=P\{X=2\}=0.4.$$
所以 Y 的概率分布为

Y	-3	1	5	9
P	0.2	0.1	0.3	0.4

(2) Z 的取值为 $0,1,4$,而
$$P\{Z=0\}=P\{X^2=0\}=P\{X=0\}=0.1;$$
$$P\{Z=1\}=P\{X^2=1\}=P\{X=-1 \text{ 或 } X=1\}$$
$$=P\{X=-1\}+P\{X=1\}=0.5;$$
$$P\{Z=4\}=P\{X=-2 \text{ 或 } X=2\}$$
$$=P\{X=-2\}+P\{X=2\}=0.4.$$
所以 Z 的概率分布为

Z	0	1	4
P	0.1	0.5	0.4

一般地,若 X 的概率分布为

X	x_1	x_2	$\cdots$	x_i	$\cdots$
P	p_1	p_2	$\cdots$	p_i	$\cdots$

则随机变量 $Y=g(X)$ 的概率分布为

Y	$g(x_1)$	$g(x_2)$	$\cdots$	$g(x_i)$	$\cdots$
p_1	p_1	p_2	$\cdots$	p_i	$\cdots$

注 若 $g(x_1),g(x_2),\cdots,g(x_i),\cdots$ 中有相同的值,则合并计算.

二、连续型随机变量函数的分布

利用分布函数求连续型随机变量的概率密度的方法称为**分布函数法**.

例2 设 X 为连续型随机变量,其概率密度为 $f_X(x)$,且 $Y=kX+b(k\neq 0)$,则随机变量 Y 的概率密度 $f_Y(y)$ 为

$$f_Y(y)=\frac{1}{|k|}f_X\left(\frac{y-b}{k}\right). \tag{2.22}$$

证 若 $k<0$,则
$$F_Y(y)=P\{Y\leqslant y\}=P\{kX+b\leqslant y\}$$
$$=P\left\{X\geqslant\frac{y-b}{k}\right\}=1-F_X\left(\frac{y-b}{k}\right),$$

于是
$$f_Y(y)=\frac{\mathrm{d}}{\mathrm{d}y}F_Y(y)=-\frac{\mathrm{d}}{\mathrm{d}y}F_X\left(\frac{y-b}{k}\right)=-\frac{1}{k}f_X\left(\frac{y-b}{k}\right).$$

若 $k>0$,则
$$F_Y(y)=P\{Y\leqslant y\}=P\{kX+b\leqslant y\}$$
$$=P\left\{X\leqslant\frac{y-b}{k}\right\}=F_X\left(\frac{y-b}{k}\right),$$
$$f_Y(y)=\frac{\mathrm{d}}{\mathrm{d}y}F_Y(y)=\frac{\mathrm{d}}{\mathrm{d}y}F_X\left(\frac{y-b}{k}\right)=\frac{1}{k}f_X\left(\frac{y-b}{k}\right).$$

结上所述,得 $f_Y(y)=\dfrac{1}{|k|}f_X\left(\dfrac{y-b}{k}\right).$

例3 设随机变量 X 的概率密度为 $f_X(x)=\dfrac{1}{\pi(1+x^2)}$,求随机变量 $Y=2X+5$ 的概率密度 $f_Y(y)$.

解 利用例2的结果可以得到
$$f_Y(y)=\frac{1}{|k|}f_X\left(\frac{y-b}{k}\right)=\frac{1}{|2|}f_X\left(\frac{5-b}{2}\right)$$
$$=\frac{1}{2}\cdot\frac{1}{\pi\left[1+\left(\dfrac{5-b}{2}\right)^2\right]}=\frac{2}{\pi[4+(y-5)^2]}.$$

例 4 设随机变量 $X \sim f(x) = \dfrac{1}{\sqrt{2\pi}\sigma} e^{-\frac{(x-\mu)^2}{2\sigma^2}}$ $(\sigma > 0)$，令 $Y = \dfrac{X-\mu}{\sigma}$，证明：

$$Y \sim f_Y(y) = \dfrac{1}{\sqrt{2\pi}} e^{-\frac{y^2}{2}}.$$

证 由于 $Y = \dfrac{X-\mu}{\sigma}$，根据定理 2.1，$k = \dfrac{1}{\sigma} > 0$，$b = -\dfrac{\mu}{\sigma}$，得

$$f_Y(y) = \dfrac{1}{|k|} f_X\left(\dfrac{y-b}{k}\right) = \sigma f_X(\sigma y + \mu)$$

$$= \sigma \cdot \dfrac{1}{\sqrt{2\pi}\sigma} e^{-\frac{(\sigma y+\mu-\mu)^2}{2\sigma^2}} = \dfrac{1}{\sqrt{2\pi}} e^{-\frac{y^2}{2}}.$$

事实上，对于任何一个具有单值反函数的单调可导函数的情况都有相应的结果．

定理 2.1 设 X 为连续型随机变量，其概率密度为 $f_X(x)$，$y = g(x)$ 是 x 的单调可导函数，其导数恒不为零. 记 $x = h(y)$ 是 $y = g(x)$ 的反函数，(a,b) 为 $y = g(x)$ 的值域，其中 $-\infty < a < b < +\infty$，则 $Y = g(X)$ 是连续型随机变量，其概率密度为

$$f_Y(y) = \begin{cases} f_X(h(y)) \cdot |h'(y)|, & a < y < b, \\ 0, & \text{其他}. \end{cases} \tag{2.23}$$

例 5 已知 $X \sim f_X(x)$，$Y = e^X$，$Z = X^2$，分别求随机变量 Y 及 Z 的概率密度 $f_Y(y)$ 与 $f_Z(z)$．其中 $f_X(x) = \dfrac{1}{\pi(1+x^2)}$．

解 因为 $y = e^x$ 是单调可导函数，并且 $y > 0$，其反函数 $x = \ln y$ 可导，且 $(\ln y)' = \dfrac{1}{y} > 0$，故由式 (2.23)，有

$$f_Y(y) = \begin{cases} \dfrac{1}{\pi y(1+\ln^2 y)}, & y > 0, \\ 0, & y \leqslant 0. \end{cases}$$

对于随机变量 $Z = X^2$，由于 $g(x) = x^2$ 不是 x 的单调函数，故用分布函数法求其概率密度．

当 $z \leqslant 0$ 时，$F_Z(z) = P\{Z \leqslant z\} = P\{X^2 \leqslant 0\} = 0$；

当 $z > 0$ 时，

$$F_Z(z) = P\{Z \leqslant z\} = P\{X^2 \leqslant z\} = P\{-\sqrt{z} \leqslant X \leqslant \sqrt{z}\}$$
$$= F_X(\sqrt{z}) - F_X(-\sqrt{z}).$$

$$f_Z(z) = F_Z'(z) = (F_X(\sqrt{z}) - F_X(-\sqrt{z}))'$$
$$= f_X(\sqrt{z})(\sqrt{z})' - f_X(-\sqrt{z})(-\sqrt{z})'$$

$$=\frac{1}{2\sqrt{z}}[f_X(\sqrt{z})+f_X(-\sqrt{z})]=\frac{1}{\pi\sqrt{z}(1+z)}.$$

因此,Z 的概率密度为

$$f_Z(z)=\begin{cases}\dfrac{1}{\pi\sqrt{z}(1+z)}, & z>0,\\ 0, & z\leqslant 0.\end{cases}$$

2.5 随机变量的数学期望与方差

数学期望是研究随机变量规律的最重要的概念之一. **数学期望**又称**均值**,是反映随机变量平均状况的数字特征.

一、随机变量的数学期望

1. 离散型随机变量的数学期望

例 1 某公司有 10 人,每人每天工资如下:39 元,41 元,37 元,41 元,39 元,38 元,39 元,38 元,39 元,39 元,试求每天的平均工资.

解 一般的做法是

$$\text{平均工资}=\frac{39+41+37+41+39+38+39+38+39+39}{10}$$
$$=39 \text{ 元}.$$

现在从概率的角度考虑这个问题.

设随机变量 X 为每人每天工资,则 $X=37,38,39,41$,且

$$P\{X=37\}=\frac{1}{10},\quad P\{X=38\}=\frac{2}{10},$$
$$P\{X=39\}=\frac{5}{10},\quad P\{X=41\}=\frac{2}{10},$$

则平均工资

$$\overline{X}=\frac{39+41+37+41+39+38+39+38+39+39}{10}$$
$$=37\times\frac{1}{10}+38\times\frac{2}{10}+39\times\frac{5}{10}+41\times\frac{2}{10}$$
$$=37\times P\{X=37\}+38\times P\{X=38\}+39\times P\{X=39\}+41\times P\{X=41\}$$
$$=39(\text{元}).$$

实际上,采取了以频率为权重的加权平均法.将这种方法转移到概率问题上,就得到了离散型随机变量数学期望的概念.

定义 2.6 若离散性随机变量 X 的可能取值为 $x_i(i=1,2,\cdots)$，其概率分布为
$$P\{X=x_i\}=p_i, \quad i=1,2,\cdots,$$
则当 $\sum_{i=1}^{\infty}|x_i|p_i<\infty$ 时，称 $\sum_{i=1}^{\infty}x_i p_i$ 为随机变量 X 的**数学期望**（简称**期望**），也称 X 的**均值**，记为 $E(X)$，即

$$E(X)=\sum_{i=1}^{\infty}x_i p_i. \tag{2.24}$$

例 2 设射击手甲与乙在同样的条件下进行射击，设 X 为甲射中的环数，Y 为乙射中的环数，且相应的概率分布分别见表 2-3 和表 2-4，利用数学期望评价二人技术的优劣.

表 2-3

X	0	5	6	7	8	9	10
P	0	0.05	0.05	0.1	0.1	0.2	0.5

表 2-4

Y	0	5	6	7	8	9	10
P	0	0.1	0.2	0.1	0.1	0.1	0.4

解 $E(X)=0\times 0+5\times 0.05+6\times 0.05+7\times 0.1$
$\qquad +8\times 0.1+9\times 0.2+10\times 0.5=8.85$（环）；
$E(Y)=0\times 0+5\times 0.1+6\times 0.2+7\times 0.1$
$\qquad +8\times 0.1+9\times 0.1+10\times 0.4=8.10$（环）.

所以，甲的射击水平高于乙的射击水平.

例 3 设随机变量 X 的概率分布由表 2-5 给出，其中 $C=\left(\sum_{n=1}^{\infty}\dfrac{1}{n^2}\right)^{-1}$，证明 $E(X)$ 不存在.

表 2-5

X	1	-2	3	-4	$\cdots$	$2n-1$	$-2n$	$\cdots$
P	C	$\dfrac{C}{2^2}$	$\dfrac{C}{3^2}$	$\dfrac{C}{4^2}$	$\cdots$	$\dfrac{C}{(2n-1)^2}$	$\dfrac{C}{(-2n)^2}$	$\cdots$

解 因为级数 $\sum_{n=1}^{\infty}|x_n|p_n=\sum_{n=1}^{\infty}n\cdot\dfrac{C}{n^2}=\sum_{n=1}^{\infty}\dfrac{C}{n}$，由于调和级数 $\sum_{n=1}^{\infty}\dfrac{1}{n}$ 发散，所以级数 $\sum_{n=1}^{\infty}|x_n|p_n$ 也发散，根据定义 2.6，$E(X)$ 不存在.

2. 连续型随机变量的数学期望

由微积分知识知,对离散取值(可数或有限个)的函数——数列,可以考虑其和,而对连续取值(即取值为一个区间)的函数,不能简单地考虑函数值的和,这时函数的和的概念被扩充为定积分. 回顾函数在$[a,b]$上的定积分的定义,可知定积分实际上是和式的极限,受此启发,下面来考虑连续型随机变量的数学期望.

定义2.7 设连续型随机变量$X \sim f(x)$,如果$\int_{-\infty}^{+\infty} |x| f(x) \mathrm{d}x < \infty$,那么称 $\int_{-\infty}^{+\infty} x f(x) \mathrm{d}x$ 为随机变量 X 的**数学期望**(又称**期望**或**均值**),记为 $E(X)$,即

$$E(X) = \int_{-\infty}^{+\infty} x f(x) \mathrm{d}x. \tag{2.25}$$

例4 设随机变量 X 的概率密度为

$$f(x) = \begin{cases} x, & 0 \leqslant x < 1, \\ 2-x, & 1 \leqslant x \leqslant 2, \\ 0, & \text{其他}. \end{cases}$$

求 X 的数学期望 $E(X)$.

解 根据定义2.7,得

$$\begin{aligned} E(X) &= \int_{-\infty}^{+\infty} x f(x) \mathrm{d}x \\ &= \int_{-\infty}^{0} x \cdot 0 \mathrm{d}x + \int_{0}^{1} x \cdot x \mathrm{d}x + \int_{1}^{2} x(2-x) \mathrm{d}x + \int_{2}^{+\infty} x \cdot 0 \mathrm{d}x \\ &= \int_{0}^{1} x^2 \mathrm{d}x + \int_{1}^{2} (2x - x^2) \mathrm{d}x = 1. \end{aligned}$$

3. 随机变量函数的数学期望

设 X 是一个随机变量,$g(x)$ 是任意实函数,则 $Y = g(X)$ 是随机变量. 随机变量 Y 的数学期望应根据其分布来计算,然而下面的结论表明,可以不用求 Y 的分布,而根据 X 的分布即可求其函数 $Y = g(X)$ 的数学期望,这就为计算随机变量函数的数学期望提供了极大的方便.

定理2.2 设 X 是一个随机变量,$g(x)$ 是一个实函数.

(1) 若 X 为离散型随机变量,概率分布为 $p_i = P\{X = x_i\}, i = 1, 2, \cdots$,且 $\sum_{i=1}^{\infty} |g(x_i)| p_i < \infty$,则 $E[g(X)]$ 存在,且

$$E[g(X)] = \sum_{i=1}^{\infty} g(x_i) p_i. \tag{2.26}$$

(2) 若 X 为连续型随机变量,$f(x)$ 为其概率密度,且 $\int_{-\infty}^{+\infty} |g(x)| f(x) \mathrm{d}x < \infty$,

2.5 随机变量的数学期望与方差

则 $E[g(X)]$ 存在,且

$$E[g(X)] = \int_{-\infty}^{+\infty} g(x)f(x)dx. \tag{2.27}$$

证 (这里仅以离散型随机变量情形进行证明.)

令 $Y=g(X)$,则 Y 仍是一个离散型随机变量,设其可能取值为 $y_j, j=1,2,\cdots$,于是

$$P\{Y=y_i\} = P\left[\bigcup_{i:g(x_i)=y_j}\{X=x_i\}\right] = \sum_{i:g(x_i)=y_j} P\{X=x_i\}.$$

由数学期望的定义有

$$E[g(X)] = \sum_{j=1}^{\infty} y_j P\{Y=y_j\} = \sum_{j=1}^{\infty} y_j \sum_{i:g(x_i)=y_j} P\{X=x_i\}$$

$$= \sum_{j=1}^{\infty} \sum_{i:g(x_i)=y_j} g(x_i) P\{X=x_i\} = \sum_{i=1}^{\infty} g(x_i) p_i.$$

例 5 已知随机变量 X 的概率分布为

X	0	1	2
P	0.1	0.6	0.3

求 $E[X-E(X)]^2$.

解 $E(X) = 0 \times \dfrac{1}{10} + 1 \times \dfrac{6}{10} + 2 \times \dfrac{3}{10} = 1.2$,

$$E[X-E(X)]^2 = (0-1.2)^2 \times \frac{1}{10} + (1-1.2)^2 \times \frac{6}{10} + (2-1.2)^2 \times \frac{3}{10}$$

$$= 0.36.$$

例 6 对本节中的例 4,求 X^2 的数学期望 $E(X^2)$.

解 由定理 2.2 得

$$E(X^2) = \int_{-\infty}^{+\infty} x^2 f(x)dx$$

$$= \int_{-\infty}^{0} x^2 \cdot 0 dx + \int_{0}^{1} x^2 \cdot x dx + \int_{1}^{2} x^2(2-x)dx + \int_{2}^{+\infty} x^2 \cdot 0 dx$$

$$= \int_{0}^{1} x^3 dx + \int_{1}^{2}(2x^2-x^3)dx = \frac{7}{6}.$$

4. 数学期望的基本性质

数学期望是随机变量的最重要和最基本的数字特征,本章介绍的随机变量的其他数字特征,均使用了对随机变量的函数求数学期望的运算,下面介绍数学期望的运算性质.

(1) 若 $a \leqslant X \leqslant b$, 则 $a \leqslant E(X) \leqslant b$. 特别地, $E(c)=c$, 这里 a,b,c 为常数;
(2.28)
(2) $E(aX)=aE(X)$; (2.29)
(3) $E(X+a)=E(X)+a$; (2.30)
(4) $E(aX+b)=aE(X)+b$. (2.31)

这些性质均可根据数学期望的定义直接证明(请读者自己完成).

例 7 设随机变量 X 的 $E(X), E(X^2)$ 均存在,证明
$$E[X-E(X)]^2 = E(X^2)-[E(X)]^2.$$

证
$$\begin{aligned}
E[X-E(X)]^2 &= E[X^2-2X \cdot EX+(E(X))^2] \\
&= E(X^2)-E[2X \cdot E(X)]+E[E(X)]^2 \\
&= E(X^2)-2[E(X)]^2+[E(X)]^2 \\
&= E(X^2)-[E(X)]^2.
\end{aligned}$$

二、随机变量的方差

1. 方差的概念

数学期望反映了随机变量取值集中的位置,但有的随机变量的取值相对集中,有的相对分散,因此需引入另外一个反映这种集中或是分散程度的数字特征,这就是方差.

为了用一个数字来刻画随机变量 X 的值与其数学期望 $E(X)$ 的偏离程度 $X-E(X)$, 很自然地想到只要取诸偏差的数学期望 $E[X-E(X)]$ 就可以了,但这样做常常造成正负偏差相互抵消,即 $E[X-E(X)]=0$, 从而掩盖了偏差的大小. 为了排除这个缺陷,可用 $E|X-E(X)|$ 来代替 $E[X-E(X)]$, 但由于绝对值在实际运算中不太方便,故通常用 $E[X-E(X)]^2$ 作为随机变量 X 与其数学期望 $E(X)$ 偏离程度的指标.

定义 2.8 设 X 为一个随机变量,其数学期望 $E(X)$ 存在,则 $E[X-E(X)]^2$ 称为随机变量 X 的**方差**,记为 $D(X)$ 或 $\mathrm{Var}X$, 并称 $\sqrt{D(X)}$ 为 X 的**标准差**.

根据随机变量函数的数学期望的计算方法,取 $g(X)=[X-E(X)]^2$ 即可计算方差.

若 X 为离散型随机变量,其概率分布为 $P\{X=x_i\}=p_i, i=1,2,\cdots$, 则
$$D(X) = E[X-E(X)]^2 = \sum_i [x_i-E(X)]^2 p_i. \quad (2.32)$$

若 X 为连续型随机变量, $f(x)$ 为其概率密度,则
$$D(X) = E[X-E(X)]^2 = \int_{-\infty}^{+\infty} [x-E(X)]^2 f(x)\mathrm{d}x. \quad (2.33)$$

此外,也可通过 $D(X)=E(X^2)-[E(X)]^2$ (证明见例 7)来计算.

2.5 随机变量的数学期望与方差

由上述定义看出,数学期望刻画了随机变量取值的"平均数",而方差则刻画了随机变量围绕"平均数"的偏离程度. 显然,当随机变量的取值越集中于它的数学期望,则方差越小,反之亦然. 故方差的大小可以表示随机变量 X 在其数学期望 $E(X)$ 附近的偏离程度.

方差的量纲是随机变量量纲的平方. 有时用与随机变量相同的量纲来描述其偏离程度. 称 $\sqrt{D(X)}$ 为随机变量的标准差.

2. 方差的性质

根据数学期望的性质及方差的定义,容易导出方差的一些基本性质.

设 X 的方差 $D(X)$ 存在,a 为任意常数,则

(1) $D(a) = 0$; (2.34)

(2) $D(X+a) = D(X)$; (2.35)

(3) $D(aX) = a^2 D(X)$. (2.36)

证明由读者自己完成.

例 8 求例 4 中随机变量 X 的方差 $D(X)$.

解
$$E(X) = \int_{-\infty}^{+\infty} x f(x) \mathrm{d}x$$
$$= \int_{-\infty}^{0} x \cdot 0 \mathrm{d}x + \int_{0}^{1} x \cdot x \mathrm{d}x + \int_{1}^{2} x(2-x) \mathrm{d}x + \int_{2}^{+\infty} x \cdot 0 \mathrm{d}x$$
$$= \int_{0}^{1} x^2 \mathrm{d}x + \int_{1}^{2} (2x - x^2) \mathrm{d}x = 1,$$

$$E(X^2) = \int_{-\infty}^{+\infty} x^2 f(x) \mathrm{d}x$$
$$= \int_{-\infty}^{0} x^2 \cdot 0 \mathrm{d}x + \int_{0}^{1} x^2 \cdot x \mathrm{d}x + \int_{1}^{2} x^2(2-x) \mathrm{d}x + \int_{2}^{+\infty} x^2 \cdot 0 \mathrm{d}x$$
$$= \int_{0}^{1} x^3 \mathrm{d}x + \int_{1}^{2} (2x^2 - x^3) \mathrm{d}x = \frac{7}{6},$$

所以 $D(X) = E(X^2) - (E(X))^2 = \frac{7}{6} - 1^2 = \frac{1}{6}$.

例 9 设 X 为一随机变量,方差存在,令 $l(C) = E(X-C)^2$. 证明:当且仅当 $C = E(X)$ 时,$l(C)$ 达到最小值,此时最小值为 $D(X)$.

证
$$l(C) = E(X-C)^2 = E[(X-E(X)) + (E(X)-C)]^2$$
$$= E[(X-E(X))^2 + 2(X-E(X))(E(X)-C) + (E(X)-C)^2]$$
$$= E(X-E(X))^2 + (E(X)-C)^2$$
$$\geq E(X-E(X))^2 = D(X).$$

显然,当 $C = E(X)$ 时,不等式等号成立,故 $l(C)$ 达到最小值,此时最小值为 $D(X)$.

2.6 常用分布及其数字特征

一、常用的离散型分布及其数字特征

1. 退化分布

定义 2.9 若离散型随机变量 X 只取一个值 c，即
$$P\{X=c\}=1, \tag{2.37}$$
则称随机变量 X 服从**退化分布**. 此时 X 的分布函数为
$$F(x)=\begin{cases}0, & x<c, \\ 1, & x\geqslant c.\end{cases}$$
并且
$$E(X)=c\cdot 1=c;$$
$$D(X)=E[X-E(X)]^2=E(c-c)^2=0.$$

2. 0-1 分布

定义 2.10 如果随机变量 X 只取 x_1 和 x_2 两个可能值，其概率分布为
$$P\{X=x_1\}=1-p=q, \quad 0<p<1,$$
$$P\{X=x_2\}=p, \quad 0<p<1,$$
则称随机变量 X 服从参数为 p 的**两点分布**. 特别地，当 $x_1=0$ 和 $x_2=1$ 时，随机变量 X 的概率分布为
$$P\{X=0\}=1-p=q, \quad P\{X=1\}=p, \quad 0<p<1, \tag{2.38}$$
这时称随机变量 X 服从参数为 p 的 0-1 **分布**. 其分布函数
$$F(x)=\begin{cases}0, & x<0, \\ q, & 0\leqslant x<1, \\ 1, & x\geqslant 1.\end{cases}$$

0-1 分布是离散型分布中最简单的一种. 用来描述只有两种结果的试验，一般一种结果记为"成功"，另一种结果记为"失败"，这类试验就是第 1 章中的伯努利试验. 例如，投掷一枚硬币，观察其正面和反面出现的情况；观察某个试验成功与否；检验一个产品合格与否等都可以用 0-1 分布来描述.

0-1 分布的数学期望与方差分别为
$$E(X)=0\cdot(1-p)+1\cdot p=p,$$
$$E(X^2)=0^2\cdot(1-p)+1^2\cdot p=p,$$
$$D(X)=E(X^2)-[E(X)]^2=p-p^2=p(1-p)=pq.$$
并且，参数 p 在数学期望和方差中起了重要的作用.

3. n 个点上的均匀分布

定义 2.11 若随机变量 X 的概率分布列为

$$P\{X=x_i\}=\frac{1}{n}, \quad i=1,2,\cdots,n, \tag{2.39}$$

且当 $i\neq j$ 时,$x_i\neq x_j$,则称 X 服从 n **个点上的均匀分布**.

离散型均匀分布描述的随机变量只能取有限个值,并且每个取值的概率都相等. 例如,投掷一颗质地均匀的骰子,每一个点出现的概率都是 $\frac{1}{6}$;随机摇号,出现每一个号码的概率也是一样的.

离散型均匀分布的数学期望与方差分别为

$$E(X) = x_1\cdot\frac{1}{n}+x_2\cdot\frac{1}{n}+\cdots+x_n\cdot\frac{1}{n}=\frac{1}{n}\sum_{i=1}^{n}x_i=\bar{x},$$

$$E(X^2) = x_1^2\cdot\frac{1}{n}+x_2^2\cdot\frac{1}{n}+\cdots+x_n^2\cdot\frac{1}{n}=\frac{1}{n}\sum_{i=1}^{n}x_i^2,$$

$$D(X) = E(X^2)-[E(X)]^2=\frac{1}{n}\sum_{i=1}^{n}x_i^2-\bar{x}^2.$$

4. 二项分布

由第 1 章知,n 重伯努利试验有广泛的应用背景,并且由定理 1.3 知,若在一次试验中,事件 A 发生的概率为 $p(0<p<1)$,则在 n 重伯努利试验中,事件 A 出现的次数 X 恰好为 k 次的概率为

$$P\{X=k\}=C_n^k p^k q^{n-k}, \quad k=0,1,2,\cdots,n,$$

其中 $q=1-p$.

容易验证 $P\{X=k\}=C_n^k p^k q^{n-k}(k=0,1,2,\cdots,n)$ 满足离散型随机变量概率分布的两条性质(请读者自己验证). 于是引入如下定义.

定义 2.12 如果随机变量 X 的概率分布为

$$P\{X=k\}=C_n^k p^k q^{n-k}, \quad k=0,1,\cdots,n, \tag{2.40}$$

其中 $0<p<1,q=1-p$,则称 X 服从参数为 n,p 的**二项分布**,记为 $X\sim b(n,p)$.

例 1 对某种药物的疗效进行研究. 假定这种药物对某种疾病的治愈率 $p=0.8$,现对 10 名患者进行试验,求患者同时服药后至少有 6 人治愈的概率.

解 设 10 名患者服药后,治愈人数为 X,则 $X\sim b(10,0.8)$,于是

$$P\{X\geqslant 6\}=\sum_{k=6}^{10}C_{10}^k(0.8)^k(0.2)^{10-k}\approx 0.97.$$

当 n 和 p 取定后,对应的概率值有时不好计算,所以对于适当的 n 和 p 可以

查二项分布表进行计算.

例1中二项分布的参数 p 较大,如果参数 n 也较大,则计算起来很麻烦,这时可以通过下面的定理将变量转换为服从参数 p 较小的二项分布再计算.

定理 2.3 如果随机变量 $X \sim b(n,p)$,且 $Y = n - X$,则 $Y \sim b(n,q)$,其中 $0 < p < 1, q = 1 - p$.

证 对于 $k = 0, 1, \cdots, n$,有
$$P\{Y = k\} = P\{n - X = k\}$$
$$= P\{X = n - k\} = C_n^{n-k} p^{n-k} q^k = C_n^k p^{n-k} q^k,$$
所以,$Y \sim b(n,q)$.

换个方式来表示,若 $X \sim b(n,p), Y \sim b(n,q), q = 1 - p$,则

(1) $P\{X = k\} = P\{Y = n - k\}$, (2.41)

(2) $P\{X \leqslant k\} = P\{Y \geqslant n - k\}$. (2.42)

利用式(2.42),重新计算例1. 因为 $X \sim b(10, 0.8)$,记 $Y = 10 - X$,则 $Y \sim b(10, 0.2)$,于是
$$P\{X \geqslant 6\} = P\{Y \leqslant 4\} = F(4)$$
$$= \sum_{k=0}^{4} C_{10}^{10-k} (0.8)^{10-k} (0.2)^k \approx 0.97.$$

二项分布可以作为一批足够多的产品中任意抽取 n 件,其中有 k 件废品的概率分布情况的一个数学模型. 图 2-8 分别给出了对于 $p = 0.2$ 及 $n = 9, 16, 25$ 的二项分布的图形.

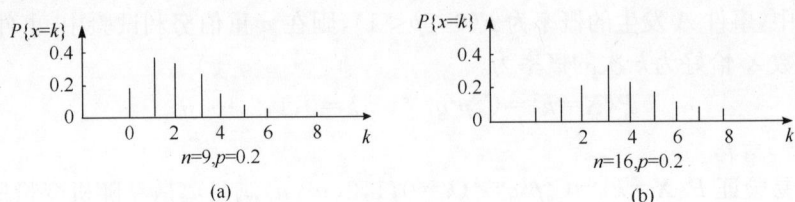

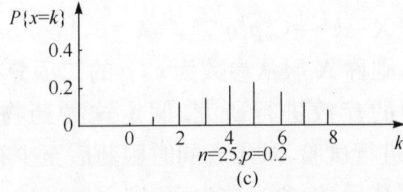

图 2-8

从图 2-8 可以看出，二项分布具有如下性质：

(1) 对于固定的 n 和 $p(0<p<1)$，X 取 k 的概率随 k 的增大首先增大，直至达到最大值，然后再下降；

(2) 对于固定的 p，随着 n 的增大，二项分布 $b(n,p)$ 的图像趋于对称 $(0<p<1)$.

二项分布的数学期望与方差分别为

$$E(X) = \sum_{k=0}^{n} k \cdot C_n^k p^k q^{n-k}$$

$$= \sum_{k=0}^{n} k \cdot \frac{n!}{k!(n-k)!} p^k q^{n-k}$$

$$= \sum_{k=1}^{n} \frac{n!}{(k-1)!(n-k)!} p^k q^{n-k}$$

$$= np \sum_{k=1}^{n} \frac{(n-1)!}{(k-1)![(n-1)-(k-1)]!} p^{k-1} q^{(n-1)-(k-1)}$$

$$= np(p+q)^{n-1} = np,$$

$$E(X^2) = \sum_{k=1}^{n} k^2 C_n^k p^k q^{n-k}$$

$$= \sum_{k=1}^{n} \frac{kn!}{(k-1)!(n-k)!} p^k q^{n-k}$$

$$= \sum_{k=1}^{n} (k-1) \frac{n!}{(k-1)!(n-k)!} p^k q^{n-k} + \sum_{k=1}^{n} \frac{n!}{(k-1)!(n-k)!} p^k q^{n-k}$$

$$= \sum_{k=2}^{n} \frac{n(n-1)p^2(n-2)!}{(k-2)![n-2-(k-2)]!} p^{k-2} q^{n-2-(k-2)} + np$$

$$= n(n-1)p^2 + np,$$

$$D(X) = E(X^2) - [E(X)]^2 = n(n-1)p^2 + np - (np)^2 = npq.$$

同时看到，参数 n,p 在数学期望和方差中的重要性.

5. 几何分布

定义 2.13 假定一个试验成功的概率为 $p(0<p<1)$，不断进行重复试验，直到首次成功为止，用随机变量 X 表示试验的次数，有

$$P\{X=k\} = (1-p)^{k-1} p, \quad k=1,2,\cdots, \tag{2.43}$$

则称随机变量 X 服从参数为 p 的**几何分布**，记为 $X \sim G(k,p)$.

显然，有

(1) $P\{X=k\} = (1-p)^{k-1} p \geqslant 0$；

(2) $\sum_{k=1}^{\infty} P\{X=k\} = \sum_{k=1}^{\infty} (1-p)^{k-1} p = p \sum_{k=1}^{\infty} (1-p)^{k-1}$

$$= p\frac{1}{1-(1-p)} = 1.$$

例 2 甲、乙两人进行象棋比赛,甲在每盘比赛中获胜的概率为 p,比赛直到甲获胜为止. 设 X 表示比赛进行的盘数,求 X 的概率分布.

解 由题设可知 $X=1,2,\cdots$,则
$$P\{X=1\}=p, \ P\{X=2\}=(1-p)p, \ P\{X=3\}=(1-p)^2 p, \cdots,$$
所以,X 的概率分布为 $P\{X=n\}=(1-p)^{n-1}p, n=1,2,\cdots$.

例如,袋内装有红、白球若干,进行放回抽样,直到抽到红球为止;检验一批产品,进行放回抽样,直到抽到废品为止;在一条公路上,汽车遇到红灯就停止等这些与例 2 类型相同的随机现象都可以用几何分布来刻画.

利用幂级数求和公式:当 $|x|<1$ 时,
$$\sum_{n=1}^{\infty} nx^{n-1} = \frac{1}{(1-x)^2}, \quad \sum_{n=1}^{\infty} n^2 x^{n-1} = \frac{1+x}{(1-x)^3}.$$

于是
$$E(X) = 1\cdot(1-p)^0 p + 2\cdot(1-p)^1 p + \cdots$$
$$= \sum_{n=1}^{\infty} n(1-p)^{n-1} p = p\cdot\frac{1}{p^2} = \frac{1}{p},$$

$$E(X^2) = 1^2\cdot(1-p)^0 p + 2^2\cdot(1-p)^1 p + \cdots = \sum_{n=1}^{\infty} n^2 (1-p)^{n-1} p$$
$$= p\sum_{n=1}^{\infty} n^2 (1-p)^{n-1} = p\frac{2-p}{p^3} = \frac{2-p}{p^2},$$

$$D(X) = E(X^2) - [E(X)]^2 = \frac{2-p}{p^2} - \frac{1}{p^2} = \frac{1-p}{p^2} = \frac{q}{p^2}.$$

6. 超几何分布

例 3 袋内有 N 个球,其中 N_1 个红球,N_2 个白球,且 $N=N_1+N_2$,采取不放回抽样,从中任取 $n(n\leqslant N)$ 个,设 X 为取到红球的个数,求 X 的概率分布.

解 由题设知 X 可取 $0,1,\cdots,n$,则 $P\{X=m\}=\dfrac{C_{N_1}^m C_{N_2}^{n-m}}{C_N^n}, m=0,1,\cdots,n$ 就为 X 的概率分布(这里约定,当 $a<b$ 时,$C_a^b=0$).

类似于这样的概率问题,所取到第一类元素个数 X 的概率分布为超几何分布.

产生超几何分布的背景之一是产品的不放回抽样问题.

定义 2.14 对于给定的自然数 n, N_1, N_2,如果
$$P\{X=k\} = \frac{C_{N_1}^k C_{N_2}^{n-k}}{C_N^n}, \quad k=0,1,\cdots,n, \tag{2.44}$$

其中 $N=N_1+N_2$,则称随机变量 X 服从**超几何分布**,称 n, N_1, N_2 为分布参数($n<N_2$ 或 $n>N_1$ 时,X 取值另作讨论).

显然,有

(1) $P\{X=k\} \geqslant 0$;

(2) 利用 $\sum_{k=0}^{n} C_{N_1}^{k} C_{N_2}^{n-k} = C_{N_1+N_2}^{n}$,得到 $\sum_{k=0}^{n} P\{X=k\} = 1$.

超几何分布与二项分布有下列关系.

定理 2.4 对于固定的 n,当 $N \to \infty, \dfrac{N_1}{N} \to p$ 时,有

$$P\{X=k\} = \frac{C_{N_1}^{k} C_{N_2}^{n-k}}{C_{N}^{n}} \to C_{n}^{k} p^{k} q^{n-k}, \tag{2.45}$$

其中 $q=1-p$.

证明略.

利用定理 2.4,当 N 很大,n 相对于 N 较小时,如 $\dfrac{n}{N}$ 不超过 5%,超几何分布可以利用二项分布的公式进行计算.

例 4 一大批种子的发芽率为 90%,从中任取 10 粒,求播种后恰好有 8 粒发芽的概率.

解 设 X 为发芽的种子数目,显然,X 的概率分布为

$$P\{X=8\} = \frac{C_{10}^{8} C_{N}^{10-8}}{C_{N}^{10}},$$

X 服从超几何分布,但 N 很大,具体数值也不知道,而 $n=10$ 相对于 N 很小,所以可以按 X 近似服从二项分布 $b(10, 0.9)$ 计算,记 $Y=10-X$,则 Y 近似服从二项分布 $b(10, 0.1)$,计算得

$$P\{X=8\} = P\{Y=2\}$$
$$= C_{10}^{2} \times 0.1^{2} \times 0.9^{8} = 0.1937.$$

超几何分布的数学期望与方差分别为

$$E(X) = \sum_{k=0}^{n} k \cdot P\{X=k\} = n \cdot \frac{N_1}{N},$$

$$D(X) = \sum_{k=0}^{n} (k-E(X))^{2} P\{X=k\} = n \frac{N_1}{N} \cdot \frac{N_2}{N} \cdot \frac{N-n}{N-1}.$$

7. 泊松分布

定义 2.15 如果随机变量 X 的概率分布为

$$P\{X=k\} = \frac{\lambda^{k}}{k!} e^{-\lambda}, \quad k=0,1,2,\cdots, \tag{2.46}$$

其中 $\lambda>0$，则称 X 服从参数为 λ 的**泊松**(Poisson)**分布**，记为 $X \sim P(\lambda)$.

显然，有

(1) $P\{X=k\} \geqslant 0$；

(2) 利用函数 e^x 在 $x=0$ 处的幂级数展开式

$$e^x = 1 + x + \frac{x^2}{2!} + \cdots + \frac{x^n}{n!} + \cdots, \quad -\infty < x < +\infty$$

得 $\sum\limits_{k=0}^{\infty} P\{X=k\} = \sum\limits_{k=0}^{\infty} \frac{\lambda^k}{k!} e^{-\lambda} = e^{\lambda} \cdot e^{-\lambda} = 1.$

泊松分布是离散型分布中最重要的，应用最广泛的分布之一，它描述了大量试验中稀有事件出现的概率. 在生活中，例如：某商场某专柜单位时间到达顾客的人数；某电影院一天售出的电影票数；一个路口单位时间通过的车辆数；单位时间某电话交换站接到的电话呼叫次数；一个公司中生日恰好在某天的人数；单位时间中穿过某屏幕的 α 粒子数；某耕地内单位面积出现的杂草数，等等，都可以近似用泊松分布来描述.

例 5 如果在时间 t min 内，某交叉路口通过的汽车数服从参数 λ 的泊松分布，其中 λ 与 t 成正比. 已知在 1min 内没有汽车通过的概率是 0.2，求在 2min 内通过交叉路口汽车数多于 1 辆的概率.

解 设 t min 内通过交叉路口汽车数为 X，由题设知，$\lambda=kt$，于是有

$$P\{X=m\} = \frac{\lambda^m}{m!} e^{-\lambda} = \frac{(kt)^m}{m!} e^{-(kt)}, \quad m=0,1,2,\cdots.$$

当 $t=1$ 时，$P\{X=0\} = \frac{k^0}{0!} e^{-k} = 0.2$，得 $k=\ln 5$；

当 $t=2$ 时，$\lambda=kt=2\ln 5$，有

$$P\{X>1\} = 1 - P\{X \leqslant 1\} = 1 - P\{X=0\} - P\{X=1\}$$

$$= \frac{24 - \ln 25}{25} \approx 0.83.$$

当 λ 取定后，对应的概率值有时不好计算，所以对于适当的 λ 可以查泊松分布表进行计算.

泊松分布含有一个参数 $\lambda(\lambda>0)$. 图 2-9 是对于不同 λ 值的泊松分布图.

从图形上可以看到：

(1) 对于固定的 $\lambda(\lambda>0)$，泊松分布的图形是开始增大，直至达到最大值，然后再下降；

(2) 随着 λ 的增大，泊松分布的图形趋于对称.

定理 2.5（泊松定理） 在 n 重伯努利试验中，记事件 A 在一次试验中发生的

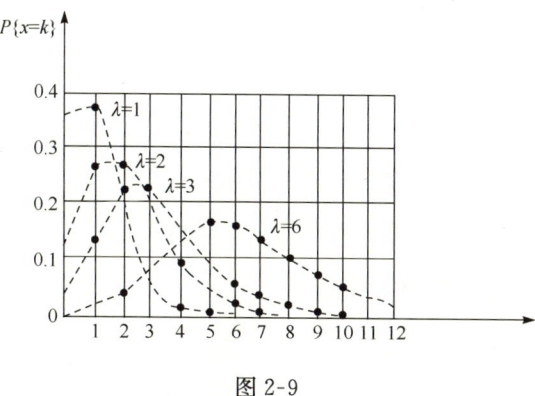

图 2-9

概率为 p_n(与试验次数 n 有关,$0<p_n<1$),如果当 $n\to\infty$ 时,有 $np_n\to\lambda$,则对于任何非负整数 k,有

$$\lim_{n\to\infty}P\{X=k\}=\lim_{n\to\infty}C_n^k p_n^k(1-p_n)^{n-k}=\frac{\lambda^k}{k!}e^{-\lambda}. \tag{2.47}$$

在实际应用中,以 n,p 为参数的二项分布,当 n 较大,p 较小(通常要求 $n\geq 10, p\leq 0.1, np\leq 5$)时,就可以近似看作以参数为 $\lambda=np$ 的泊松分布(n 越大,p 越小,近似程度越好),即对任何非负整数 $k, 0\leq k\leq n$,有

$$P\{X=k\}=C_n^k p^k(1-p)^{n-k}\approx\frac{(np)^k}{k!}e^{-np}. \tag{2.48}$$

例6 一袋重量为 500 克的种子约 10000 粒,假设该袋种子的发芽率为 98.5%,从中任取 100 粒进行试验,计算恰好有 1 粒没有发芽的概率.

解 设 100 粒中未发芽的种子有 X 粒,显然它服从超几何分布.

$N\approx 10000, N_1=150, n=100, \frac{n}{N}\approx 1\%<5\%$,则 X 近似服从二项分布 $b(100, 0.015)$,可得

$$P\{X=1\}=C_{100}^1\times 0.015\times 0.985^{99}=0.33595.$$

另外,$n=100, p=0.015<0.1$,可以用参数为 $\lambda=np=1.5$ 的泊松分布近似计算,查表计算得

$$P\{X=1\}=\frac{1.5^1}{1!}e^{-1.5}=0.3347.$$

泊松分布的数学期望与方差分别为

$$E(X)=\sum_{k=0}^{\infty}k\cdot\frac{\lambda^k}{k!}e^{-\lambda}=\lambda e^{-\lambda}\sum_{k=1}^{\infty}\frac{\lambda^{k-1}}{(k-1)!}=\lambda e^{-\lambda}e^{\lambda}=\lambda,$$

$$E(X^2)=\sum_{k=0}^{\infty}k^2\frac{\lambda^k}{k!}e^{-\lambda}=\sum_{k=0}^{\infty}(k-1+1)\frac{\lambda^k}{(k-1)!}e^{-\lambda}$$

$$= \mathrm{e}^{-\lambda} \sum_{k=2}^{\infty} \frac{\lambda^k}{(k-2)!} + \mathrm{e}^{-\lambda} \sum_{k=1}^{\infty} \frac{\lambda^k}{(k-1)!}$$

$$= \lambda^2 \mathrm{e}^{-\lambda} \sum_{k-2=0}^{\infty} \frac{\lambda^{k-2}}{(k-2)!} + \lambda \mathrm{e}^{-1} \sum_{k-1=0}^{\infty} \frac{\lambda^{k-1}}{(k-1)!} = \lambda^2 + \lambda,$$

$$D(X) = E(X^2) - [E(X)]^2 = \lambda^2 + \lambda - \lambda^2 = \lambda.$$

可以看到,泊松分布的数学期望与方差均等于参数 λ.

二、常用的连续型分布及其数字特征

1. 均匀分布

形如 2.3 节中的例 5,随机变量 X 的概率密度 $f(x)$ 在区间 $[a,b]$ 上是一个常量,这个常量就是该区间长度的倒数 $\frac{1}{b-a}$;而随机变量 X 在 $[a,b]$ 的子区间 $[c,d]$ 上取值的概率恰好与子区间的长度 $d-c$ 成正比,并且比例系数就为 $\frac{1}{b-a}$,这就是连续型分布中最简单的一种.

定义 2.16 如果连续型随机变量 X 的概率密度为

$$f(x) = \begin{cases} \dfrac{1}{b-a}, & a \leqslant x \leqslant b, \\ 0, & \text{其他}, \end{cases} \tag{2.49}$$

则称 X 服从区间 $[a,b]$ 上的**均匀分布**,记为 $X \sim U(a,b)$.

若 $X \sim U(a,b)$,则其分布函数为

$$F(x) = \begin{cases} 0, & x < a, \\ \dfrac{x-a}{b-a}, & a \leqslant x < b, \\ 1, & x \geqslant b. \end{cases} \tag{2.50}$$

其数学期望为

$$E(X) = \int_{-\infty}^{+\infty} x f(x) \mathrm{d}x = \int_{-\infty}^{a} x 0 \mathrm{d}x + \int_{a}^{b} x \frac{1}{b-a} \mathrm{d}x + \int_{b}^{+\infty} x 0 \mathrm{d}x$$

$$= \int_{a}^{b} x \frac{1}{b-a} \mathrm{d}x = \frac{1}{b-a} \cdot \frac{x^2}{2} \bigg|_{a}^{b} = \frac{a+b}{2}.$$

显然,均匀分布的期望恰好就是区间的中点.

利用连续型随机变量函数的期望公式,得到

$$E(X^2) = \frac{a^2 + ab + b^2}{3},$$

方差为
$$D(X)=E(X^2)-[E(X)]^2=\frac{a^2+ab+b^2}{3}-\frac{(a+b)^2}{4}=\frac{(b-a)^2}{12}.$$

2. 指数分布

定义 2.17 如果连续型随机变量 X 的概率密度为
$$f(x)=\begin{cases}\lambda e^{-\lambda x}, & x>0,\\ 0, & x\leqslant 0,\end{cases} \tag{2.51}$$
其中常数 $\lambda>0$,则称 X 服从参数为 λ 的**指数分布**,记为 $X\sim\text{Exp}(\lambda)$.

容易验证:(1) $f(x)\geqslant 0$;

(2) $\int_{-\infty}^{+\infty}f(x)\mathrm{d}x=\int_{-\infty}^{0}0\mathrm{d}x+\int_{0}^{+\infty}\lambda e^{-\lambda x}\mathrm{d}x=-e^{-\lambda x}\big|_{0}^{+\infty}=1.$

下面讨论指数分布的分布函数.

当 $x\leqslant 0$ 时,$F(x)=P\{X\leqslant x\}=\int_{-\infty}^{x}f(t)\mathrm{d}t=\int_{-\infty}^{x}0\mathrm{d}t=0$;

当 $x>0$ 时,$F(x)=P\{X\leqslant x\}=\int_{-\infty}^{x}f(t)\mathrm{d}t=\int_{-\infty}^{0}0\mathrm{d}t+\int_{0}^{x}\lambda e^{-\lambda t}\mathrm{d}t=1-e^{-\lambda x}.$

所以,指数分布的分布函数为
$$F(x)=\begin{cases}0, & x\leqslant 0,\\ 1-e^{-\lambda x}, & x>0.\end{cases} \tag{2.52}$$

指数分布常用作各种"寿命"分布的近似,如随机服务系统中的服务时间,一些消耗性产品(如电器)的使用寿命等多近似服从指数分布.

例7 某元件寿命 X 服从指数分布,其分布函数为
$$F(x)=\begin{cases}0, & x\leqslant 0,\\ 1-e^{-\frac{x}{1000}}, & x>0.\end{cases}$$
求该元件使用 1000h 的概率.若发现该元件使用了 500h 没有损坏,求它还可以继续使用 1000h 的概率.

解 该元件使用 1000h 的概率为
$$P\{X>1000\}=1-P\{X\leqslant 1000\}$$
$$=1-F(1000)=1-(1-e^{-1})=e^{-1}.$$

由于
$$P\{X>500\}=1-P\{X\leqslant 500\}$$
$$=1-F(500)=1-(1-e^{-\frac{1}{2}})=e^{-\frac{1}{2}},$$
$$P\{X>1500\}=1-P\{X\leqslant 1500\}$$
$$=1-F(1500)=1-\left(1-e^{-\frac{3}{2}}\right)=e^{-\frac{3}{2}},$$

所以
$$P\{X>1500\mid X>500\}=\frac{P\{X>1500,X>500\}}{P\{X>500\}}$$
$$=\frac{P\{X>1500\}}{P\{X>500\}}=\mathrm{e}^{-1}.$$

计算结果表明,已经使用了 500h 未损坏的条件下,可以继续使用 1000h 的条件概率和寿命大于 1000h 的无条件概率是相等的. 这说明了, 指数分布的"**无记忆性**". 所谓无记忆性, 是说元件忘记自己已经使用了 t h, 它再继续使用 t h 以上的概率与新元件能使用 t h 以上的概率一样. 这是指数分布特有的性质.

指数分布的数学期望与方差分别为
$$E(X)=\int_{-\infty}^{+\infty}xf(x)\mathrm{d}x=\int_{-\infty}^{0}x0\mathrm{d}x+\int_{0}^{+\infty}x\cdot\lambda\mathrm{e}^{-\lambda x}\mathrm{d}x$$
$$=\int_{0}^{+\infty}x\cdot\lambda\mathrm{e}^{-\lambda x}\mathrm{d}x=-\int_{0}^{+\infty}x\mathrm{d}(\mathrm{e}^{-\lambda x})$$
$$=-x\mathrm{e}^{-\lambda x}\Big|_{0}^{+\infty}+\int_{0}^{+\infty}\mathrm{e}^{-\lambda x}\mathrm{d}x=0+\left(-\frac{1}{\lambda}\mathrm{e}^{-\lambda x}\right)\Big|_{0}^{+\infty}=\frac{1}{\lambda};$$
$$E(X^2)=\int_{-\infty}^{+\infty}x^2f(x)\mathrm{d}x=\int_{0}^{+\infty}\lambda x^2\mathrm{e}^{-\lambda x}\mathrm{d}x=-x^2\mathrm{e}^{-\lambda x}\Big|_{0}^{+\infty}+2\int_{0}^{+\infty}x\mathrm{e}^{-\lambda x}\mathrm{d}x=\frac{2}{\lambda^2},$$
$$D(X)=E(X^2)-[E(X)]^2=\frac{2}{\lambda^2}-\left(\frac{1}{\lambda}\right)^2=\frac{1}{\lambda^2}.$$

指数分布的数学期望恰好等于标准差.

3. 正态分布

1) 正态分布的概率密度

定义 2.18 如果连续型随机变量 X 的概率密度为
$$f(x)=\frac{1}{\sqrt{2\pi}\sigma}\mathrm{e}^{-\frac{(x-\mu)^2}{2\sigma^2}},\quad -\infty<x<+\infty, \tag{2.53}$$

其中 μ,σ 为常数,$\sigma>0$,则称 X 服从参数为 μ,σ 的**正态分布**, 记为 $X\sim N(\mu,\sigma^2)$. 这时又称 X 为**正态变量**. 正态分布有时又称为高斯分布.

容易验证,$f(x)$ 满足连续型随机变量概率密度的两条性质:

(1) $f(x)\geqslant 0$,

(2) $\int_{-\infty}^{+\infty}f(x)\mathrm{d}x=1.$

利用泊松积分 $\int_{-\infty}^{+\infty}\mathrm{e}^{-x^2}\mathrm{d}x=\sqrt{\pi}$, 令 $y=\dfrac{x-\mu}{\sigma}$, 得
$$\int_{-\infty}^{+\infty}f(x)\mathrm{d}x=\int_{-\infty}^{+\infty}\frac{1}{\sqrt{2\pi}\sigma}\mathrm{e}^{-\frac{(x-\mu)^2}{2\sigma^2}}\mathrm{d}x=\int_{-\infty}^{+\infty}\frac{1}{\sqrt{2\pi}}\mathrm{e}^{-\frac{y^2}{2}}\mathrm{d}y$$

$$= \int_{-\infty}^{+\infty} \frac{1}{\sqrt{\pi}} e^{-\left(\frac{y}{\sqrt{2}}\right)^2} d\left(\frac{y}{\sqrt{2}}\right) = 1.$$

正态分布的概率密度 $f(x)$ 图形特点如图 2-10 所示.

(1) 连续性. $f(x)$ 是定义在 $(-\infty, +\infty)$ 上, 图形分布在第一、二象限内的一条连续曲线.

(2) 对称性. $f(x)$ 的图形以 $x=\mu$ 为对称轴左右对称的曲线, 即当 $h>0$, 有

$$P\{\mu-h<X\leqslant\mu\}=P\{\mu<X\leqslant\mu+h\}.$$

(3) 有最大值. 当 $x=\mu$ 时, $f(x)$ 达到最大值 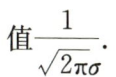.

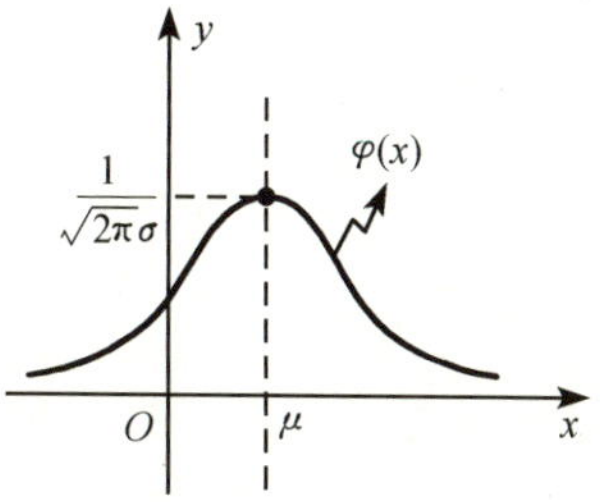

图 2-10

(4) 有拐点. 当 $x=\mu\pm\sigma$, 曲线有拐点.

(5) 有渐近线. $y=0$ (x 轴) 为 $f(x)$ 的水平渐近线.

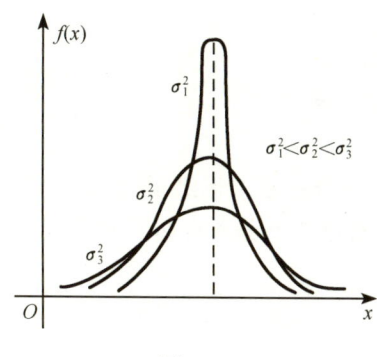

图 2-11

(6) 参数 μ 和 σ 在图形中的作用. 参数 μ 决定 $f(x)$ 的对称轴及最大值出现的位置; 参数 σ 决定曲线的走势 (图 2-11). 一般地, 当 σ 变小, 极值 $f(\mu)$ 变大, 由于曲线以下, x 轴以上的总面积为 1 不变, 故曲线变得陡峭, 概率密度所反映的数据呈集中趋势; 当 σ 变大, 曲线变平滑, 数据分散.

2) 标准正态分布

在正态分布中, 参数 $\mu=0, \sigma=1$ 时, 正态分布 $N(0,1)$ 称为**标准正态分布**. 相应的概率密度和分布函数分别记为

$$\varphi(x) = \frac{1}{\sqrt{2\pi}} e^{-\frac{x^2}{2}}, \quad -\infty<x<+\infty, \tag{2.54}$$

$$\Phi(x) = \frac{1}{\sqrt{2\pi}} \int_{-\infty}^{x} e^{-\frac{t^2}{2}} dt, \quad -\infty<x<+\infty. \tag{2.55}$$

书末附表 2 有标准正态分布函数值表, 所刻画的值是随机点落入 $(-\infty, x)$ 的概率, 也就是图 2-12 中阴影部分的面积, 即

$$\Phi(x) = P\{X\leqslant x\} = \int_{-\infty}^{x} \varphi(t)dt = \frac{1}{\sqrt{2\pi}} \int_{-\infty}^{x} e^{-\frac{t^2}{2}} dt.$$

设随机变量 $X \sim N(0,1)$, 表中没有列出取负值 $\Phi(x)$ 的值, 由于 $\Phi(x)$ 关于 y 轴对称, 所以标准正态分布的分布函数满足

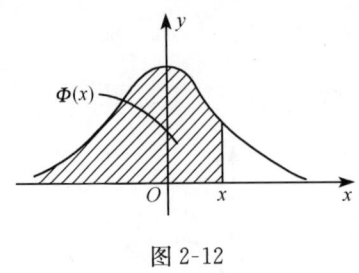

图 2-12

$$\Phi(-x)=1-\Phi(x). \quad (2.56)$$

这样,凡是有关标准正态分布的概率计算问题,只要查表就可以了.

例 8 设随机变量 $X \sim N(0,1)$,求:$P\{1<X<2\}$, $P\{X<1.96\}$, $P\{X<-1.96\}$, $P\{|X|<1.96\}$.

解 $P\{1<X<2\}=\Phi(2)-\Phi(1)$,查标准正态分布表,得 $\Phi(2)=0.9773$, $\Phi(1)=0.8413$,所以 $P\{1<X<2\}=\Phi(2)-\Phi(1)=0.1360$;

$P\{X<1.96\}=\Phi(1.96)=0.975$;

$P\{X<-1.96\}=\Phi(-1.96)=1-\Phi(1.96)=0.025$;

$P\{|X|<1.96\}=P\{-1.96<X<1.96\}$
$=\Phi(1.96)-\Phi(-1.96)=0.950.$

一般地,对于任何常数 c,若 $X \sim N(0,1)$,有

$$P\{|X|<c\}=\begin{cases} 2\Phi(c)-1, & c>0, \\ 0, & c\leqslant 0. \end{cases} \quad (2.57)$$

3) 一般正态分布与标准正态分布的关系

标准正态分布的概率计算可以通过查标准正态分布表求得结果,那么一般正态分布的概率计算如何讨论呢?一般正态分布与标准正态分布有如下关系.

定理 2.6 设随机变量 $X \sim N(\mu, \sigma^2)$,则有

$$F(x)=\Phi\left(\frac{x-\mu}{\sigma}\right). \quad (2.58)$$

其中 $F(x)$ 和 $\Phi(x)$ 分别是一般正态分布和标准正态分布的分布函数.

证 $F(x)=P\{X\leqslant x\}=\dfrac{1}{\sqrt{2\pi}\sigma}\displaystyle\int_{-\infty}^{x}\mathrm{e}^{-\frac{(t-\mu)^2}{2\sigma^2}}\mathrm{d}t$,令 $y=\dfrac{t-\mu}{\sigma}$,则 $\mathrm{d}t=\sigma\mathrm{d}y$,从而有

$$F(x)=\frac{1}{\sqrt{2\pi}}\int_{-\infty}^{\frac{x-\mu}{\sigma}}\mathrm{e}^{-\frac{y^2}{2}}\mathrm{d}y=\Phi\left(\frac{x-\mu}{\sigma}\right).$$

定理 2.7 设随机变量 $X \sim N(\mu, \sigma^2)$, $Y=\dfrac{X-\mu}{\sigma}$,则 $Y \sim N(0,1)$.

(证明见 2.4 节例 4).

例 9 设随机变量 $X \sim N(\mu, \sigma^2)$,已知 $P\{X\leqslant-1.6\}=0.036$, $P\{X\leqslant 5.9\}=0.758$,求 μ, σ 及 $P\{X>0\}$.

解 $P\{X \leqslant -1.6\} = F(-1.6) = \Phi\left(\dfrac{-1.6-\mu}{\sigma}\right) = 0.036$，所以，有

$$\Phi\left(\dfrac{1.6+\mu}{\sigma}\right) = 1 - \Phi\left(\dfrac{-1.6-\mu}{\sigma}\right) = 0.964,$$

又已知 $P\{X \leqslant 5.9\} = F(5.9) = 0.758$，即

$$\Phi\left(\dfrac{5.9-\mu}{\sigma}\right) = 0.758,$$

查表得

$$\begin{cases} \dfrac{1.6+\mu}{\sigma} = 1.8, \\ \dfrac{5.9-\mu}{\sigma} = 0.7. \end{cases}$$

解方程组，得 $\sigma = 3, \mu = 3.8$.

$$P\{X \geqslant 0\} = 1 - F(0) = 1 - \Phi\left(\dfrac{0-3.8}{3}\right)$$

$$= 1 - \Phi(-1.27) = \Phi(1.27) = 0.898.$$

正态分布应用十分广泛，数据分布凡是具有"两头少，中间多，左右对称"特点的随机现象都服从正态分布；受众多因素的影响，而每个因素影响甚微，诸因素影响合成的随机现象，也服从正态分布；实际生活中，人的身高、体重、学生成绩、平均降雨量等都可用正态分布来描述；正态分布还是许多分布的极限分布.

4）正态分布的数学期望与方差

$$E(X) = \int_{-\infty}^{+\infty} x f(x) \mathrm{d}x = \int_{-\infty}^{+\infty} x \dfrac{1}{\sqrt{2\pi}\sigma} \mathrm{e}^{-\dfrac{(x-\mu)^2}{2\sigma^2}} \mathrm{d}x$$

$$\xrightarrow{\text{令 } y = \dfrac{x-\mu}{\sigma}} \int_{-\infty}^{+\infty} \dfrac{1}{\sqrt{2\pi}} (y\sigma + \mu) \mathrm{e}^{-\dfrac{y^2}{2}} \mathrm{d}y$$

$$= \dfrac{\sigma}{\sqrt{2\pi}} \int_{-\infty}^{+\infty} y \mathrm{e}^{-\dfrac{y^2}{2}} \mathrm{d}y + \dfrac{\mu}{\sqrt{2\pi}} \int_{-\infty}^{+\infty} \mathrm{e}^{-\dfrac{y^2}{2}} \mathrm{d}y$$

$$= 0 + \dfrac{\mu}{\sqrt{2\pi}} \sqrt{2\pi} = \mu.$$

$D(X) = \displaystyle\int_{-\infty}^{+\infty} \dfrac{(x-\mu)^2}{\sqrt{2\pi}\sigma} \mathrm{e}^{-\dfrac{(x-\mu)^2}{2\sigma^2}} \mathrm{d}x$，令 $y = \dfrac{x-\mu}{\sigma}$，有 $\mathrm{d}x = \sigma\mathrm{d}y$，从而

$$D(X) = \int_{-\infty}^{+\infty} \dfrac{\sigma^2}{\sqrt{2\pi}} y^2 \mathrm{e}^{-\dfrac{y^2}{2}} \mathrm{d}y = -\sigma^2 \int_{-\infty}^{+\infty} \dfrac{y}{\sqrt{2\pi}} \mathrm{d}\mathrm{e}^{-\dfrac{y^2}{2}}$$

$$=-\frac{\sigma^2}{\sqrt{2\pi}}y\mathrm{e}^{-\frac{y^2}{2}}\Big|_{-\infty}^{+\infty}+\sigma^2\int_{-\infty}^{+\infty}\frac{1}{\sqrt{2\pi}}\mathrm{e}^{-\frac{y^2}{2}}\mathrm{d}y=\sigma^2.$$

正态分布的数学期望和方差恰好分别是第一个参数 μ 和第二个参数 σ 的平方 σ^2,而 σ 就为正态分布的标准差. 这样,标准正态分布的数学期望就等于 0,方差就等于 1.

4. Γ 分布(伽马分布)

定义 2.19 如果随机变量 X 的概率密度为

$$f(x)=\begin{cases}0, & x\leqslant 0,\\ \dfrac{\lambda^r}{\Gamma(r)}x^{r-1}\mathrm{e}^{-\lambda x}, & x>0.\end{cases} \tag{2.59}$$

则称 X 服从参数为 $\lambda,r(\lambda,r$ 均为大于 0)的 Γ 分布,记为 $X\sim\Gamma(\lambda,r)$. 其中

$$\Gamma(r)=\int_0^\infty x^{r-1}\mathrm{e}^{-x}\mathrm{d}x(r>0)$$

为 Γ 函数.

在式(2.59)中,若 $r=1$,则 Γ 分布就是参数为 λ 的指数分布,即指数分布是 $r=1$ 时的 Γ 分布.

若 r 为正整数,则有 $\Gamma(r)=(r-1)!$,于是式(2.59)变为

$$f(x)=\begin{cases}0, & x\leqslant 0,\\ \dfrac{\lambda^r}{(r-1)!}x^{r-1}\mathrm{e}^{-\lambda x}, & x>0.\end{cases} \tag{2.60}$$

它是排队论中常用到的 r 阶埃尔朗(Erlang)分布.

若 $\lambda=\dfrac{1}{2},r=\dfrac{n}{2}$,其中 n 是自然数,则式(2.59)变为

$$f(x)=\begin{cases}0, & x\leqslant 0,\\ \dfrac{1}{2^{\frac{n}{2}}\Gamma\left(\dfrac{n}{2}\right)}x^{\frac{n}{2}-1}\mathrm{e}^{-\frac{x}{2}}, & x>0.\end{cases} \tag{2.61}$$

称以上式为概率密度的分布为自由度为 n 的 χ^2 分布,记为 $X\sim\chi^2(n)$,它是数理统计中最重要的几个常用分布之一,本书在第 5 章将详细介绍.

定理 2.8 设 $X\sim N(0,1)$,则 $X^2\sim\chi^2(1)$.

证 记 X^2 的概率密度为 $f_{X^2}(x)$,X 的概率密度仍用 $\varphi(x)$ 表示,于是
当 $x\leqslant 0$ 时,$f_{X^2}(x)=0$;
当 $x>0$ 时,

$$f_{X^2}(x)=\dfrac{1}{2\sqrt{x}}\left[\varphi(\sqrt{x})+\varphi(-\sqrt{x})\right]$$

$$= \frac{1}{2\sqrt{x}} \cdot \frac{2}{\sqrt{2\pi}} e^{-\frac{x}{2}} = \frac{1}{\sqrt{2\pi}} x^{-\frac{1}{2}} e^{-\frac{x}{2}}.$$

因此

$$f_{X^2}(x) = \begin{cases} 0, & x \leqslant 0, \\ \dfrac{1}{2^{\frac{1}{2}}\sqrt{\pi}} x^{-\frac{1}{2}} e^{-\frac{x}{2}}, & x > 0. \end{cases}$$

由于 $\Gamma\left(\dfrac{1}{2}\right) = \sqrt{\pi}$, 因此 $X^2 \sim \chi^2(1)$.

Γ 分布的数学期望与方差分别为

$$E(X) = \int_0^{+\infty} x \frac{\lambda^r}{\Gamma(r)} x^{r-1} e^{-\lambda x} dx$$

$$= \frac{1}{\lambda \Gamma(r)} \int_0^{+\infty} (\lambda x)^r e^{-\lambda x} d(\lambda x)$$

$$= \frac{\Gamma(r+1)}{\lambda \Gamma(r)} = \frac{r\Gamma(r)}{\lambda \Gamma(r)} = \frac{r}{\lambda},$$

$$E(X^2) = \int_0^{+\infty} x^2 \frac{\lambda^r}{\Gamma(r)} x^{r-1} e^{-\lambda x} dx$$

$$= \frac{1}{\lambda^2 \Gamma(r)} \int_0^{+\infty} (\lambda x)^{r+1} e^{-\lambda x} d(\lambda x)$$

$$= \frac{\Gamma(r+2)}{\lambda^2 \Gamma(r)} = \frac{r(r+1)}{\lambda^2},$$

$$D(X^2) = E(X^2) - [E(X)]^2 = \frac{r(r+1)}{\lambda^2} - \left(\frac{r}{\lambda}\right)^2 = \frac{r}{\lambda^2}.$$

*5. 对数正态分布

许多连续型随机变量虽然不服从正态分布,但经适当变换后就可以服从或近似服从正态分布.有一类随机变量经过对数变换后服从正态分布,这就是下面要介绍的所谓"对数正态随机变量".

定义 2.20 如果随机变量 X 的概率密度为

$$f(x) = \begin{cases} \dfrac{1}{\sqrt{2\pi}\sigma x} e^{-\frac{(\ln x - \mu)^2}{2\sigma^2}}, & x > 0, \\ 0, & x \leqslant 0, \end{cases} \tag{2.62}$$

其中 $\sigma > 0$,则称 X 服从参数为 μ 和 σ^2 的**对数正态分布**.

利用正态分布 $N(\mu, \sigma^2)$ 的概率密度在 $(-\infty, +\infty)$ 上积分值为 1,通过积分换元 $y = \ln x$,容易验证式(2.62)给出的 $f(x)$ 确实是概率密度.

对数正态分布常用于某些寿命的实验.下面的定理给出了它与正态分布的关系.

定理 2.9 (1) 如果随机变量 $X \sim N(\mu,\sigma^2)$,则 $Y=e^X$ 服从参数为 μ 和 σ^2 的对数正态分布;

(2) 如果随机变量 Y 服从参数为 μ 和 σ^2 的对数正态分布,则 $X=\ln Y$ 服从正态分布 $N(\mu,\sigma^2)$.

下面利用定理 2.1 证明定理 2.9.

证 (1) 记随机变量 X 与 Y 的概率密度分别为 $f_X(x)$ 及 $f_Y(y)$,由于函数 $g(x)=e^x$ 在 $(-\infty,+\infty)$ 上单调增加,其反函数 $h(y)=\ln y(y>0)$,且 $h'(y)=\dfrac{1}{y}$,于是

当 $y \leqslant 0$ 时,$f_Y(y)=0$;

当 $y>0$ 时,$f_Y(y)=f_X(h(y))|h'(y)|=\dfrac{1}{y}\dfrac{1}{\sqrt{2\pi}\sigma}e^{-\frac{(\ln y-\mu)^2}{2\sigma^2}}$.

所以,Y 服从参数为 μ 和 σ^2 的对数正态分布.

请读者自己证明定理 2.9 的结论(2).

对数正态分布的数学期望与方差分别为

$$E(X) = \int_0^{+\infty} \frac{x}{\sqrt{2\pi}\sigma x} e^{-\frac{(\ln x-\mu)^2}{2\sigma^2}} dx$$

$$= \int_0^{+\infty} \frac{e^y}{\sqrt{2\pi}\sigma} e^{-\frac{(y-\mu)^2}{2\sigma^2}} dy$$

$$= \int_{-\infty}^{+\infty} \frac{1}{\sqrt{2\pi}\sigma} e^{-\frac{[y-(\mu+\sigma^2)]^2}{2\sigma^2}} \cdot e^{\mu+\frac{\sigma^2}{2}} dy = e^{\mu+\frac{\sigma^2}{2}};$$

$$E(X^2) = \int_0^{+\infty} x^2 f(x) dx = e^{2(\mu+\sigma^2)};$$

$$D(X) = E(X^2) - [E(X)]^2 = e^{2\mu+\sigma^2}(e^{\sigma^2}-1).$$

从上面讨论得到常见的一些离散型、连续型分布的期望和方差,都是和分布中的参数是密不可分的;同时,也看到了分布中的参数所具有的重要地位.

2.7 随机变量的矩和切比雪夫不等式

一、矩的概念

矩是随机变量的重要数字特征之一,前面讨论的数学期望和方差都是矩的特例,即矩是数学期望和方差的自然补充.在数理统计中,将会看到矩的重要应用,下面给出矩的概念.

定义 2.21 X 为一随机变量，k 为正整数，如果
$$v_k = E(X^k) \tag{2.63}$$
存在(即 $E(|X|^k) < \infty$)，则称 $E(X^k)$ 为 X 的 k 阶原点矩，称 $E(|X|^k)$ 为 X 的 k 阶原点绝对矩。当 $k=1$ 时，v_1 就是 X 的数学期望 $E(X)$。

如果 X 是离散型随机变量，其概率分布为 $P\{X=x_i\}=p_i$，则
$$v_k = E(X^k) = \sum_{i=1}^{\infty} x_i^k p_i; \tag{2.64}$$
如果 X 是连续型随机变量，其概率密度为 $f(x)$，则
$$v_k = E(X^k) = \int_{-\infty}^{+\infty} x^k f(x) \mathrm{d}x. \tag{2.65}$$

定义 2.22 X 为一随机变量，k 为正整数，如果 $E(X^k)$ 存在，则称
$$\mu_k = E[X-E(X)]^k \tag{2.66}$$
为 X 的 k 阶中心矩，称 $E|X-E(X)|^k$ 为 X 的 k 阶中心绝对矩。当 $k=2$ 时，μ_2 就是 X 的方差 $D(X) = E[X-E(X)]^2$，且一阶中心矩恒等于 0。

二、切比雪夫不等式

切比雪夫不等式，是一个十分常用的不等式，它给出了随机变量对其数学期望绝对偏差的概率的估计。

定理 2.10（切比雪夫不等式） 设随机变量 X 的数学期望和方差都存在，则对任意的 $\varepsilon > 0$ 有，事件 $\{|X-E(X)| \geqslant \varepsilon\}$ 的概率有如下估计式——切比雪夫不等式：
$$P\{|X-E(X)| \geqslant \varepsilon\} \leqslant \frac{D(X)}{\varepsilon^2}. \tag{2.67}$$

证 (1) 设 X 是非负离散型随机变量，其一切可能值为 $\{x_i\}$，则对于的任意的 $\varepsilon > 0$，有
$$P\{|X-E(X)| \geqslant \varepsilon\} = \sum_{|x_i-E(X)| \geqslant \varepsilon} P\{X=x_i\}$$
$$\leqslant \frac{1}{\varepsilon^2} \sum_{|x_i-E(X)| \geqslant \varepsilon} (x_i-E(X))^2 P\{X=x_i\}$$
$$\leqslant \frac{1}{\varepsilon^2} \sum_{\{x_i\}} (x_i-E(X))^2 P\{X=x_i\} = \frac{D(X)}{\varepsilon^2},$$
其中前两个和式 $\sum$ 表示对于满足事件 $\{|X-E(X)| \geqslant \varepsilon\}$ 的 X 的一切可能值 x_i 求和，后一个和式 $\sum$ 表示对于 X 的一切可能值 x_i 求和。

(2) 设 X 是连续型随机变量，其概率概率密度为 $f(x)$，则对于的任意的 $\varepsilon > 0$，有
$$D(X) = \int_{-\infty}^{+\infty} [x-E(X)]^2 f(x) \mathrm{d}x \geqslant \int_{|x-E(X)| \geqslant \varepsilon} [x-E(X)]^2 f(x) \mathrm{d}x$$

$$\geqslant \varepsilon^2 \int_{|x-E(X)|\geqslant \varepsilon} f(x)\mathrm{d}x = \varepsilon^2 P\{|X-E(X)|\geqslant \varepsilon\}.$$

所以
$$P\{|X-E(X)|\geqslant \varepsilon\} \leqslant \frac{D(X)}{\varepsilon^2}.$$

切比雪夫不等式在概率论中有着重要的地位. 不等式表明,当方差越小时,事件$\{|X-E(X)|\geqslant \varepsilon\}$的概率越小,这也再次表明方差可用来作为描述随机变量 X 关于其数学期望分散程度的一个指标.

如果令 $\varepsilon=k\sqrt{D(X)}$,则由切比雪夫不等式可得
$$P\{|X-E(X)|\geqslant k\sqrt{D(X)}\} \leqslant \frac{1}{k^2}.$$

因为$\{|X-E(X)|\}\geqslant \varepsilon$ 与 $\{|X-E(X)|\}<\varepsilon$ 为对立事件,故
$$P\{|X-E(X)|<\varepsilon\}=1-P\{|X-E(X)|\geqslant \varepsilon\}\geqslant 1-\frac{D(X)}{\varepsilon^2}. \tag{2.68}$$

例 1 某县种植某种农作物,根据统计求得平均亩产量是 412kg,产量的均方差$\sqrt{D(X)}=16$kg,估计亩产量偏差不小于 47kg 的概率(1 亩=666.67 平方米).

解 由切比雪夫不等式可得
$$P\{|X-412|\geqslant 47\} \leqslant \frac{16^2}{47^2} \approx 0.12.$$

因此,亩产量与 412kg 偏差不小于 47kg 的概率不可能超过 0.12.

例 2 已知随机变量 X 的数学期望为 $E(X)=750$,均方差为$\sqrt{D(X)}=15$,估计 X 为 700~800 的概率.

解 因为"$700<X<800$"等价于"$|X-750|<50$",所以
$$\begin{aligned}P\{700<X<800\}&=P\{|X-750|<50\}\\&=1-P\{|X-750|\geqslant 50\}\\&\geqslant 1-\frac{15^2}{50^2}\approx 0.91.\end{aligned}$$

推论 随机变量 X 的方差为 0 当且仅当存在一个常数 a,使得
$$P\{X=a\}=1. \tag{2.69}$$

证 充分性显然,下证必要性.
首先注意到
$$\{|X-E(X)|>0\}=\bigcup_{n=1}^{\infty}\left\{|X-E(X)|>\frac{1}{n}\right\},$$

从而有
$$P\{|X-E(X)|>0\}=P\left\{\bigcup_{n=1}^{\infty}\left(|X-E(X)|>\frac{1}{n}\right)\right\}$$

$$\leqslant \sum_{n=1}^{\infty} P\left\{|X-E(X)|>\frac{1}{n}\right\},$$

由于 $E(X)=0$,所以对一切 $n\geqslant 1$,据切比雪夫不等式,有

$$P\left\{|X-E(X)|>\frac{1}{n}\right\}\leqslant \frac{D(X)}{\frac{1}{n^2}}=0,$$

从而得

$$P\{|X-E(X)|>0\}=0.$$

所以

$$P\{|X-E(X)|=0\}=1.$$

故推论得证.

习 题 2

(A)

1. 一袋中有 5 只乒乓球,编码分别为 1,2,3,4,5,在其中同时取出 3 只,以随机变量 X 表示取出的 3 只中的最大号码,求随机变量 X 的概率分布.

2. 设随机变量 X 的分布函数为

$$F(x)=\begin{cases} 0, & x<-5, \\ 0.2, & -5\leqslant x<-2, \\ 0.3, & -2\leqslant x<0, \\ 0.5, & 0\leqslant x<2, \\ 1, & x\geqslant 2. \end{cases}$$

求 X 的概率分布.

3. 离散型随机变量 X 的概率分布为

(1) $P\{X=i\}=a2^i, i=1,2,\cdots,100$;

(2) $P\{X=i\}=2a^i, i=1,2,\cdots$.

分别求(1)和(2)中 a 的值.

4. 一批产品共 10 件,其中 7 件正品,3 件次品,每次从中任取一件,求下面两种情形下直到取到正品为止所需抽取次数的概率分布.(1)每次取出后再放回去;(2)每次取出后不放回.

5. 设 X 的分布函数如第 2 题所示,求下列概率:
$P\{X>-3\}, P\{|X|<3\}, P\{|X+1|>2\}$.

6. 求第 1 题中随机变量 X 的分布函数.

7. 在某公共汽车站甲、乙、丙三人分别等候 1,2,3 路公共汽车.设每人等车时间(单位:min)均服从 $[0,5]$ 上的均匀分布,求 3 人中至少有两人等车时间不超过 2min 的概率.

8. 设随机变量 X 服从泊松分布,且已知 $P\{X=1\}=P\{X=2\}$,求 $P\{X=4\}$.

9. 设 X 的分布函数为 $F(x)=\begin{cases} 0, & x\leqslant 0, \\ Ax^2, & 0<x\leqslant 1, \\ 1, & x>1. \end{cases}$ 求未知参数 A 及 $P\{0.5<X\leqslant 0.8\}$.

10. 函数 $F(x)=\dfrac{1}{1+x^2}$ 是否可作为某一随机变量的分布函数,如果

(1) $-\infty<x<+\infty$;

(2) $0<x<+\infty$,其他场合适当定义;

(3) $-\infty<x<0$,其他场合适当定义.

11. X 的分布函数分别如下,判断它是否为连续型随机变量,如果是则求其概率密度.

(1) $F(x)=\begin{cases} 0, & x<0, \\ x^2, & 0\leqslant x<1, \\ 1, & x\geqslant 1; \end{cases}$ (2) $F(x)=\begin{cases} 0, & x<0, \\ \dfrac{1}{2}x^2, & 0\leqslant x<1, \\ 1, & x\geqslant 1. \end{cases}$

12. 已知连续型随机变量 X 的概率密度为

(1) $f(x)=ae^{-|x|}$;   (2) $f(x)=\begin{cases} x, & 0\leqslant x<1, \\ 2-x, & 1\leqslant x<a, \\ 0, & 其他. \end{cases}$

求 a 及分布函数 $F(x)$,$P\left\{-1<X\leqslant\dfrac{\sqrt{2}}{2}\right\}$,$P\left\{\dfrac{\sqrt{2}}{2}\leqslant X\leqslant \sqrt{2}\right\}$,$P\{X>1\}$.

13. 设随机变量 X 的概率密度关于 $x=\mu$ 对称,证明其分布函数满足以下性质:
$$F(\mu+x)+F(\mu-x)=1, \quad -\infty<x<+\infty.$$

14. 若 $X\sim N(2,\sigma^2)$,且 $P\{2<X<4\}=0.3$,则 $P\{X<0\}$ 是多少?

15. 测一圆的半径 R,其概率分布为

R	10	11	12	13
P	0.1	0.4	0.3	0.2

求圆的面积 X 和周长 Y 的分布.

16. 设 X 服从 $[a,b]$ 上的均匀分布,证明:$\alpha X+\beta(\alpha>0)$ 服从 $[a\alpha+\beta,b\alpha+\beta]$ 上的均匀分布.

17. 设 X 服从 $N(0,1)$,求:(1)$Y=e^x$ 的概率密度;(2)$Y=1+2X^2$ 的概率密度.

18. 设 X 为非负随机变量,其概率密度为 $f(x)$,证明 $Y=\sqrt{X}$ 的概率密度为
$$f_Y(y)=\begin{cases} 2yf(y^2), & y>0, \\ 0, & y\leqslant 0. \end{cases}$$

19. 设 $F(x)$ 是一个连续型随机变量的分布函数,$a>0$. 证明:
$$\int_{-\infty}^{+\infty}[F(x+a)-F(x)]dx=a.$$

20. 离散型随机变量 X 的概率分布为 $P\{X=i\}=2\left(\dfrac{1}{3}\right)^i, i=1,2,\cdots$,求其数学期望 $E(X)$.

21. 离散型随机变量 X 的概率分布为

X	-1	0	1	2	3
P	$\dfrac{1}{3}$	$\dfrac{1}{6}$	$\dfrac{1}{6}$	$\dfrac{1}{12}$	$\dfrac{1}{4}$

求 $E(X), E(X^2), D(X)$ 和 $E(3X^2+5)$.

22. 假设一厂家生产的每台仪器以概率 0.7 可直接出厂,以概率 0.3 需进一步调试,经调试后以概率 0.8 可出厂,概率 0.2 不合格而不能出厂,现该厂生产 $n(n \geqslant 2)$ 台仪器(设仪器生产过程相互独立). 求(1)能出场的仪器数 X 的分布列;(2)n 台仪器全部出厂的概率;(3)至少有两台不能出厂的概率;(4)不能出厂的仪器数的期望和方差.

23. 自动生产线在调整后出现废品的概率为 p,当在生产过程中出现废品时,立即重新调整,求两次调整后生产的合格品数 X 的概率分布及数学期望.

24. 设随机变量 X 服从参数为 λ 的泊松分布($\lambda > 0$)且已知 $E[(X-2)(X-3)]=2$,求 λ 的值.

25. 某保险公司设置某一险种,规定每一保单有效期为一年,有效理赔一次每个保单收取保费 500 元,理赔金额 40000 元. 据估计每个保单索赔概率为 0.001,设公司共卖出这种保险单 8000 个,求该公司在该险种上获得的平均利润.

26. 3 个电子元件并联成一个系统,只有当 3 个元件损坏两个或两个以上时,系统便报废,已知电子元件的寿命服从参数为 $\dfrac{1}{1000}$ 的指数分布,求系统的寿命超过 1000h 的概率.

27. 设随机变量 X 的概率密度为
$$f(x) = \begin{cases} a+bx^2, & 0 \leqslant x \leqslant 1, \\ 0, & \text{其他} \end{cases}$$
且 $E(X)=\dfrac{2}{3}$,求 a,b 的值.

28. 设测量的随机误差 $X \sim N(0, 10^2)$,试求 100 次独立重复测量,至少有三次测量误差的绝对值大于 19.6 的概率 α,并用泊松分布求 α 的近似值.

29. 对球直径做测量,设其服从 $[a,b]$ 上的均匀分布,求球的体积的均值.

30. 设随机变量 X 的概率密度为 $f(x) = \begin{cases} \dfrac{1}{\theta} e^{-\frac{x}{\theta}}, & x>0, \\ 0, & x \leqslant 0, \end{cases}$ 其中 $\theta>0$ 为参数,证明:$Y=\dfrac{2}{\theta}X$ 的概率密度为 $g(y) = \begin{cases} \dfrac{1}{2} e^{-\frac{y}{2}}, & y>0, \\ 0, & y \leqslant 0, \end{cases}$ 服从这一概率密度的分布称为自由度为 2 的 χ^2 分布,即 $Y \sim \chi^2(2)$.

31. 设随机变量 X 服从指数分布,其概率密度为
$$f(x) = \begin{cases} \dfrac{1}{\beta} e^{-\frac{x-\theta}{\beta}}, & x>\theta, \\ 0, & x \leqslant \theta, \end{cases}$$
其中 $\theta>0, \beta>0$ 是常数,求 $E(X), D(X)$.

32. 一工厂生产的某种设备的寿命 X(单位:年)服从指数分布,概率密度为
$$f(x)=\begin{cases}\dfrac{1}{4}\mathrm{e}^{-\frac{x}{4}}, & x>0, \\ 0, & x\leqslant 0.\end{cases}$$
工厂规定,出售的设备若在出售一年之内出现故障可予以调换. 若工厂售出一台设备赢利 100 元,调换一台设备需花费 300 元. 试求厂方出售一台设备净赢利的数学期望.

33. 设某种商品每周的需求量 X 是服从 $[10,30]$ 上均匀分布的随机变量,而经销商店进货数量为区间 $[10,30]$ 中的某一整数,商店每销售 1 单位商品可获利 500 元,若供大于求则削价处理,每处理 1 单位商品亏损 100 元;若供不应求,则可从外部调剂供应,此时每 1 单位商品仅获利 300 元,为使商店所获利润期望值不少于 9280 元,试确定最少进货量.

34. 设袋中装有 m 只颜色各不相同的球,有放回地摸取 n 次,摸到球的颜色种数为 X,求证:$E(X)=m\left[1-\left(1-\dfrac{1}{m}\right)^n\right]$.

35. 在每次试验中,事件 A 发生的概率为 0.5.
(1) 利用切比雪夫不等式估计在 1000 次独立试验中,事件 A 发生的次数为 $400\sim 600$ 的概率;
(2) 要使 A 出现的频率为 $0.35\sim 0.65$ 的概率不小于 0.95,至少需要做多少次重复试验?

(B)

1. (1) 设随机变量 X 的概率分布为
$$P\{X=k\}=a\dfrac{\lambda^k}{k!},\quad k=0,1,2,\cdots,\lambda>0\text{ 为常数}.$$
试确定常数 a.
(2) 设随机变量 X 的概率分布为
$$P\{X=k\}=\dfrac{a}{N},\quad k=1,2,\cdots,N.$$
试确定常数 a.

2. 一大楼装有 5 个同类型的供水设备. 调查表明在任一时刻 t,每个设备被使用的概率为 0.1,问:在同一时刻
(1) 恰有 2 个设备被使用的概率是多少?
(2) 至少有 3 个设备被使用的概率是多少?
(3) 至多有 3 个设备被使用的概率是多少?
(4) 至少有 1 个设备被使用的概率是多少?

3. 设随机变量 X 的概率密度为
$$f(x)=\begin{cases}\dfrac{c}{\sqrt{1-x^2}}, & |x|<1, \\ 0, & \text{其他},\end{cases}$$
求:(1) 常数 c;(2) 随机变量 X 落在区间 $\left(-\dfrac{1}{2},\dfrac{1}{2}\right)$ 内的概率.

习 题 2

4. 设随机变量 X 的概率密度为
$$f(x)=ce^{-|x|}, \quad -\infty<x<+\infty.$$
求(1)常数 c;(2)随机变量 X 落在区间$(0,1)$内的概率.

5. 设随机变量 $X\sim N(\mu,\sigma^2)$,对 $P\{|X-\mu|<k\sigma\}=0.95, P\{|X-\mu|<k\sigma\}=0.90, P\{|X-\mu|<k\sigma\}=0.99$,分别找出相应的 k 值(查标准正态分布表). 又对于 k 的什么值有 $P\{X>\mu-k\sigma\}=0.95$?

6. 设随机变量 X 的概率密度为
$$f(x)=\begin{cases}\dfrac{2}{\pi(x^2+1)}, & x>0, \\ 0, & x\leqslant 0.\end{cases}$$
求 $Y=\ln X$ 的概率密度.

7. 设随机变量 X 的概率密度为
$$f(x)=\begin{cases}\dfrac{2x}{\pi^2}, & 0<x<\pi, \\ 0, & \text{其他}.\end{cases}$$
求 $Y=\sin X$ 的概率密度.

8. (2003) 设随机变量 X 的概率密度为
$$f(x)=\begin{cases}\dfrac{1}{3\sqrt[3]{x^2}}, & x\in[1,8], \\ 0, & \text{其他}.\end{cases}$$
$F(x)$ 是 X 的分布函数. 求随机变量 $Y=F(X)$ 的分布函数.

9. 对某一目标进行射击,直到击中 r 次为止. 如果每次射击的命中为 p,求需要射击的次数的均值和方差.

10. 设随机变量 X 的概率密度为
$$f(x)=\begin{cases}\dfrac{k}{1+x^2}, & -1<x<1, \\ 0, & \text{其他}.\end{cases}$$
求:(1) k 的值;(2) $E(X)$;(3) $D(X)$.

11. 设 X 的概率密度为
$$f(x)=\begin{cases}e^{-x}, & x>0, \\ 0, & x\leqslant 0.\end{cases}$$
求 $Y=2X$ 及 $Y=e^{-2X}$ 的数学期望.

12. 设随机变量 X 服从拉普拉斯分布,概率密度为 $f(x)=\dfrac{1}{2\lambda}e^{-\frac{|x-\mu|}{\lambda}}$ $(\lambda>0)$,求 $E(X)$.

13. 设随机变量 X 的数学期望为 $E(X)$,方差为 $D(X)>0$,求 $Y=\dfrac{X-E(X)}{\sqrt{D(X)}}$ 的数学期望和方差.

14. 设 X 为随机变量,c 是常数,证明:$D(X)\leqslant E[(X-c)^2]$.

15. (2000) 设随机变量 X 在区间$[-1,2]$上服从均匀分布,令随机变量
$$Y=\begin{cases}1, & X>0, \\ 0, & X=0, \\ -1, & X<0.\end{cases}$$

计算随机变量 Y 的方差 $D(Y)$.

16. 已知正常男性成年人每一毫升血液中白细胞平均数是 7300,均方差是 700. 利用切比雪夫不等式估计每毫升血液中含白细胞数为 5200~9400 的概率.

17. 设随机变量 X 的概率密度为
$$f(x)=\frac{x^m}{m!}e^{-x}, \quad x\geqslant 0.$$
试利用切比雪夫不等式证明:
$$P\{0<X<2(m+1)\}\geqslant \frac{m}{m+1}.$$

第3章 多维随机变量及其分布

第2章只限于讨论一个随机变量的情况,而在实际问题中,对于有些随机现象往往需要同时用两个或两个以上的随机变量来描述.例如,考察某地区的总消费状况时,同时要关注居民消费 X 和社会消费 Y 这两个随机变量.又如,考察某一企业的经济效益时,同时要注意每万元产值耗能量、产值成本率、资金占用率、产值利税率、销售利税率等十几个随机变量.在这种情况下,有必要把它们作为一个整体(向量)来考虑,讨论它们总体变化的统计规律性,进一步可以讨论各变量之间的关系.本章主要讨论二维随机变量,其主要内容包括随机变量的分布、独立性以及数字特征.

3.1 多维随机变量及其联合分布函数

一、多维随机变量的概念

定义 3.1 如果 $X_1, X_2, \cdots, X_n$ 是定义在同一个样本空间 Ω 上的 n 个随机变量,则称 $(X_1, X_2, \cdots, X_n)$ 为 n **维**(或 n **元**)**随机变量**或**随机向量**.

在实际问题中多维随机变量的情况是经常会遇到的.例如:

(1) 考察某地区学龄前儿童的身体发育状况,需要观测儿童的身高 X 和体重 Y.人们常常成对的采集每个儿童的身高及体重数据,把 X 与 Y 作为一个二元整体 (X,Y) 研究,这样,才能更好地了解儿童的身体发育状况.

(2) 在同一批产品中随机抽取 n 件,一等品、二等品和不合格品的件数分别为 X_1, X_2, X_3,则三维随机变量 (X_1, X_2, X_3) 的分布情况是企业管理者十分关心的问题.

(3) 随着经济、社会的发展,国家希望了解居民生活的改善情况,其中重要的一个问题,就是了解每个家庭在衣食住行四个方面的支出状况,以 X_1, X_2, X_3, X_4 分别表示每个家庭在衣食住行四个方面的支出占家庭总消费支出的比例,则 (X_1, X_2, X_3, X_4) 就是能反映一个家庭生活状况的四维随机变量(或四维随机向量).

二、联合分布函数

一般来说,多维随机变量的概率分布规律,不仅依赖于各分量的概率分布规律,而且还依赖于各分量之间的关系.研究多维随机变量的概率分布规律从中就可发现各个分量之间的内在联系的统计规律.这正是概率论与数理统计这门学科所关注的一个重要问题.

与一维随机变量的讨论类似,对于多维随机变量,我们只讨论离散型和连续型两种情况.

下面,先研究描述任何类型的多维随机变量概率分布规律的统一方法——联合分布函数.

定义 3.2 对于任意的 n 个实数 $x_1, x_2, \cdots, x_n$,n 个事件 $\{X_1 \leqslant x_1\}, \{X_2 \leqslant x_2\}, \cdots, \{X_n \leqslant x_n\}$ 同时发生的概率

$$F(x_1, x_2, \cdots, x_n) = P\{X_1 \leqslant x_1, X_2 \leqslant x_2, \cdots, X_n \leqslant x_n\} \tag{3.1}$$

称为 n 维随机变量 $(X_1, X_2, \cdots, X_n)$ 的**联合分布函数**.

本章主要讨论二维随机变量,二维以上的情况可类似进行.

对二维随机变量 (X, Y),其联合分布函数

$$F(x, y) = P\{X \leqslant x, Y \leqslant y\} \tag{3.2}$$

是事件 $\{X \leqslant x\}$ 与 $\{Y \leqslant y\}$ 同时发生的概率. 如果将二维随机变量 (X, Y) 看成是平面上随机点的坐标,那么联合分布函数 $F(x, y)$ 在 (x, y) 处的函数值就是随机点 (X, Y) 落在以 (x, y) 为右上角的无穷矩形区域 D_{xy} 内的概率(图 3-1 中的阴影部分). 故 $F(x, y)$ 可表示为

$$F(x, y) = P\{(x, y) \in D_{xy}\}.$$

特别地,若 D_{xy} 为有界矩形区域(图 3-2 中的阴影部分),则

$$P\{x_1 < X \leqslant x_2, y_1 < Y \leqslant y_2\}$$
$$= F(x_2, y_2) - F(x_2, y_1) - F(x_1, y_2) + F(x_1, y_1). \tag{3.3}$$

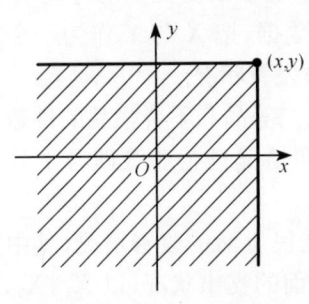

图 3-1 联合分布函数

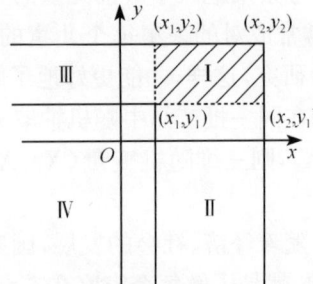

图 3-2 矩形区域上的概率

由此可知,只要知道了 (X, Y) 的联合分布函数 $F(x, y)$,那么,(X, Y) 取值于任意区域 $\{(x, y) \mid x_1 < x \leqslant x_2, y_1 < y \leqslant y_2\}$ 内的概率即可求得.

三、联合分布函数的性质

与一维随机变量分布函数的性质类似,任意二维随机变量 (X, Y) 的联合分布

函数 $F(x,y)$ 必具有如下 4 条基本性质.

(1) **单调性** $F(x,y)$ 关于变量 x 或 y 都是单调不减的,即

对于任意固定的 y,当 $x_1 < x_2$ 时,$F(x_1,y) \leqslant F(x_2,y)$;

对于任意固定的 x,当 $y_1 < y_2$ 时,$F(x,y_1) \leqslant F(x,y_2)$.

(2) **有界性** 对任意的 x,y,有 $0 \leqslant F(x,y) \leqslant 1$,且

$$F(-\infty, y) = \lim_{x \to -\infty} F(x,y) = 0, \quad F(x, -\infty) = \lim_{y \to -\infty} F(x,y) = 0,$$

$$F(-\infty, -\infty) = \lim_{x, y \to -\infty} F(x,y) = 0, \quad F(+\infty, +\infty) = \lim_{x, y \to +\infty} F(x,y) = 1.$$

(3) **右连续性** $F(x,y)$ 关于变量 x 或 y 都是右连续的,即

$$F(x+0, y) = F(x,y), \quad F(x, y+0) = F(x,y).$$

(4) **非负性** 对于任意的 $x_1 < x_2, y_1 < y_2$,有

$$F(x_2, y_2) - F(x_2, y_1) - F(x_1, y_2) + F(x_1, y_1) \geqslant 0.$$

还可证明,具有上述 4 条性质的二元函数 $F(x,y)$ 一定是某个二维随机变量的分布函数.

例 1 已知二元函数

$$G(x,y) = \begin{cases} 0, & x+y < 0, \\ 1, & x+y \geqslant 0. \end{cases}$$

问 $G(x,y)$ 是某个二维随机变量的分布函数吗?

解 不难验证 $G(x,y)$ 具有二维随机变量分布函数的性质 (1)~(3),但在正方形区域 $\{(x,y) \mid -1 \leqslant x \leqslant 1, -1 \leqslant y \leqslant 1\}$ 上,有

$$G(1,1) - G(1,-1) - G(-1,1) + G(-1,-1) = 1 - 1 - 1 + 0 = -1 < 0.$$

所以 $G(x,y)$ 不满足性质 (4),故 $G(x,y)$ 不能成为某个二维随机变量的分布函数.

四、边缘分布函数

如果在二维随机变量 (X,Y) 的联合分布函数 $F(x,y)$ 中令 $y \to +\infty$,由于 $\{Y < +\infty\}$ 为必然事件,故可得

$$\lim_{y \to +\infty} F(x,y) = P\{X \leqslant x, Y < +\infty\} = P\{X \leqslant x\},$$

这是一个分布函数,称之为 X 的**边缘分布函数**,记为

$$F_X(x) = F(x, +\infty). \tag{3.4}$$

类似地,在 $F(x,y)$ 中令 $x \to +\infty$,可得 Y 的**边缘分布函数**

$$F_Y(y) = F(+\infty, y). \tag{3.5}$$

这说明,只要知道了 (X,Y) 的联合分布函数,那么,(X,Y) 的两个分量 X 及 Y 各自的概率分布规律也就随之确定了.但是,若仅知道 X 及 Y 各自的概率分布规

律,一般来说,还不能确定出二维随机变量(X,Y)的联合概率分布,因为(X,Y)的联合概率分布还有可能依赖于 X 与 Y 之间的关系.

例 2 设二维随机变量(X,Y)的联合分布函数为

$$F(x,y)=\begin{cases}1-\mathrm{e}^{-x}-\mathrm{e}^{-y}+\mathrm{e}^{-x-y-\lambda xy}, & x>0,y>0,\\ 0, & \text{其他}.\end{cases}$$

这个分布称为二维指数分布,其中参数 $\lambda>0$. 求 X 与 Y 的边缘分布函数.

解 容易求得 X 与 Y 的边缘分布函数为

$$F_X(x)=F(x,+\infty)=\begin{cases}1-\mathrm{e}^{-x}, & x>0,\\ 0, & x\leqslant 0,\end{cases}$$

$$F_Y(y)=F(+\infty,y)=\begin{cases}1-\mathrm{e}^{-y}, & y>0,\\ 0, & y\leqslant 0.\end{cases}$$

它们都是一维指数分布,且与参数 $\lambda>0$ 无关. 本例中,不同的 $\lambda>0$ 对应不同的二维指数分布,但它们的两个边缘分布不随着 λ 的变化而变化. 这说明:二维联合分布不仅能反映每个分量的概率分布,而且还隐藏着两个随机变量 X 与 Y 之间关系的信息,这也是人们进一步要研究多维随机变量的原因.

3.2 二维离散型随机变量

一、联合概率分布

定义 3.3 如果二维随机变量(X,Y)只取有限个或可列个数对(x_i,y_j),则称(X,Y)为**二维离散型随机变量**.

显然,二维离散型随机变量的两个分量 X,Y 都是一维离散型随机变量;反之亦然.

与一维随机变量一样,我们不仅关心二维离散型随机变量(X,Y)都有哪些取值(x_i,y_j),更关心它们取这些值的相应概率. 如果掌握了这两点,也就掌握了二维离散型随机变量及其所描述的随机现象的统计规律性.

定义 3.4 如果二维离散型随机变量(X,Y)的所有取值为有限个或可列个数对(x_i,y_j),则称

$$p_{ij}=P\{X=x_i,Y=y_j\},\quad i,j=1,2,\cdots \tag{3.6}$$

为(X,Y)的**联合概率分布**.

为了直观,有时也将(X,Y)的联合概率分布用表格形式表示(表 3-1),并称为联合概率分布表.

3.2 二维离散型随机变量

表 3-1 联合概率分布表

X \ Y	y_1	y_2	⋯	y_j	⋯
x_1	p_{11}	p_{12}	⋯	p_{1j}	⋯
x_2	p_{21}	p_{22}	⋯	p_{2j}	⋯
⋮	⋮	⋮		⋮	
x_i	p_{i1}	p_{i2}	⋯	p_{ij}	⋯
⋮	⋮	⋮		⋮	

易见,联合概率分布 p_{ij} 有如下基本性质:

(1) **非负性** $p_{ij} \geqslant 0, \quad i,j=1,2,\cdots$;

(2) **正则性** $\sum_i \sum_j p_{ij} = 1.$

对二维离散型随机变量 (X,Y) 而言,联合概率分布不仅比联合分布函数更加直观,而且它能够更加方便地确定出 (X,Y) 取值于任何区域 D 上的概率,事实上,有

$$P\{(X,Y) \in D\} = \sum_{(x_i, y_j) \in D} p_{ij}. \tag{3.7}$$

由二维离散型随机变量 (X,Y) 的联合概率分布,容易确定 (X,Y) 的联合分布函数

$$F(x,y) = P\{X \leqslant x, Y \leqslant y\} = \sum_{x_i \leqslant x, y_j \leqslant y} p_{ij}. \tag{3.8}$$

例1 袋中有 5 只球,其中 2 只白球,3 只黑球. 取球两次,每次取一只. 定义下列随机变量:

$$X = \begin{cases} 1, & \text{第一次取到白球,} \\ 0, & \text{第一次取到黑球,} \end{cases} \quad Y = \begin{cases} 1, & \text{第二次取到白球,} \\ 0, & \text{第二次取到黑球.} \end{cases}$$

求:(1) 有放回取球的情况下 (X,Y) 的联合概率分布;

(2) 无放回取球的情况下 (X,Y) 的联合概率分布;

(3) 无放回取球情况下的概率 $P\{X \geqslant Y\}$.

解 (X,Y) 的所有可能取值为 $(0,0),(0,1),(1,0),(1,1)$.

(1) 由概率的乘法公式得

$$P\{X=0, Y=0\} = P\{X=0\}P\{Y=0 \mid X=0\} = \frac{3}{5} \times \frac{3}{5} = 0.36,$$

$$P\{X=0, Y=1\} = P\{X=0\}P\{Y=1 \mid X=0\} = \frac{3}{5} \times \frac{2}{5} = 0.24,$$

$$P\{X=1, Y=0\} = P\{X=1\}P\{Y=0 \mid X=1\} = \frac{2}{5} \times \frac{3}{5} = 0.24,$$

$$P\{X=1,Y=1\}=P\{X=1\}P\{Y=1|X=1\}=\frac{2}{5}\times\frac{2}{5}=0.16,$$

即 (X,Y) 的联合概率分布见表 3-2.

表 3-2 有放回取球时的联合概率分布表

X \ Y	0	1
0	0.36	0.24
1	0.24	0.16

(2) 由概率的乘法公式得

$$P\{X=0,Y=0\}=P\{X=0\}P\{Y=0|X=0\}=\frac{3}{5}\times\frac{2}{4}=0.3,$$

$$P\{X=0,Y=1\}=P\{X=0\}P\{Y=1|X=0\}=\frac{3}{5}\times\frac{2}{4}=0.3,$$

$$P\{X=1,Y=0\}=P\{X=1\}P\{Y=0|X=1\}=\frac{2}{5}\times\frac{3}{4}=0.3,$$

$$P\{X=1,Y=1\}=P\{X=1\}P\{Y=1|X=1\}=\frac{2}{5}\times\frac{1}{4}=0.1,$$

即 (X,Y) 的联合概率分布见表 3-3.

表 3-3 无放回取球时的联合概率分布表

X \ Y	0	1
0	0.3	0.3
1	0.3	0.1

(3) 因为 $X\geqslant Y$ 相当于 (X,Y) 取值为 $(0,0),(1,0),(1,1)$,所以
$$P\{X\geqslant Y\}=P\{X=0,Y=0\}+P\{X=1,Y=0\}+P\{X=1,Y=1\}$$
$$=0.3+0.3+0.1=0.7.$$

例 2 (2005)先从 1,2,3,4 中等可能地任取一数,记为随机变量 X,再从 1 到 X 中等可能地任取一数,记为随机变量 Y,求 (X,Y) 的联合概率分布及概率 $P\{X=Y\}$.

解 由乘法公式容易求得 (X,Y) 的联合概率分布. 易知 $\{X=i,Y=j\}$ 的取值情况是: $i=1,2,3,4,j$ 取不大于 i 的正整数,且

$$P\{X=i,Y=j\}=P\{X=i\}\cdot P\{Y=j|X=i\}$$
$$=\frac{1}{4}\cdot\frac{1}{i},\quad i=1,2,3,4,j\leqslant i.$$

于是(X,Y)的联合概率分布见表 3-4.

表 3-4 联合概率分布表

X \ Y	1	2	3	4
1	$\frac{1}{4}$	0	0	0
2	$\frac{1}{8}$	$\frac{1}{8}$	0	0
3	$\frac{1}{12}$	$\frac{1}{12}$	$\frac{1}{12}$	0
4	$\frac{1}{16}$	$\frac{1}{16}$	$\frac{1}{16}$	$\frac{1}{16}$

由此可得

$$P\{X=Y\}=p_{11}+p_{22}+p_{33}+p_{44}=\frac{1}{4}+\frac{1}{8}+\frac{1}{12}+\frac{1}{16}=\frac{25}{48}.$$

二、边缘概率分布

在二维离散型随机变量(X,Y)的联合概率分布$\{p_{ij}\}$中,对j求和所得的概率分布

$$p_{i\cdot} = P\{X = x_i\} = \sum_j p_{ij}, \quad i = 1, 2, \cdots \tag{3.9}$$

称为 X 的**边缘概率分布**. 类似地,对 i 求和所得的概率分布

$$p_{\cdot j} = P\{Y = y_j\} = \sum_i p_{ij}, \quad j = 1, 2, \cdots \tag{3.10}$$

称为 Y 的**边缘概率分布**.

如果(X,Y)的联合概率分布用表格表示,通常,就将两个边缘概率分布填写在该表格的边缘上(表 3-5),这也许就是边缘概率分布名称的由来.

表 3-5 联合概率分布与边缘概率分布表

X \ Y	y_1	y_2	$\cdots$	y_j	$\cdots$	$p_{i\cdot}$
x_1	p_{11}	p_{12}	$\cdots$	p_{1j}	$\cdots$	$p_{1\cdot}$
x_2	p_{21}	p_{22}	$\cdots$	p_{2j}	$\cdots$	$p_{2\cdot}$
$\vdots$	$\vdots$	$\vdots$		$\vdots$		$\vdots$
x_i	p_{i1}	p_{i2}	$\cdots$	p_{ij}	$\cdots$	$p_{i\cdot}$
$\vdots$	$\vdots$	$\vdots$		$\vdots$		$\vdots$
$p_{\cdot j}$	$p_{\cdot 1}$	$p_{\cdot 2}$	$\cdots$	$p_{\cdot j}$	$\cdots$	

三、条件概率分布

对二维随机变量(X,Y)而言,所谓随机变量X的条件概率分布,就是在给定Y取某个值的条件下X的分布. 例如:记X为人的体重,Y为人的身高,则X与Y之间一般有相依关系. 现在如果限定$Y=1.75\text{m}$,在这个条件下,体重X的分布显然与X的无条件分布(无此限制下体重的分布)会有很大的不同. 为此有必要讨论条件概率分布.

设二维离散型随机变量(X,Y)的联合概率分布为
$$p_{ij}=P\{X=x_i,Y=y_j\}, \quad i,j=1,2,\cdots,$$
则由条件概率公式,对于某一固定的j,当$p_{\cdot j}=P\{Y=y_j\}>0$时,有
$$P\{X=x_i|Y=y_j\}=\frac{P\{X=x_i,Y=y_j\}}{P\{Y=y_j\}}=\frac{p_{ij}}{p_{\cdot j}}, \quad i=1,2,\cdots.$$

易知条件概率$P\{X=x_i|Y=y_j\}$满足概率分布列所要求的基本性质:

(1) $P\{X=x_i|Y=y_j\}\geqslant 0$, $i=1,2,\cdots$;

(2) $\sum_i P\{X=x_i|Y=y_j\}=\sum_i \frac{p_{ij}}{p_{\cdot j}}=\frac{p_{\cdot j}}{p_{\cdot j}}=1.$

于是引入下面的定义.

定义 3.5 设(X,Y)是二维离散型随机变量,对于某一固定的j,若$P\{Y=y_j\}=p_{\cdot j}>0$,则称

$$P\{X=x_i|Y=y_j\}=\frac{P\{X=x_i,Y=y_j\}}{P\{Y=y_j\}}=\frac{p_{ij}}{p_{\cdot j}}, \quad i=1,2,\cdots \tag{3.11}$$

为给定$Y=y_j$条件下X的**条件概率分布**,记为$p_{i|j}$.

同理,对于某一固定的i,若$P\{X=x_i\}=p_{i\cdot}>0$,则称

$$P\{Y=y_j|X=x_i\}=\frac{P\{X=x_i,Y=y_j\}}{P\{X=x_i\}}=\frac{p_{ij}}{p_{i\cdot}}, \quad j=1,2,\cdots \tag{3.12}$$

在为给定$X=x_i$的条件下Y的**条件概率分布**,记为$p_{j|i}$.

例 3 对本节例 2 中的二维随机变量(X,Y),分别求X和Y的边缘概率分布及在$Y=1$的条件下X的条件概率分布.

解 (1) 由表 3-4 可得,X的边缘概率分布为
$$p_{1\cdot}=P\{X=1\}$$
$$=P\{X=1,Y=1\}+P\{X=1,Y=2\}+P\{X=1,Y=3\}+P\{X=1,Y=4\}$$
$$=\frac{1}{4}+0+0+0=\frac{1}{4}.$$

同理,$p_{2\cdot}=\frac{1}{4}$, $p_{3\cdot}=\frac{1}{4}$, $p_{4\cdot}=\frac{1}{4}$. 即X的边缘概率分布为

X	1	2	3	4
$p_{i\cdot}$	$\dfrac{1}{4}$	$\dfrac{1}{4}$	$\dfrac{1}{4}$	$\dfrac{1}{4}$

类似地,可得 Y 的边缘概率分布为

Y	1	2	3	4
$p_{\cdot j}$	$\dfrac{25}{48}$	$\dfrac{13}{48}$	$\dfrac{7}{48}$	$\dfrac{3}{48}$

(2) 在 $Y=1$ 的条件下 X 的条件概率分布为

$$P\{X=1|Y=1\}=\frac{P\{X=1,Y=1\}}{P\{Y=1\}}=\frac{p_{11}}{p_{\cdot 1}}=\frac{\dfrac{1}{4}}{\dfrac{25}{48}}=\frac{12}{25}=0.48,$$

同理可得

$$P\{X=2|Y=1\}=\frac{6}{25}=0.24,$$

$$P\{X=3|Y=1\}=\frac{4}{25}=0.16,$$

$$P\{X=4|Y=1\}=\frac{3}{25}=0.12.$$

即在 $Y=1$ 的条件下 X 的条件概率分布为

X	1	2	3	4
$p_{i|1}$	0.48	0.24	0.16	0.12

3.3 二维连续型随机变量

一、联合概率密度

定义 3.6 设 (X,Y) 为二维随机变量,其分布函数为 $F(x,y)$,如果存在一个非负可积的二元函数 $f(x,y)$,使得对任意实数 x,y,均有

$$F(x,y)=\int_{-\infty}^{x}\int_{-\infty}^{y}f(s,t)\mathrm{d}s\mathrm{d}t, \tag{3.13}$$

则称 (X,Y) 为**二维连续型随机变量**,称 $f(x,y)$ 为 (X,Y) 的**联合概率密度**(或称**联合概率密度函数**).

在 $F(x,y)$ 偏导数存在的点处有

$$f(x,y)=\frac{\partial^2 F(x,y)}{\partial x \partial y}. \tag{3.14}$$

联合概率密度 $f(x,y)$ 具有下列基本性质:

(1) **非负性**　$f(x,y) \geqslant 0$;

(2) **正则性**　$\int_{-\infty}^{+\infty} \int_{-\infty}^{+\infty} f(x,y) \mathrm{d}x \mathrm{d}y = 1$.

反之,任意定义在整个平面上的二元函数 $f(x,y)$,如果具有以上两条性质,则它一定可作为某个二维连续型随机变量 (X,Y) 的联合概率密度.

给出联合概率密度 $f(x,y)$,就可以求出有关事件的概率了. 若 D 为平面上的一个区域,则事件 $\{(X,Y) \in D\}$ 的概率可表示为在 D 上对 $f(x,y)$ 的二重积分

$$P\{(X,Y) \in D\} = \iint\limits_{D} f(x,y) \mathrm{d}x \mathrm{d}y. \tag{3.15}$$

特别地,对于矩形区域 $D = \{(x,y) | a \leqslant x \leqslant b, c \leqslant y \leqslant d\}$,有

$$P\{a \leqslant X \leqslant b, c \leqslant Y \leqslant d\} = \int_a^b \int_c^d f(x,y) \mathrm{d}x \mathrm{d}y. \tag{3.16}$$

式(3.15)的几何意义是: $P\{(X,Y) \in D\}$ 的值等于以区域 D 为底,以曲面 $f(x,y)$ 为顶面的曲顶柱体的体积.

例 1　设二维随机变量 (X,Y) 的联合概率密度为

$$f(x,y) = \begin{cases} A \mathrm{e}^{-(2x+y)}, & x > 0, y > 0, \\ 0, & \text{其他}. \end{cases}$$

求:(1) 常数 A;(2) $P\{-1 \leqslant X \leqslant 1, -1 \leqslant Y \leqslant 1\}$;(3) $P\{X+Y \leqslant 1\}$;(4) (X,Y) 的联合分布函数 $F(x,y)$.

解　(1) 利用性质 $\int_{-\infty}^{+\infty} \int_{-\infty}^{+\infty} f(x,y) \mathrm{d}x \mathrm{d}y = 1$,可得

$$\int_0^{+\infty} \int_0^{+\infty} A \mathrm{e}^{-(2x+y)} \mathrm{d}x \mathrm{d}y = A \int_0^{+\infty} \mathrm{e}^{-2x} \mathrm{d}x \int_0^{+\infty} \mathrm{e}^{-y} \mathrm{d}y = \frac{A}{2} = 1,$$

所以, $A = 2$.

(2) $P\{-1 \leqslant X \leqslant 1, -1 \leqslant Y \leqslant 1\} = \int_{-1}^1 \int_{-1}^1 f(x,y) \mathrm{d}x \mathrm{d}y$

$$= \int_0^1 \int_0^1 2 \mathrm{e}^{-(2x+y)} \mathrm{d}x \mathrm{d}y$$

$$= \int_0^1 2 \mathrm{e}^{-2x} \mathrm{d}x \int_0^1 \mathrm{e}^{-y} \mathrm{d}y$$

$$= (1-\mathrm{e}^{-2})(1-\mathrm{e}^{-1}).$$

(3) $P\{X+Y \leqslant 1\} = \iint\limits_{x+y \leqslant 1} f(x,y) \mathrm{d}x \mathrm{d}y = \int_0^1 \int_0^{1-x} 2 \mathrm{e}^{-(2x+y)} \mathrm{d}x \mathrm{d}y$

$$= 1 - 2\mathrm{e}^{-1} + \mathrm{e}^{-2}.$$

(4) 当 $x > 0, y > 0$ 时,

$$F(x,y) = \int_{-\infty}^x \int_{-\infty}^y f(s,t) \mathrm{d}s \mathrm{d}t = \int_0^x \int_0^y 2 \mathrm{e}^{-(2s+t)} \mathrm{d}s \mathrm{d}t$$

$$= \int_0^x 2 \mathrm{e}^{-2s} \mathrm{d}s \int_0^y \mathrm{e}^{-t} \mathrm{d}t = (1-\mathrm{e}^{-2x})(1-\mathrm{e}^{-y}).$$

3.3 二维连续型随机变量

当 $(x,y) \notin \{(x,y) | x>0, y>0\}$ 时,$F(x,y)=0$,故
$$F(x,y) = \begin{cases} (1-e^{-2x})(1-e^{-y}), & x>0, y>0, \\ 0, & \text{其他}. \end{cases}$$

二、边缘概率密度

如果二维连续型随机变量 (X,Y) 的联合概率密度为 $f(x,y)$,则
$$F_X(x) = P\{X \leqslant x\} = P\{X \leqslant x, Y \leqslant +\infty\} = \int_{-\infty}^{x} \left[\int_{-\infty}^{+\infty} f(s,t) dt \right] ds.$$
上式表明:X 是连续型随机变量,其概率密度为
$$f_X(x) = F'_X(x) = \int_{-\infty}^{+\infty} f(x,y) dy. \tag{3.17}$$
同理,Y 是连续型随机变量,其概率密度为
$$f_Y(y) = F'_Y(y) = \int_{-\infty}^{+\infty} f(x,y) dx. \tag{3.18}$$
称由式(3.17)和式(3.18)给出的 $f_X(x), f_Y(y)$ 分别为 X,Y 的**边缘概率密度**.

三、条件概率密度

定义 3.7 设二维连续型随机变量 (X,Y) 的联合概率密度为 $f(x,y)$,边缘概率密度为 $f_X(x), f_Y(y)$,对于任意的 x,若 $f_X(x)>0$,则称
$$f_{Y|X}(y|x) = \frac{f(x,y)}{f_X(x)}, \quad -\infty<y<+\infty \tag{3.19}$$
为在条件 $X=x$ 下 Y 的**条件概率密度**,记为 $f_{Y|X}(y|x)$.

类似地,对于任意的 y,若 $f_Y(y)>0$,则称
$$f_{X|Y}(x|y) = \frac{f(x,y)}{f_Y(y)}, \quad -\infty<x<+\infty \tag{3.20}$$
为在条件 $Y=y$ 下 X 的**条件概率密度**,记为 $f_{X|Y}(x|y)$.

例 2 (2009)设二维随机变量 (X,Y) 的联合概率密度为
$$f(x,y) = \begin{cases} e^{-x}, & 0<y<x, \\ 0, & \text{其他}. \end{cases}$$
求:(1) X 的边缘概率密度;
(2) 条件概率密度 $f_{Y|X}(y|x)$;
(3) 条件概率 $P\{X \leqslant 1 | Y \leqslant 1\}$.

解 (1) 由式(3.17)得
当 $x \leqslant 0$ 时,$f_X(x) = 0$;
当 $x > 0$ 时,$f_X(x) = \int_{-\infty}^{+\infty} f(x,y) dy = \int_0^x e^{-x} dy = xe^{-x}$,

所以
$$f_X(x) = \begin{cases} xe^{-x}, & x>0, \\ 0, & x\leqslant 0. \end{cases}$$

(2) 由(1)知,当 $x>0$ 时 $f_X(x)>0$,所以,在 $X=x$ 下 Y 的条件概率密度为
$$f_{Y|X}(y|x) = \frac{f(x,y)}{f_X(x)} = \begin{cases} \dfrac{1}{x}, & 0<y<x, \\ 0, & \text{其他}. \end{cases}$$

(3) 由于 $P\{X\leqslant 1, Y\leqslant 1\} = \iint\limits_{x\leqslant 1, y\leqslant 1} f(x,y)\mathrm{d}x\mathrm{d}y$
$$= \int_0^1 \mathrm{d}x \int_0^x e^{-x}\mathrm{d}y = \int_0^1 xe^{-x}\mathrm{d}x = 1-2e^{-1},$$
$$P\{Y\leqslant 1\} = \iint\limits_{y\leqslant 1} f(x,y)\mathrm{d}x\mathrm{d}y = \int_0^1 \mathrm{d}y \int_y^{+\infty} e^{-x}\mathrm{d}x = -e^{-y}\Big|_0^1 = 1-e^{-1},$$
所以
$$P\{X\leqslant 1 | Y\leqslant 1\} = \frac{P\{X\leqslant 1, Y\leqslant 1\}}{P\{Y\leqslant 1\}} = \frac{1-2e^{-1}}{1-e^{-1}} = \frac{e-2}{e-1}.$$

四、两种重要的二维连续型分布

1. 二维均匀分布

若二维随机变量 (X,Y) 的联合概率密度为
$$f(x,y) = \begin{cases} \dfrac{1}{S_D}, & (x,y) \in D, \\ 0, & \text{其他}, \end{cases}$$

其中 S_D 为平面区域 D 的面积 $(0<S_D<+\infty)$,则称 (X,Y) 服从区域 D 上的**二维均匀分布**. 这时,(X,Y) 只可能在区域 D 内取值,并且 (X,Y) 取值于 D 内任何子区域的概率与该子区域的面积成正比,而与该子区域的具体位置无关,由第 1 章知,这是几何概率. 现在由二维均匀分布来描述,则
$$P\{(X,Y) \in G\} = \iint\limits_G f(x,y)\mathrm{d}x\mathrm{d}y = \iint\limits_G \frac{1}{S_D}\mathrm{d}x\mathrm{d}y = \frac{G \text{ 的面积}}{D \text{ 的面积}}.$$

这正是几何概率的计算公式.

例 3 设二维随机变量 (X,Y) 服从单位圆域 $D=\{(x,y)|x^2+y^2\leqslant 1\}$ 上的均匀分布. 求:(1) X 和 Y 的边缘概率密度;(2) $f_{Y|X}(y|x)$ 和 $f_{X|Y}(x|y)$.

解 依题设,(X,Y) 的联合概率密度为
$$f(x,y) = \begin{cases} \dfrac{1}{\pi}, & x^2+y^2\leqslant 1, \\ 0, & \text{其他}. \end{cases}$$

(1) 当 $x<-1$ 或 $x>1$ 时，$f(x,y)=0$，从而 $f_X(x)=0$；

当 $-1 \leqslant x \leqslant 1$ 时，$f_X(x) = \int_{-\infty}^{+\infty} f(x,y)\mathrm{d}y = \int_{-\sqrt{1-x^2}}^{\sqrt{1-x^2}} \frac{1}{\pi}\mathrm{d}y = \frac{2}{\pi}\sqrt{1-x^2}$.

于是，X 的边缘概率密度为

$$f_X(x) = \begin{cases} \dfrac{2}{\pi}\sqrt{1-x^2}, & -1 \leqslant x \leqslant 1, \\ 0, & \text{其他}. \end{cases}$$

对称地，可得 Y 的边缘概率密度为

$$f_Y(y) = \begin{cases} \dfrac{2}{\pi}\sqrt{1-y^2}, & -1 \leqslant y \leqslant 1, \\ 0, & \text{其他}. \end{cases}$$

(2) 对一切 $x(|x|<1)$，有

$$f_{Y|X}(y|x) = \frac{f(x,y)}{f_X(x)} = \begin{cases} \dfrac{1}{2\sqrt{1-x^2}}, & |y| \leqslant \sqrt{1-x^2}, \\ 0, & \text{其他}. \end{cases}$$

同理，对一切 $y(|y|<1)$，有

$$f_{X|Y}(x|y) = \frac{f(x,y)}{f_Y(y)} = \begin{cases} \dfrac{1}{2\sqrt{1-y^2}}, & |x| \leqslant \sqrt{1-y^2}, \\ 0, & \text{其他}. \end{cases}$$

2. 二维正态分布

若二维随机变量 (X,Y) 的联合概率密度为

$$f(x,y) = \frac{1}{2\pi\sigma_1\sigma_2\sqrt{1-\rho^2}} e^{-\frac{1}{2(1-\rho^2)}\left[\left(\frac{x-\mu_1}{\sigma_1}\right)^2 - 2\rho\left(\frac{x-\mu_1}{\sigma_1}\right)\left(\frac{y-\mu_2}{\sigma_2}\right) + \left(\frac{y-\mu_2}{\sigma_2}\right)^2\right]},$$

其中，$\mu_1,\mu_2,\sigma_1,\sigma_2,\rho$ 均是常数，且 $\sigma_1>0, \sigma_2>0, |\rho|<1$，则称 (X,Y) 服从参数为 $\mu_1,\mu_2,\sigma_1^2,\sigma_2^2,\rho$ 的**二维正态分布**，记为 $(X,Y) \sim N(\mu_1,\mu_2,\sigma_1^2,\sigma_2^2,\rho)$.

二维正态分布的联合概率密度函数 $z=f(x,y)$ 的几何图形是一张以 (μ_1,μ_2) 为极大值点的单峰钟形曲面(图 3-3)，很像一顶四周无限延伸的草帽.

例 4 设二维随机变量 $(X,Y) \sim N(0,0,1,1,\rho)$，求 X 和 Y 的边缘概率密度.

解 $f_X(x) = \int_{-\infty}^{+\infty} f(x,y)\mathrm{d}y = \int_{-\infty}^{+\infty} \frac{1}{2\pi\sqrt{1-\rho^2}} e^{-\frac{1}{2(1-\rho^2)}(x^2 - 2\rho xy + y^2)}\mathrm{d}y$

$= \dfrac{1}{\sqrt{2\pi}} e^{-\frac{x^2}{2}} \int_{-\infty}^{+\infty} \dfrac{1}{\sqrt{2\pi}\sqrt{1-\rho^2}} e^{-\frac{(y-\rho x)^2}{2(1-\rho^2)}} \mathrm{d}y.$

注意到上式积分号内的被积函数恰好是均值为 ρx，方差为 $1-\rho^2$ 的正态分布

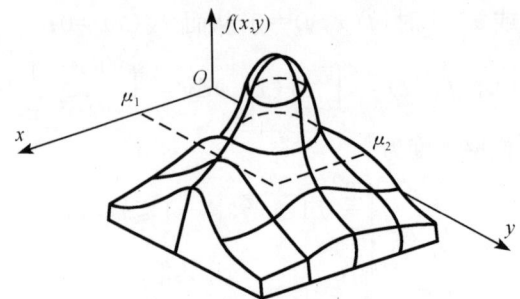

图 3-3 二维正态分布的联合概率密度函数

的概率密度,因此,该积分值为 1,于是

$$f_X(x)=\frac{1}{\sqrt{2\pi}}e^{-\frac{x^2}{2}}.$$

同理

$$f_Y(y)=\frac{1}{\sqrt{2\pi}}e^{-\frac{y^2}{2}}.$$

可见

$$X\sim N(0,1),\quad Y\sim N(0,1).$$

通过与例 4 类似的计算,可得如下结论:

(1) 二维正态分布的两个边缘分布均为一维正态分布,且它们的参数对应于二维正态分布的前 4 个参数;

(2) 不同的二维正态分布,如不同的 ρ,可以有相同的边缘分布,因此边缘分布不能唯一确定联合分布;

(3) 为了确定一个二维正态分布的联合概率密度,除了知道两个边缘分布以外,还需知道 ρ 的值;

*(4) 对于二维正态分布,其条件分布也是正态分布,即若 $(X,Y)\sim N(\mu_1,\mu_2,\sigma_1^2,\sigma_2^2,\rho)$,则在已知 $X=x$ 的条件下,Y 的条件分布也是正态分布 $N\left(\mu_2+\frac{\rho\sigma_2}{\sigma_1}(x-\mu_1),\sigma_2^2(1-\rho^2)\right)$. 同样,在已知 $Y=y$ 的条件下,X 的条件分布也是正态分布 $N\left(\mu_1+\frac{\rho\sigma_1}{\sigma_2}(y-\mu_2),\sigma_1^2(1-\rho^2)\right)$.

***例 5** 设二维随机变量 (X,Y) 的联合概率密度为

$$f(x,y)=\frac{1}{2\pi}e^{-\frac{1}{2}(x^2+y^2)}(1+\sin x\sin y).$$

求 X 和 Y 的边缘概率密度.

解 通过计算可得

$$f_X(x) = \int_{-\infty}^{+\infty} f(x,y)\mathrm{d}y = \frac{1}{\sqrt{2\pi}}\mathrm{e}^{-\frac{x^2}{2}},$$

$$f_Y(y) = \int_{-\infty}^{+\infty} f(x,y)\mathrm{d}x = \frac{1}{\sqrt{2\pi}}\mathrm{e}^{-\frac{y^2}{2}}.$$

此例说明,边缘分布均为正态分布的二维随机变量,其联合分布不一定是二维正态分布.

3.4 随机变量间的独立性

随机变量的独立性是概率统计中很重要的一个概念,借助于随机变量的相互独立性,可以更方便地研究随机变量的各种问题,尤其在数理统计中,随机变量的独立性应用更为广泛.当两个随机变量取值的规律互不影响时,就称它们是相互独立的.

一、两个随机变量相互独立的概念

定义 3.8 设 X,Y 是两个随机变量,如果对任意实数 x,y,都有
$$P\{X \leqslant x, Y \leqslant y\} = P\{X \leqslant x\} \cdot P\{Y \leqslant y\}, \tag{3.21}$$
即 (X,Y) 的联合分布函数 $F(x,y)$ 恰好等于两个边缘分布函数 $F_X(x)$ 与 $F_Y(y)$ 的乘积,则称随机变量 X 与 Y **相互独立**,简称 X 与 Y **独立**.

在许多情形下,随机变量是否独立,一般并不一定使用上述定义验证,而常常是根据有关理论、实际背景和直观理解来判断.例如,一颗骰子重复掷两次,出现的点数 X 和 Y 显然独立.假如直观上或理论上无法确定随机变量是否独立,则可以根据实际观测结果,利用统计检验的方法判断随机变量是否独立.

例 1 对于 3.3 节中的例 1,判断 X 与 Y 是否独立.

解 因为
$$F(x,y) = \begin{cases} (1-\mathrm{e}^{-2x})(1-\mathrm{e}^{-y}), & x>0, y>0, \\ 0, & \text{其他}, \end{cases}$$
所以
$$F_X(x) = F(x,+\infty) = \begin{cases} 1-\mathrm{e}^{-2x}, & x>0, \\ 0, & x \leqslant 0; \end{cases}$$
$$F_Y(y) = F(+\infty,y) = \begin{cases} 1-\mathrm{e}^{-y}, & y>0, \\ 0, & y \leqslant 0. \end{cases}$$

显然,对于 X,Y 的任意可能取值 x,y,都有 $F(x,y) = F_X(x) \cdot F_Y(y)$.故 X 与 Y 相互独立.

二、离散型随机变量独立的充要条件

定理 3.1 离散型随机变量 X 与 Y 相互独立的充分必要条件是:对一切的 i,

$j=1,2,\cdots$,都有下面的式子

$$p_{ij}=p_i. \cdot p_{\cdot j} \tag{3.22}$$

成立,其中 $p_{ij},p_i.,p_{\cdot j}$ 分别为二维离散型随机变量 (X,Y) 的联合概率分布与边缘概率分布.

此定理的证明略.但不难从随机变量 X 与 Y 独立的实际意义理解本定理的结论.

例2 对于 3.2 节中的例 1,判断 X 与 Y 是否独立.

解 (1) 在有放回取球的情况下,(X,Y) 的联合概率分布与边缘概率分布见表 3-6.

表 3-6 有放回取球时的联合概率分布与边缘概率分布表

X \ Y	0	1	$p_i.$
0	0.36	0.24	0.6
1	0.24	0.16	0.4
$p_{\cdot j}$	0.6	0.4	

从表 3-6 易知,$p_{ij}=p_i. \cdot p_{\cdot j}(i,j=1,2)$ 成立,故在有放回取球的情况下,X 与 Y 独立.这与问题的实际意义完全相符.

(2) 在无放回取球的情况下,(X,Y) 的联合概率分布与边缘概率分布见表 3-7.

表 3-7 无放回取球时的联合概率分布与边缘概率分布表

X \ Y	0	1	$p_i.$
0	0.3	0.3	0.6
1	0.3	0.1	0.4
$p_{\cdot j}$	0.6	0.4	

在表 3-7 中,由于 $P\{X=0,Y=0\}=0.3\neq 0.36=P\{X=0\} \cdot P\{Y=0\}$,故在无放回取球的情况下,$X$ 与 Y 不独立.这也与问题的实际意义完全相符.

此例表明:在有放回取球和无放回取球的两种情况下,其边缘概率分布完全相同,但联合概率分布却不同,这说明,一般情况下,联合概率分布不能由边缘概率分布唯一确定.但是,当 X 与 Y 独立时,由边缘概率分布就可以确定联合概率分布.

三、连续型随机变量独立的充要条件

设 (X,Y) 是二维连续型随机变量,$f(x,y),f_X(x),f_Y(y)$ 分别是 (X,Y) 的联

合概率密度和两个边缘概率密度.

这时,我们通常用下述方法来判断 X 与 Y 的独立性.

定理 3.2 连续型随机变量 X 与 Y 相互独立的充分必要条件是
$$f(x,y) = f_X(x) \cdot f_Y(y) \tag{3.23}$$
在平面上几乎处处成立,其中 $f(x,y), f_X(x), f_Y(y)$ 分别为二维连续型随机变量 (X,Y) 的联合概率密度与边缘概率密度.

此定理的证明略.

例 3 设 (X,Y) 服从单位圆域 $D = \{(x,y) \mid x^2 + y^2 \leq 1\}$ 上的均匀分布. 试判断 X 与 Y 是否独立.

解 依题设,(X,Y) 的概率密度为
$$f(x,y) = \begin{cases} \dfrac{1}{\pi}, & x^2 + y^2 \leq 1, \\ 0, & \text{其他}. \end{cases}$$

在 3.3 节的例 3 中已求得,X 与 Y 的边缘概率密度分别为
$$f_X(x) = \begin{cases} \dfrac{2}{\pi}\sqrt{1-x^2}, & -1 \leq x \leq 1, \\ 0, & \text{其他}, \end{cases} \quad f_Y(y) = \begin{cases} \dfrac{2}{\pi}\sqrt{1-y^2}, & -1 \leq y \leq 1, \\ 0, & \text{其他}. \end{cases}$$

因为 $f(0,0) = \dfrac{1}{\pi} \neq \dfrac{2}{\pi} \cdot \dfrac{2}{\pi} = f_X(0) \cdot f_Y(0)$,所以 X 与 Y 不独立.

四、二维正态随机变量的两个分量独立的充要条件

定理 3.3 若二维随机变量 $(X,Y) \sim N(\mu_1, \mu_2, \sigma_1^2, \sigma_2^2, \rho)$,则 X 与 Y 相互独立的充分必要条件是 $\rho = 0$.

证 由 3.3 节中例 4 的结论知,若 $(X,Y) \sim N(\mu_1, \mu_2, \sigma_1^2, \sigma_2^2, \rho)$,则 $X \sim N(\mu_1, \sigma_1^2), Y \sim N(\mu_2, \sigma_2^2)$,即 X 和 Y 的边缘概率密度分别为
$$f_X(x) = \frac{1}{\sqrt{2\pi}\sigma_1} e^{-\frac{(x-\mu_1)^2}{2\sigma_1^2}}, \quad f_Y(y) = \frac{1}{\sqrt{2\pi}\sigma_2} e^{-\frac{(y-\mu_2)^2}{2\sigma_2^2}}.$$

于是,当 $\rho = 0$ 时,$f(x,y) = f_X(x) \cdot f_Y(y)$,故 X 与 Y 独立.

反之,当 X 与 Y 独立时,由定理 3.2,有 $f(x,y) = f_X(x) \cdot f_Y(y)$,从而也有 $f(\mu_1, \mu_2) = f_X(\mu_1) \cdot f_Y(\mu_2)$,即
$$\frac{1}{2\pi\sigma_1\sigma_2\sqrt{1-\rho^2}} = \frac{1}{\sqrt{2\pi}\sigma_1} \cdot \frac{1}{\sqrt{2\pi}\sigma_2}.$$

于是 $\sqrt{1-\rho^2} = 1$,故 $\rho = 0$.

由此可见,二维正态分布中的参数 ρ 反映了二维正态随机变量的两个分量之间的联系. 在 3.6 节中,将会证明:ρ 恰好就是两个分量的相关系数.

*五、$n(n>2)$个随机变量相互独立的结论

关于两个随机变量的独立性的概念和讨论可以推广到 $n(n>2)$ 个随机变量的情形.

定义 3.9 设 $X_1,X_2,\cdots,X_n$ 是 n 个随机变量,其联合分布函数为 $F(x_1,x_2,\cdots,x_n)$,边缘分布函数为 $F_i(x_i)(i=1,2,\cdots)$,如果对任意实数 $x_1,x_2,\cdots,x_n$,恒有

$$F(x_1,x_2,\cdots,x_n)=F_1(x_1)F_2(x_2)\cdots F_n(x_n), \tag{3.24}$$

则称 $X_1,X_2,\cdots,X_n$ 相互独立.

在离散型情形,随机变量 $X_1,X_2,\cdots,X_n$ 相互独立的充分必要条件是:对其任意 n 个取值 $x_1,x_2,\cdots,x_n$,有

$$P\{X=x_1,X=x_2,\cdots,X=x_n\}=\prod_{i=1}^{n}P\{X=x_i\}. \tag{3.25}$$

在连续型情形,随机变量 $X_1,X_2,\cdots,X_n$ 相互独立的充分必要条件是:对任意 n 个实数 $x_1,x_2,\cdots,x_n$,有

$$f(x_1,x_2,\cdots,x_n)=f_1(x_1)f_2(x_2)\cdots f_n(x_n), \tag{3.26}$$

其中 $f(x_1,x_2,\cdots,x_n)$ 为 $(X_1,X_2,\cdots,X_n)$ 的联合概率密度,$f_i(x_i)$ 为 X_i 的边缘概率密度 $(i=1,2,\cdots,n)$.

3.5 二维随机变量函数的分布

设 (X,Y) 为二维随机变量,$g(x,y)$ 是一个二元函数,则 $Z=g(X,Y)$ 仍然是一个(一维)随机变量. 现在的问题是如何由 (X,Y) 的分布,求出 Z 的分布. 这是一类技巧性很强的工作,不仅对离散型和连续型情形有不同方法,而且对不同形式的函数 $g(X,Y)$ 常常要采用不同的方法,甚至有些方法只对特殊形式的函数 $g(*)$ 适用. 下面分两种情形以具体例子介绍这些方法.

一、二维离散型随机变量函数的分布

设 (X,Y) 是二维离散型随机变量,$g(x,y)$ 是一个二元函数,则 $Z=g(X,Y)$ 也是离散型随机变量. 如果 (X,Y) 的联合概率分布为

$$p_{ij}=P\{X=x_i,Y=y_j\},\quad i,j=1,2,\cdots,$$

记 $z_k(k=1,2,\cdots)$ 为 $Z=g(X,Y)$ 的所有可能取值,则 Z 的概率分布为

$$P\{Z=z_k\}=P\{g(X,Y)=z_k\}$$
$$=\sum_{g(x_i,y_j)=z_k}P\{X=x_i,Y=y_j\},\quad k=1,2,\cdots. \tag{3.27}$$

例 1 设二维随机变量 (X,Y) 的联合概率分布见表 3-8. 求 $Z_1=X-Y$ 及

3.5 二维随机变量函数的分布

$Z_2 = X \cdot Y$ 的概率分布.

表 3-8 例 1 的联合概率分布表

X \ Y	-1	1	2
0	0.25	0.1	0.3
1	0.15	0.15	0.05

解 Z_1 的取值为：$-2, -1, 0, 1, 2$，由式(3.27)，得 Z_1 的概率分布为

$P\{Z_1 = -2\} = P\{X - Y = -2\} = P\{X = 0, Y = 2\} = 0.3$,

$P\{Z_1 = -1\} = P\{X - Y = -1\}$
$\qquad = P\{X = 0, Y = 1\} + P\{X = 1, Y = 2\} = 0.1 + 0.05 = 0.15$,

$P\{Z_1 = 0\} = P\{X - Y = 0\} = P\{X = 1, Y = 1\} = 0.15$,

$P\{Z_1 = 1\} = P\{X - Y = 1\} = P\{X = 0, Y = -1\} = 0.25$,

$P\{Z_1 = 2\} = P\{X - Y = 2\} = P\{X = 1, Y = -1\} = 0.15$,

即 $Z_1 = X - Y$ 的概率分布为

Z_1	-2	-1	0	1	2
P	0.3	0.15	0.15	0.25	0.15

类似地，可得 $Z_2 = X \cdot Y$ 的概率分布为

Z_2	-1	0	1	2
P	0.15	0.65	0.15	0.05

例 2（泊松分布的可加性） 设 X 和 Y 分别服从参数为 λ_1 和 λ_2 的泊松分布，且 X 与 Y 独立，证明 $Z = X + Y$ 服从参数为 $\lambda_1 + \lambda_2$ 的泊松分布.

证 显然 $Z = X + Y$ 可取 $0, 1, 2$ 等所有非负整数. 由题设知

$$P\{X = k\} = \frac{\lambda_1^k}{k!} e^{-\lambda_1}, \quad k = 0, 1, 2, \cdots,$$

$$P\{Y = m\} = \frac{\lambda_2^m}{m!} e^{-\lambda_2}, \quad m = 0, 1, 2, \cdots,$$

于是

$$P\{Z = n\} = P\{X + Y = n\}$$
$$= \sum_{k=0}^{n} P\{X = k\} P\{Y = n - k\}$$
$$= \sum_{k=0}^{n} \frac{\lambda_1^k}{k!} \cdot \frac{\lambda_2^{n-k}}{(n-k)!} e^{-(\lambda_1 + \lambda_2)}$$

$$= \frac{1}{n!}e^{-(\lambda_1+\lambda_2)}\sum_{k=0}^{n}\frac{n!}{k!(n-k)!}\lambda_1^k\lambda_2^{n-k}$$

$$= \frac{(\lambda_1+\lambda_2)^n}{n!}e^{-(\lambda_1+\lambda_2)}, \quad n=0,1,2,\cdots.$$

故 $Z=X+Y$ 服从参数为 $\lambda_1+\lambda_2$ 的泊松分布.

二、二维连续型随机变量函数的分布

1. 一般方法

设 (X,Y) 为二维连续型随机变量,其联合概率密度函数为 $f(x,y)$,欲求 $Z=g(X,Y)$ 的概率密度 $f_Z(z)$. 其一般方法是如下的**分布函数法**.

先求出 $Z=g(X,Y)$ 的分布函数.

$$F_Z(z)=P\{Z\leqslant z\}=P\{g(X,Y)\leqslant z\}=P\{(X,Y)\in D_z\}$$
$$=\iint\limits_{D_z}f(x,y)\mathrm{d}x\mathrm{d}y. \tag{3.28}$$

其中 $D_z=\{(x,y)|g(x,y)\leqslant z\}$.

再求导,即可得 $Z=g(X,Y)$ 的概率密度为

$$f_Z(z)=F'_Z(z).$$

例3 设随机变量 $X\sim N(0,1), Y\sim N(0,1)$,且 X 与 Y 相互独立,求 $Z=\sqrt{X^2+Y^2}$ 的概率密度 $f_Z(z)$.

解 先求 $Z=\sqrt{X^2+Y^2}$ 的分布函数 $F_Z(z)$. 由于随机变量 X 与 Y 相互独立,因此 (X,Y) 的联合概率密度为

$$f(x,y)=f_X(x)\cdot f_Y(y)=\frac{1}{2\pi}e^{-\frac{x^2+y^2}{2}}.$$

由于 $Z=\sqrt{X^2+Y^2}$ 非负,因此

当 $z<0$ 时,$F_Z(z)=0$;

当 $z\geqslant 0$ 时,

$$F_Z(z)=P\{Z\leqslant z\}=\iint\limits_{\sqrt{x^2+y^2}\leqslant z}\frac{1}{2\pi}e^{-\frac{x^2+y^2}{2}}\mathrm{d}x\mathrm{d}y.$$

令 $x=r\cos\theta, y=r\sin\theta$,则 $\mathrm{d}x\mathrm{d}y=r\mathrm{d}r\mathrm{d}\theta$,从而

$$F_Z(z)=\frac{1}{2\pi}\int_0^{2\pi}\mathrm{d}\theta\int_0^z e^{-\frac{r^2}{2}}r\mathrm{d}r=\frac{1}{2\pi}\cdot 2\pi(1-e^{-\frac{z^2}{2}})=1-e^{-\frac{z^2}{2}}.$$

于是 Z 的分布函数为

$$F_Z(z)=\begin{cases}1-e^{-\frac{z^2}{2}}, & z\geqslant 0,\\ 0, & z<0,\end{cases}$$

3.5 二维随机变量函数的分布

从而 Z 的概率密度为

$$f_Z(z) = F'_Z(z) = \begin{cases} ze^{-\frac{z^2}{2}}, & z \geqslant 0, \\ 0, & z < 0. \end{cases}$$

注 以函数 $f_Z(z)$ 为概率密度的分布,称为瑞利分布.

例 4 (1999)设二维连续型随机变量 (X,Y) 服从矩形区域 D 上的均匀分布,其中,$D=\{(x,y)|0 \leqslant x \leqslant 2, 0 \leqslant y \leqslant 1\}$,求边长为 X 和 Y 的矩形面积 S 的概率密度 $f(s)$.

解 依题设,(X,Y) 的联合概率密度为

$$f(x,y) = \begin{cases} \dfrac{1}{2}, & (x,y) \in D, \\ 0, & (x,y) \notin D. \end{cases}$$

令 $F(s)$ 是面积 $S=XY$ 的分布函数,则

当 $s \leqslant 0$ 时,$F(s)=0$;

当 $s \geqslant 2$ 时,$F(s)=1$;

当 $0<s<2$ 时,如图 3-4 所示,有

$$\begin{aligned} F(s) &= P\{S \leqslant s\} = P\{XY \leqslant s\} = 1 - P\{XY > s\} \\ &= 1 - \iint_{xy>s} \frac{1}{2} \mathrm{d}x\mathrm{d}y = 1 - \frac{1}{2}\int_s^2 \mathrm{d}x \int_{\frac{s}{x}}^1 \mathrm{d}y \\ &= \frac{s}{2}(1+\ln 2 - \ln s). \end{aligned}$$

于是

$$F(s) = \begin{cases} 0, & s \leqslant 0, \\ \dfrac{s}{2}(1+\ln 2 - \ln s), & 0 < s < 2, \\ 1, & s \geqslant 2, \end{cases}$$

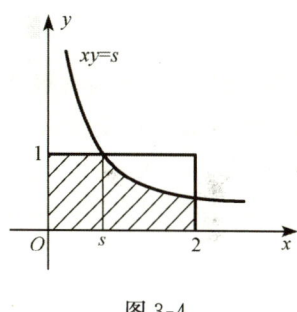

图 3-4

故边长为 X 和 Y 的矩形面积 S 的概率密度为

$$f(s) = F'(s) = \begin{cases} \dfrac{1}{2}(\ln 2 - \ln s), & 0 < s < 2, \\ 0, & \text{其他}. \end{cases}$$

2. 两个连续型随机变量之和的概率密度

设二维连续型随机变量 (X,Y) 的联合概率密度为 $f(x,y)$,以 $f_X(x)$ 和 $f_Y(y)$ 分别表示随机变量 X 和 Y 的概率密度. 欲求 $Z=X+Y$ 的概率密度 $f_Z(z)$.

先求 $Z=X+Y$ 分布函数,如图 3-5 所示,这时有

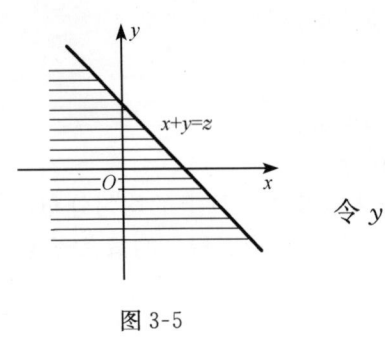

图 3-5

$$F_Z(z) = P\{Z \leqslant z\} = P\{X+Y \leqslant z\}$$
$$= \iint_{x+y \leqslant z} f(x,y) \mathrm{d}x \mathrm{d}y$$
$$= \int_{-\infty}^{+\infty} \mathrm{d}x \int_{-\infty}^{z-x} f(x,y) \mathrm{d}y,$$

令 $y = u - x$,则上述二重积分可化为

$$F_Z(z) = \int_{-\infty}^{+\infty} \mathrm{d}x \int_{-\infty}^{z} f(x,u-x) \mathrm{d}u$$
$$= \int_{-\infty}^{z} \left(\int_{-\infty}^{+\infty} f(x,u-x) \mathrm{d}x \right) \mathrm{d}u.$$

再求导,可得

$$f_Z(z) = F'_Z(z) = \int_{-\infty}^{+\infty} f(x,z-x) \mathrm{d}x. \tag{3.29}$$

由对称性,又可得

$$f_Z(z) = \int_{-\infty}^{+\infty} f(z-y,y) \mathrm{d}y. \tag{3.30}$$

特别地,当 X 与 Y 独立时,$f(x,y) = f_X(x) \cdot f_Y(y)$,这时

$$f_Z(z) = \int_{-\infty}^{+\infty} f_X(x) \cdot f_Y(z-x) \mathrm{d}x = \int_{-\infty}^{+\infty} f_X(z-y) \cdot f_Y(y) \mathrm{d}y. \tag{3.31}$$

通常把式(3.31)称为**卷积公式**.

例 5 设随机变量 $X \sim N(0,1), Y \sim N(0,1)$,且 X 与 Y 独立,求 $Z = X+Y$ 的概率密度 $f_Z(z)$.

解 由卷积公式(3.31)得

$$f_Z(z) = \int_{-\infty}^{+\infty} f_X(x) \cdot f_Y(z-x) \mathrm{d}x = \int_{-\infty}^{+\infty} \frac{1}{2\pi} \mathrm{e}^{-\frac{1}{2}[x^2+(z-x)^2]} \mathrm{d}x$$
$$= \frac{1}{2\pi} \mathrm{e}^{-\frac{z^2}{4}} \int_{-\infty}^{+\infty} \mathrm{e}^{-(x-\frac{z}{2})^2} \mathrm{d}x,$$

令 $\frac{t}{\sqrt{2}} = x - \frac{z}{2}$,则 $\mathrm{d}x = \frac{1}{\sqrt{2}} \mathrm{d}t$,于是

$$f_Z(z) = \frac{1}{2\pi} \mathrm{e}^{-\frac{z^2}{4}} \cdot \int_{-\infty}^{+\infty} \mathrm{e}^{-\frac{t^2}{2}} \frac{1}{\sqrt{2}} \mathrm{d}t = \frac{1}{2\sqrt{\pi}} \mathrm{e}^{-\frac{z^2}{4}} \cdot \int_{-\infty}^{+\infty} \frac{1}{\sqrt{2\pi}} \mathrm{e}^{-\frac{t^2}{2}} \mathrm{d}t$$
$$= \frac{1}{2\sqrt{\pi}} \mathrm{e}^{-\frac{z^2}{4}} \times 1 = \frac{1}{\sqrt{2\pi}\sqrt{2}} \mathrm{e}^{-\frac{z^2}{2\times 2}}.$$

上述结果表明:$Z = X+Y \sim N(0,2)$.

类似地,由卷积公式及数学归纳法可得到如下的重要结论:**正态分布的可加性**.

若 $X \sim N(\mu_1, \sigma_1^2), Y \sim N(\mu_2, \sigma_2^2)$,且 X 与 Y 独立,则 $X+Y$ 仍服从正态分布,

且有 $X+Y\sim N(\mu_1+\mu_2,\sigma_1^2+\sigma_2^2)$;这个结论还可以推广到有限个相互独立的正态随机变量之和;更一般地,任意 n 个相互独立的正态随机变量的线性组合仍是正态随机变量,即若 $X_i\sim N(\mu_i,\sigma_i^2)(i=1,2,\cdots,n)$,且它们相互独立,则

$$a_1X_1+a_2X_2+\cdots+a_nX_n \sim N(\sum_{i=1}^n a_i\mu_i,\sum_{i=1}^n a_i^2\sigma_i^2), \tag{3.32}$$

其中 $a_i(i=1,2,\cdots,n)$ 是常数.

3. 最大值与最小值的分布

例 6（最大值分布） 设 $X_1,X_2,\cdots,X_n$ 是相互独立的 n 个随机变量,若 $Y=\max\{X_1,X_2,\cdots,X_n\}$,试在以下情况下求 Y 的分布:

(1) $X_i\sim F_i(x), i=1,2,\cdots,n$;
(2) 各 X_i 同分布,即 $X_i\sim F(x), i=1,2,\cdots,n$;
(3) 各 X_i 为连续型随机变量,且 X_i 同分布,即 X_i 的概率密度均为 $f(x), i=1,2,\cdots,n$.

解 (1) $Y=\max\{X_1,X_2,\cdots,X_n\}$ 的分布函数为
$$F_Y(y)=P\{Y\leqslant y\}=P\{\max\{X_1,X_2,\cdots,X_n\}\leqslant y\}$$
$$=P\{X_1\leqslant y,X_2\leqslant y,\cdots,X_n\leqslant y\}$$

$$=P\{X_1\leqslant y\}P\{X_2\leqslant y\}\cdots P\{X_n\leqslant y\}=\prod_{i=1}^n F_i(y). \tag{3.33}$$

(2) 将 X_i 的共同分布 $F(x)$ 代入上式得
$$F_Y(y)=[F(y)]^n. \tag{3.34}$$

(3) Y 的分布函数仍为上式,Y 的概率密度可利用上式对 y 求导得
$$f_Y(y)=F_Y'(y)=n[F(y)]^{n-1}f(y). \tag{3.35}$$

例 7（最小值分布） 设 $X_1,X_2,\cdots,X_n$ 是相互独立的 n 个随机变量,若 $Y=\min\{X_1,X_2,\cdots,X_n\}$,试在以下情况下求 Y 的分布:

(1) $X_i\sim F_i(x), i=1,2,\cdots,n$;
(2) 各 X_i 同分布,即 $X_i\sim F(x), i=1,2,\cdots,n$;
(3) 各 X_i 为连续型随机变量,且 X_i 同分布,即 X_i 的概率密度为 $f(x), i=1,2,\cdots,n$.

解 (1) $Y=\min\{X_1,X_2,\cdots,X_n\}$ 的分布函数为
$$F_Y(y)=P\{Y\leqslant y\}=P\{\min\{X_1,X_2,\cdots,X_n\}\leqslant y\}$$
$$=1-P\{\min\{X_1,X_2,\cdots,X_n\}>y\}$$
$$=1-P\{X_1>y,X_2>y,\cdots,X_n>y\}$$
$$=1-P\{X_1>y\}P\{X_2>y\}\cdots P\{X_n>y\}.$$
$$=1-P\{X_1>y\}P\{X_2>y\}\cdots P\{X_n>y\}$$

$$= 1 - \prod_{i=1}^{n}[1-F_i(y)]. \tag{3.36}$$

(2) 将 X_i 的共同分布 $F(x)$ 代入上式得
$$F_Y(y) = 1 - [1-F(y)]^n. \tag{3.37}$$

(3) Y 的分布函数仍为上式,Y 的概率密度可利用上式对 y 求导得
$$f_Y(y) = F'_Y(y) = n[1-F(y)]^{n-1} f(y). \tag{3.38}$$

例 8 设随机变量 X_1, X_2, X_3, X_4 相互独立,且都服从参数为 1 的指数分布,求 $Z = \max\{X_1, X_2, X_3, X_4\}$ 的概率密度 $f_Z(z)$.

解 设 $X_i(i=1,2,3,4)$ 的概率密度为 $f_X(x)$,分布函数为 $F_X(x)$,则
$$f_X(x) = \begin{cases} e^{-x}, & x \geqslant 0, \\ 0, & x < 0, \end{cases}$$
$$F_X(x) = \begin{cases} 1 - e^{-x}, & x \geqslant 0, \\ 0, & x < 0, \end{cases}$$

于是
$$F_Z(z) = [F_X(z)]^4.$$

故
$$f_Z(z) = F'_Z(z) = 4[F_X(z)]^3 \cdot f_X(z) = \begin{cases} 4e^{-z}(1-e^{-z})^3, & z \geqslant 0, \\ 0, & z < 0. \end{cases}$$

*三、两个连续型随机变量之差、积与商的概率密度

设二维连续型随机变量 (X,Y) 的联合概率密度为 $f(x,y)$,随机变量 X 与 Y 的概率密度分别为 $f_X(x)$ 和 $f_Y(y)$,与两个连续型随机变量之和的概率密度公式推导类似,可以证明差、积与商的如下公式.

(1) 两个随机变量之差 $Z = X - Y$ 是连续型随机变量,其概率密度为
$$f(z) = \int_{-\infty}^{+\infty} f(z+y, y) \mathrm{d}y; \tag{3.39}$$

(2) 两个随机变量之积 $Z = XY$ 是连续型随机变量,其概率密度为
$$f(z) = \int_{-\infty}^{+\infty} f\left(x, \frac{z}{x}\right) \cdot \frac{1}{|x|} \mathrm{d}x = \int_{-\infty}^{+\infty} f\left(\frac{z}{y}, y\right) \cdot \frac{1}{|y|} \mathrm{d}y; \tag{3.40}$$

(3) 两个随机变量之商 $Z = X/Y$ 是连续型随机变量,其概率密度为
$$f(z) = \int_{-\infty}^{+\infty} f(yz, y) \cdot |y| \mathrm{d}y. \tag{3.41}$$

例 9 设随机变量 $X \sim N(0,1), Y \sim N(0,1)$,且 X 与 Y 独立,求 $Z = X/Y$ 概率密度 $f_Z(z)$.

解 直接利用式(3.41),得

$$f_Z(z) = \int_{-\infty}^{+\infty} \varphi(yz) \cdot \varphi(y) \cdot |y| \, \mathrm{d}y = \frac{1}{2\pi} \int_{-\infty}^{+\infty} |y| \cdot \mathrm{e}^{-\frac{1}{2}y^2(1+z^2)} \, \mathrm{d}y$$

$$= \frac{1}{\pi} \int_0^{+\infty} y \cdot \mathrm{e}^{-\frac{1}{2}y^2(1+z^2)} \, \mathrm{d}y = \frac{1}{\pi(1+z^2)} \int_0^{+\infty} \mathrm{e}^{-t} \, \mathrm{d}t = \frac{1}{\pi(1+z^2)},$$

其中 $\varphi(x)$ 是标准正态分布的概率密度. 所得函数 $f_Z(z)$ 为概率密度的分布,称为柯西(Cauchy)分布.

3.6 二维随机变量的数字特征

对于二维随机变量 (X,Y),除了讨论分量 X 和 Y 的期望、方差、标准差以外,还有两个随机变量间的关联程度,即协方差与相关系数,这是一种反映两个随机变量相依关系的数字特征,要特别注意.

一、两个随机变量的函数的期望公式

在第 2 章中,求一维随机变量函数 $Y = g(X)$ 的数学期望时,定理 2.2 发挥了重要的作用. 现在求二维随机变量函数 $Z = g(X,Y)$ 的数学期望 $E(Z)$,下面的定理也起着很重要的作用,利用此定理可以不需要求随机变量函数 $Z = g(X,Y)$ 的分布. 此定理的证明超出了本课程的要求,在此略去其证明过程.

定理 3.4 如果 (X,Y) 是二维离散型随机变量,其联合概率分布为 $p_{ij} = P\{X=x_i, Y=y_j\}$ $(i,j=1,2,\cdots)$,则 $Z = g(X,Y)$ 的数学期望为

$$E(Z) = E[g(X,Y)] = \sum_i \sum_j g(x_i, y_j) p_{ij}. \tag{3.42}$$

如果 (X,Y) 是二维连续型随机变量,其联合概率密度为 $f(x,y)$,则 $Z = g(X,Y)$ 的数学期望为

$$E(Z) = E[g(X,Y)] = \int_{-\infty}^{+\infty} \int_{-\infty}^{+\infty} g(x,y) f(x,y) \, \mathrm{d}x \mathrm{d}y. \tag{3.43}$$

这里所涉及的数学期望都假设存在.

特别地,对于连续型随机变量(离散型随机变量也类似)有

(1) 当 $g(X,Y) = X$ 时,可得 X 的数学期望为

$$E(X) = \int_{-\infty}^{+\infty} \int_{-\infty}^{+\infty} x f(x,y) \, \mathrm{d}x \mathrm{d}y = \int_{-\infty}^{+\infty} x f_X(x) \, \mathrm{d}x. \tag{3.44}$$

(2) 当 $g(X,Y) = (X-E(X))^2$ 时,可得 X 的方差为

$$D(X) = \int_{-\infty}^{+\infty} \int_{-\infty}^{+\infty} (x-E(X))^2 f(x,y) \, \mathrm{d}x \mathrm{d}y$$

$$= \int_{-\infty}^{+\infty} (x-E(X))^2 f_X(x) \, \mathrm{d}x. \tag{3.45}$$

类似地,可给出 Y 的数学期望与方差的公式.

例1 设随机变量 $X \sim N(0,1), Y \sim N(0,1)$，且 X 与 Y 相互独立，令 $Z = \sqrt{X^2 + Y^2}$，求 Z 的数学期望和方差.

解 由于随机变量 X 与 Y 相互独立，所以 (X,Y) 的联合概率密度为

$$f(x,y) = f_X(x) \cdot f_Y(y) = \frac{1}{2\pi} e^{-\frac{x^2+y^2}{2}}.$$

直接利用式(3.43)，得

$$\begin{aligned}
E(Z) &= \int_{-\infty}^{+\infty} \int_{-\infty}^{+\infty} \sqrt{x^2+y^2} \cdot \frac{1}{2\pi} e^{-\frac{1}{2}(x^2+y^2)} \mathrm{d}x \mathrm{d}y \\
&= \int_0^{2\pi} \mathrm{d}\theta \int_0^{+\infty} r \cdot \frac{1}{2\pi} e^{-\frac{r^2}{2}} \cdot r \mathrm{d}r \quad (x = r\cos\theta, y = r\sin\theta) \\
&= \int_0^{+\infty} r^2 \cdot e^{-\frac{r^2}{2}} \mathrm{d}r = \frac{\sqrt{2\pi}}{2},
\end{aligned}$$

$$\begin{aligned}
E(Z^2) &= \int_{-\infty}^{+\infty} \int_{-\infty}^{+\infty} (x^2+y^2) \cdot \frac{1}{2\pi} e^{-\frac{1}{2}(x^2+y^2)} \mathrm{d}x \mathrm{d}y \\
&= \int_0^{2\pi} \mathrm{d}\theta \int_0^{+\infty} r^2 \cdot \frac{1}{2\pi} e^{-\frac{r^2}{2}} \cdot r \mathrm{d}r \quad (x = r\cos\theta, y = r\sin\theta) \\
&= 2,
\end{aligned}$$

于是

$$D(Z) = E(Z^2) - [E(Z)]^2 = 2 - \frac{\pi}{2}.$$

二、数学期望与方差的运算性质

在第 2 章中曾给出了数学期望与方差的一些简单性质，在此利用定理 3.4，就可以给出数学期望与方差的一些运算性质. 以下均假定有关的数学期望与方差存在.

性质 1 设 (X,Y) 为二维随机变量，则

$$E(X+Y) = E(X) + E(Y). \tag{3.46}$$

证 不妨设 (X,Y) 为连续型随机变量（对离散型随机变量可作类似证明），其联合概率密度为 $f(x,y)$，边缘概率密度分别为 $f_X(x)$ 和 $f_Y(y)$，则由定理 3.4 可得

$$\begin{aligned}
E(X+Y) &= \int_{-\infty}^{+\infty} \int_{-\infty}^{+\infty} (x+y) f(x,y) \mathrm{d}x \mathrm{d}y \\
&= \int_{-\infty}^{+\infty} x \left(\int_{-\infty}^{+\infty} f(x,y) \mathrm{d}y \right) \mathrm{d}x + \int_{-\infty}^{+\infty} y \left(\int_{-\infty}^{+\infty} f(x,y) \mathrm{d}x \right) \mathrm{d}y \\
&= \int_{-\infty}^{+\infty} x f_X(x) \mathrm{d}x + \int_{-\infty}^{+\infty} y f_Y(y) \mathrm{d}y = E(X) + E(Y).
\end{aligned}$$

3.6 二维随机变量的数字特征

性质 2 若随机变量 X 与 Y 相互独立,则有
$$E(XY)=E(X)\cdot E(Y). \tag{3.47}$$

证 不妨设 (X,Y) 为连续型随机变量(对离散型随机变量可作类似证明),其联合概率密度为 $f(x,y)$,边缘概率密度分别为 $f_X(x)$ 和 $f_Y(y)$,则由 X 与 Y 独立可知,$f(x,y)=f_X(x)f_Y(y)$,于是由定理 3.4 可得

$$\begin{aligned}E(XY) &= \int_{-\infty}^{+\infty}\int_{-\infty}^{+\infty}xyf(x,y)\mathrm{d}x\mathrm{d}y \\ &= \int_{-\infty}^{+\infty}xf_X(x)\mathrm{d}x\cdot\int_{-\infty}^{+\infty}yf_Y(y)\mathrm{d}y=E(X)\cdot E(Y).\end{aligned}$$

性质 3 设 X,Y 是任意两个随机变量,则有
$$D(X\pm Y)=D(X)+D(Y)\pm 2E[(X-E(X))(Y-E(Y))]. \tag{3.48}$$
特别地,当 X 与 Y 独立时,有
$$D(X\pm Y)=D(X)+D(Y). \tag{3.49}$$

证 由性质 1 得

$$\begin{aligned}D(X+Y) &= E[X+Y-E(X+Y)]^2 \\ &= E[(X-E(X))+(Y-E(Y))]^2 \\ &= D(X)+D(Y)+2E[(X-E(X))(Y-E(Y))].\end{aligned}$$

当 X 与 Y 独立时,有

$$\begin{aligned}&E[(X-E(X))(Y-E(Y))] \\ &= E[XY-XE(Y)-YE(X)+E(X)E(Y)] \\ &= E(XY)-E(X)E(Y)-E(Y)E(X)+E(X)E(Y) \\ &= E(X)E(Y)-E(X)E(Y)=0.\end{aligned}$$

故
$$D(X+Y)=D(X)+D(Y).$$
同理有
$$D(X-Y)=D(X)+D(Y).$$

上述性质可以推广到 n 个随机变量的情形,即

(1) 若 $X_1,X_2,\cdots,X_n$ 是任意 n 个随机变量,则有
$$E(X_1+X_2+\cdots+X_n)=E(X_1)+E(X_2)+\cdots+E(X_n). \tag{3.50}$$

(2) 若 $X_1,X_2,\cdots,X_n$ 是 n 个相互独立的随机变量,则有
$$E(X_1X_2\cdots X_n)=E(X_1)\cdot E(X_2)\cdot\cdots\cdot E(X_n). \tag{3.51}$$

(3) 若 $X_1,X_2,\cdots,X_n$ 是 n 个相互独立的随机变量,则有
$$D(X_1\pm X_2\pm\cdots\pm X_n)=D(X_1)+D(X_2)+\cdots+D(X_n). \tag{3.52}$$

式(4.52)表明:对独立随机变量来说,它们之间无论是相加或相减,其方差总是逐个累加起来,不可能有所减少.

例 2 已知随机变量 X_1, X_2, X_3 相互独立,且 $X_1 \sim U(0,6), X_2 \sim N(1,3)$, $X_3 \sim \mathrm{Exp}(3)$,求 $Y = X_1 - 2X_2 + 3X_3$ 的数学期望与方差.

解 由数学期望与方差的运算性质得

$$E(Y) = E(X_1 - 2X_2 + 3X_3) = 3 - 2 \times 1 + 3 \times \frac{1}{3} = 2,$$

$$D(Y) = D(X_1 - 2X_2 + 3X_3) = \frac{6^2}{12} + 4 \times 3 + 9 \times \frac{1}{9} = 16.$$

将一个随机变量写成几个随机变量的和,然后再利用数学期望的性质进行计算,可以使复杂的计算变得简单.

例 3 假设 n 个信封内分别装有发给 n 个考生的录取通知书,但信封上各收信人的地址是随机填写的. 以 X 表示收到各自通知书的人数,求 X 的数学期望.

解 记事件 $A_k = \{$第 k 封信的地址与内容一致$\}$. 第 k 个人的通知书随意装入 n 个信封中的一个封信,恰好装进写有其地址的信封的概率等于 $1/n$,故 $P(A_k) = \frac{1}{n}$. 引进随机变量

$$X_k = \begin{cases} 1, & \text{若事件 } A_k \text{ 发生}, \\ 0, & \text{若事件 } A_k \text{ 不发生}, \end{cases} \quad k = 1, 2, \cdots, n,$$

则 $X = X_1 + X_2 + \cdots + X_n$. 由于

$$P\{X_k = 1\} = P(A_k) = \frac{1}{n}, \quad E(X_k) = 1 \cdot P\{X_k = 1\} = \frac{1}{n},$$

于是

$$E(X) = E(X_1 + X_2 + \cdots + X_n) = n \times \frac{1}{n} = 1.$$

该题的解法具有典型性:求解时并没有直接利用 X 的概率分布,仅利用数学期望的性质. 当然,也可以先求 X 的概率分布,然后再根据定义求数学期望. 然而,求概率分布需要相当繁杂的计算,并且由此概率分布求数学期望也并非易事.

三、协方差

1. 协方差的概念

对二维随机变量 (X,Y) 来说,数学期望 $E(X), E(Y)$ 只反映了 X 与 Y 各自的平均值,方差 $D(X), D(Y)$ 只反映了 X 与 Y 各自离开均值的偏离程度,它们对 X 与 Y 之间相互联系不提供任何信息. 前面已经指出,二维随机变量 (X,Y) 的联合概率密度 $f(x,y)$ 或联合概率分布 p_{ij} 全面地描述了 (X,Y) 的统计规律,其中包含 X 与 Y 相互联系的信息. 如同数学期望与方差一样,当然也希望有一个数字特征能够在一定程度上反映这种联系. 由前述可知,当两个随机变量 X 与 Y 相互独立

3.6 二维随机变量的数字特征

时,数值 $E[(X-E(X))(Y-E(Y))]=0$,也就是说,当 $E[(X-E(X))(Y-E(Y))]\neq 0$ 时,X 与 Y 肯定不独立.这说明数值 $E[(X-E(X))(Y-E(Y))]$ 在一定程度上反映了两个随机变量 X 与 Y 相互间的联系,据此引入下述定义.

定义 3.10 设 (X,Y) 是一个二维随机变量,若 $E[(X-E(X))(Y-E(Y))]$ 存在,则称该数学期望为 X 与 Y 的**协方差**,或称为 X 与 Y 的**相关矩**,记为 $\text{Cov}(X,Y)$ 或 σ_{XY},即

$$\sigma_{XY}=\text{Cov}(X,Y)=E[(X-E(X))(Y-E(Y))]. \tag{3.53}$$

式(3.53)可化简为

$$\sigma_{XY}=\text{Cov}(X,Y)=E(XY)-E(X)E(Y). \tag{3.54}$$

从协方差的定义可以看出,它是 X 的偏差"$X-E(X)$"与 Y 的偏差"$Y-E(Y)$"乘积的数学期望,由于偏差可正可负,故协方差可正可负,也可为零,其具体含义如下:

当 $\text{Cov}(X,Y)>0$ 时,称 X 与 Y **正相关**;当 $\text{Cov}(X,Y)<0$ 时,称 X 与 Y **负相关**.当 $\text{Cov}(X,Y)=0$ 时,称 X 与 Y **不相关**.

由协方差的定义及方差的性质可知,对任意两个随机变量 X 与 Y,下面的事实是等价的:

(1) $\text{Cov}(X,Y)=0$;
(2) X 与 Y 不相关;
(3) $E(XY)=E(X)E(Y)$;
(4) $D(X+Y)=D(X)+D(Y)$.

显然,X 与 Y 相互独立,必有 X 与 Y 不相关.但 X 与 Y 不相关,却不能保证 X 与 Y 相互独立.进一步,将会了解到 X 与 Y 不相关,仅能说明 X 与 Y 无线性意义上的关联.

例 4 设 (X,Y) 服从单位圆域 $D=\{(x,y)\mid x^2+y^2\leqslant 1\}$ 上的均匀分布.试证:X 与 Y 不相关.

证 依题设,(X,Y) 的概率密度为

$$f(x,y)=\begin{cases}\dfrac{1}{\pi}, & x^2+y^2\leqslant 1,\\ 0, & \text{其他}.\end{cases}$$

又由于奇函数在对称区间上的积分为零,于是

$$E(X)=\int_{-\infty}^{+\infty}\int_{-\infty}^{+\infty}xf(x,y)\mathrm{d}x\mathrm{d}y=\frac{1}{\pi}\iint\limits_{D}x\mathrm{d}x\mathrm{d}y=0,$$

$$E(Y)=\int_{-\infty}^{+\infty}\int_{-\infty}^{+\infty}yf(x,y)\mathrm{d}x\mathrm{d}y=\frac{1}{\pi}\iint\limits_{D}y\mathrm{d}x\mathrm{d}y=0,$$

$$E(XY)=\int_{-\infty}^{+\infty}\int_{-\infty}^{+\infty}xyf(x,y)\mathrm{d}x\mathrm{d}y=\frac{1}{\pi}\iint\limits_{D}xy\mathrm{d}x\mathrm{d}y=0.$$

于是
$$\mathrm{Cov}(X,Y) = E(XY) - E(X)E(Y) = 0.$$
故 X 与 Y 不相关.

2. 协方差的性质

(1) 若 X 与 Y 相互独立,则 $\mathrm{Cov}(X,Y)=0$,反之不成立.

(2) 对于任意常数 a,有
$$\mathrm{Cov}(X,a) = 0.$$

(3) 对称性 $\mathrm{Cov}(X,Y) = \mathrm{Cov}(Y,X)$.

(4) 对于任意常数 a 和 b,有
$$\mathrm{Cov}(aX,bY) = ab\mathrm{Cov}(X,Y).$$

(5) 对于任意随机变量 X,Y,Z,有
$$\mathrm{Cov}(X+Y,Z) = \mathrm{Cov}(X,Z) + \mathrm{Cov}(Y,Z),$$
$$\mathrm{Cov}(X,Y+Z) = \mathrm{Cov}(X,Y) + \mathrm{Cov}(X,Z).$$

(6) 对于任意随机变量 X,Y,有柯西-施瓦茨(Cauchy-Schwarz)不等式
$$|\mathrm{Cov}(X,Y)| \leqslant \sqrt{D(X)} \cdot \sqrt{D(Y)}. \tag{3.55}$$

证 性质(1)~(5)的证明由读者自己完成. 这里只证明性质(6).

考虑实变量 t 的二次函数
$$f(t) = D(Y-tX) = t^2 D(X) - 2t\sigma_{XY} + D(Y).$$

因为对一切实变量 t,有 $D(Y-tX) \geqslant 0$,所以 $f(t) \geqslant 0$,故二次方程 $f(t)=0$ 或者没有实根,或者只有一个二重根,由此知它的判别式非正,即
$$(2\sigma_{XY})^2 - 4 \cdot D(X) \cdot D(Y) \leqslant 0,$$
故
$$|\mathrm{Cov}(X,Y)| \leqslant \sqrt{D(X)} \cdot \sqrt{D(Y)}.$$

例 5 设二维随机变量 (X,Y) 的联合概率密度为
$$f(x,y) = \begin{cases} 3x, & 0<y<x<1, \\ 0, & \text{其他}. \end{cases}$$
求 $\mathrm{Cov}(X,Y)$.

解 利用协方差的计算公式,需要先计算 $E(X),E(Y),E(XY)$ 的值,它们可以通过 $f(x,y)$ 先得到 $f_X(x),f_Y(y)$,再计算;也可以直接用 $f(x,y)$ 导出,但要注意积分限的确定,具体如下:

$$E(X) = \int_0^1 \mathrm{d}x \int_0^x x \cdot 3x \mathrm{d}y = \int_0^1 3x^3 \mathrm{d}x = \frac{3}{4},$$

$$E(Y) = \int_0^1 \mathrm{d}x \int_0^x y \cdot 3x \mathrm{d}y = \int_0^1 \frac{3}{2} x^3 \mathrm{d}x = \frac{3}{8},$$

$$E(XY) = \int_0^1 dx \int_0^x xy \cdot 3x\,dy = \int_0^1 \frac{3}{2}x^4\,dx = \frac{3}{10}.$$

因此

$$\mathrm{Cov}(X,Y) = \frac{3}{10} - \frac{3}{4} \times \frac{3}{8} = \frac{3}{160}.$$

四、相关系数

1. 相关系数的概念

协方差的数值虽然在一定程度上反映了 X 与 Y 相互间的联系，但它还受 X 与 Y 本身数值大小的影响. 比如，X 和 Y 同时变化为原来的 $k(k \neq 0)$ 倍，即 $X_1 = kX, Y_1 = kY$，这时，X_1 与 Y_1 间的相互联系和 X 与 Y 间的相互联系应该是一样的，可是反映这种联系的协方差却变化到了原来的 k^2 倍，即

$$\mathrm{Cov}(X_1, Y_1) = k^2 \mathrm{Cov}(X, Y).$$

为了克服这一缺点及消除量纲的影响，自然的一种想法就是在计算随机变量 X 与 Y 的协方差之前，先对 X 与 Y 进行"标准化"，就得到了一个新的概念——相关系数.

定义 3.11 设 (X, Y) 是二维随机变量，且 $D(X) > 0, D(Y) > 0$，则称

$$\rho_{XY} = \frac{\mathrm{Cov}(X,Y)}{\sqrt{D(X)}\sqrt{D(Y)}} \tag{3.56}$$

为随机变量 X 与 Y 的**相关系数**.

从定义 3.11 可看出：相关系数 ρ_{XY} 与 $\mathrm{Cov}(X, Y)$ 是同符号的，这说明从相关系数的数值也可反映出 X 与 Y 的正相关、负相关和不相关.

令 $X^* = \dfrac{X - E(X)}{\sqrt{D(X)}}, Y^* = \dfrac{Y - E(Y)}{\sqrt{D(Y)}}$，则有 $E(X^*) = 0, D(X^*) = 1, E(Y^*) = 0, D(Y^*) = 1$. 易知 $\rho_{XY} = \mathrm{Cov}(X^*, Y^*)$，于是可得相关系数的另一种解释：相关系数是相应标准化随机变量的协方差，即 X 与 Y 的**标准协方差**.

例 6 设 X, Y 是两个随机变量，且 $Y = aX + b$，其中 $a, b(a \neq 0)$ 是常数，$D(X)$ 存在且不为零，求 X 与 Y 的相关系数.

解 $\mathrm{Cov}(X, Y) = \mathrm{Cov}(X, aX + b) = a\mathrm{Cov}(X, X) = aD(X), D(Y) = D(aX + b) = a^2 D(X)$，于是

$$\rho_{XY} = \frac{\mathrm{Cov}(X,Y)}{\sqrt{D(X)}\sqrt{D(Y)}} = \frac{aD(X)}{\sqrt{D(X)}\sqrt{a^2 D(X)}} = \frac{a}{|a|}.$$

故当 $a > 0$ 时，$\rho_{XY} = 1$；当 $a < 0$ 时，$\rho_{XY} = -1$.

例 7 设随机变量 Z 服从区间 $[0, 2\pi]$ 上的均匀分布. 令 $X = \sin Z, Y = \cos Z$,

求 X 与 Y 的相关系数 ρ_{XY}.

解 随机变量 Z 的概率密度为

$$f(z)=\begin{cases}\dfrac{1}{2\pi}, & 0\leqslant z\leqslant 2\pi,\\ 0, & \text{其他}.\end{cases}$$

$$E(X)=\int_{-\infty}^{+\infty}\sin z f(z)\mathrm{d}z=\int_0^{2\pi}\frac{1}{2\pi}\sin z\mathrm{d}z=0,$$

$$E(Y)=\int_{-\infty}^{+\infty}\cos z f(z)\mathrm{d}z=\int_0^{2\pi}\frac{1}{2\pi}\cos z\mathrm{d}z=0,$$

$$E(X^2)=\int_{-\infty}^{+\infty}\sin^2 z f(z)\mathrm{d}z=\int_0^{2\pi}\frac{1}{2\pi}\sin^2 z\mathrm{d}z=\frac{1}{2},$$

$$D(X)=E(X^2)-[E(X)]^2=\frac{1}{2}.$$

类似地

$$D(Y)=\frac{1}{2},$$

$$E(XY)=\int_0^{2\pi}\frac{1}{2\pi}\sin z\cos z\mathrm{d}z=0,$$

$$\mathrm{Cov}(X,Y)=E(XY)-E(X)E(Y)=0.$$

$$\rho_{XY}=\frac{\mathrm{Cov}(X,Y)}{\sqrt{D(X)}\sqrt{D(Y)}}=0.$$

但是,$X^2+Y^2=1$,显然 X 与 Y 不独立.

例 8 设二维随机变量 $(X,Y)\sim N(\mu_1,\mu_2,\sigma_1^2,\sigma_2^2,\rho)$,证明:$X$ 与 Y 的相关系数 $\rho_{XY}=\rho$.

*证 因 $X\sim N(\mu_1,\sigma_1^2)$,$Y\sim N(\mu_2,\sigma_2^2)$,故只需计算 X 与 Y 的协方差. 令

$$U=\frac{X-\mu_1}{\sigma_1},\quad V=\frac{Y-\mu_2}{\sigma_2},$$

则由 $E(U)=E(V)=0,D(U)=D(V)=1$,并令 $t=\dfrac{v-\rho u}{\sqrt{1-\rho^2}}$,得

$$\begin{aligned}\mathrm{Cov}(U,V)&=E(UV)=\frac{1}{2\pi\sqrt{1-\rho^2}}\int_{-\infty}^{+\infty}\int_{-\infty}^{+\infty}uv\exp\left\{-\frac{u^2-2\rho uv+v^2}{2(1-\rho^2)}\right\}\mathrm{d}u\mathrm{d}v\\ &=\frac{1}{2\pi\sqrt{1-\rho^2}}\int_{-\infty}^{+\infty}u\mathrm{d}u\int_{-\infty}^{+\infty}v\exp\left\{-\frac{u^2-2\rho uv+v^2}{2(1-\rho^2)}\right\}\mathrm{d}v\\ &=\frac{1}{2\pi\sqrt{1-\rho^2}}\int_{-\infty}^{+\infty}u\mathrm{e}^{-\frac{u^2}{2}}\mathrm{d}u\int_{-\infty}^{+\infty}v\exp\left\{-\frac{(v-\rho u)^2}{2(1-\rho^2)}\right\}\mathrm{d}v\end{aligned}$$

3.6 二维随机变量的数字特征

$$= \frac{1}{\sqrt{2\pi}} \int_{-\infty}^{+\infty} u e^{-\frac{u^2}{2}} du \int_{-\infty}^{+\infty} \frac{1}{\sqrt{2\pi}} (t\sqrt{1-\rho^2} + \rho u) e^{-\frac{t^2}{2}} dt$$

$$= \frac{\rho}{\sqrt{2\pi}} \int_{-\infty}^{+\infty} u^2 e^{-\frac{u^2}{2}} du = \rho E(U^2) = \rho D(U) = \rho.$$

$$\text{Cov}(X,Y) = \text{Cov}(\sigma_1 U + \mu_1, \sigma_2 V + \mu_2) = \text{Cov}(\sigma_1 U, \sigma_2 V)$$
$$= \sigma_1 \sigma_2 \text{Cov}(U,V) = \rho \sigma_1 \sigma_2.$$

于是,X 与 Y 的相关系数为

$$\rho_{XY} = \frac{\text{Cov}(X,Y)}{\sqrt{D(X)}\sqrt{D(Y)}} = \frac{\rho \sigma_1 \sigma_2}{\sigma_1 \sigma_2} = \rho.$$

这样二维正态分布中的 5 个参数都有了明确的概率意义:

$$E(X) = \mu_1, \quad E(Y) = \mu_2, \quad D(X) = \sigma_1^2, \quad D(Y) = \sigma_2^2, \quad \rho = \frac{\text{Cov}(X,Y)}{\sigma_1 \sigma_2}.$$

由此可知,二维正态分布中的参数 ρ 恰好就是 X 与 Y 的相关系数. 而由定理 3.3 可知,如果 (X,Y) 是二维正态分布,则 X 与 Y 相互独立的充分必要条件是 $\rho=0$. 前面已经得到,在一般情形,独立性必导致不相关,但不相关推不出独立性. 但也有例外,对于二维正态分布,独立性与不相关是等价的.

2. 相关系数的性质

定理 3.5 设二维随机变量 (X,Y) 的两个分量 X 与 Y 的相关系数为 ρ_{XY},则有

(1) $|\rho_{XY}| \leqslant 1$;

(2) $|\rho_{XY}| = 1$ 的充分必要条件是 X 与 Y 间几乎处处有线性关系,即存在常数 $a(a \neq 0)$ 与 b,使得

$$P\{Y = aX + b\} = 1.$$

证 (1) 由协方差的性质(6)柯西-施瓦茨不等式

$$|\text{Cov}(X,Y)| \leqslant \sqrt{D(X)} \cdot \sqrt{D(Y)}$$

得

$$|\rho_{XY}| = \left| \frac{\text{Cov}(X,Y)}{\sqrt{D(X)}\sqrt{D(Y)}} \right| \leqslant 1.$$

(2) 在柯西-施瓦茨不等式(3.55)的证明过程中,注意到 $|\rho_{XY}| = 1$ 的充分必要条件是不等式

$$|\text{Cov}(X,Y)| \leqslant \sqrt{D(X)} \cdot \sqrt{D(Y)}$$

的等号成立.

又 $|\text{Cov}(X,Y)| = \sqrt{D(X)} \cdot \sqrt{D(Y)}$ 或 $(2\sigma_{XY})^2 - 4 \cdot D(X) \cdot D(Y) = 0$ 成立的

充分必要条件是 $f(t)=0$ 只有一个二重根（不妨用 a 表示），即 $|\rho|=1$ 的充分必要条件是
$$D(Y-aX)=0,$$
也即
$$P\{Y=aX+b\}=1.$$

3. 相关系数的意义

(1) 相关系数 ρ_{XY} 刻画了 X 与 Y 的线性关系，因此也常称其为"线性相关系数"。

(2) 若 $\rho_{XY}=0$，则称 X 与 Y 不相关。不相关是指 X 与 Y 之间没有线性关系，但 X 与 Y 之间可能有其他的函数关系，如平方关系、对数关系等。

(3) 若 $\rho_{XY}=1$，则称 X 与 Y 完全正相关；若 $\rho_{XY}=-1$，则称 X 与 Y 完全负相关。

(4) 若 $0<|\rho_{XY}|<1$，则称 X 与 Y 有"一定程度"的线性关系。$|\rho_{XY}|$ 越接近于 1，则线性相关程度越高；$|\rho_{XY}|$ 越接近于 0，则线性相关程度越低。而从协方差则看不出这一点。

总之，相关系数在某种意义上度量了两个随机变量 X 与 Y 之间的线性关系的程度，随着 $|\rho_{XY}|$ 从 0 增加到 1，这种线性关系的程度越来越高。

习 题 3

(A)

1. 设二维随机变量 (X,Y) 的联合分布函数为
$$F(x,y)=A\left(B+\arctan\frac{x}{2}\right)\left(C+\arctan\frac{y}{3}\right).$$
求：(1) 常数 A,B,C；(2) $P\{X\leqslant 2,Y\leqslant 3\}$；(3) X 与 Y 的边缘分布函数。

2. 甲、乙两人独立地各进行两次射击，设甲的命中率为 0.2，乙的命中率为 0.5。令 X 表示甲命中次数，Y 表示乙命中次数。求 (X,Y) 的联合概率分布。

3. 将一枚硬币连掷三次，以 X 表示在三次中出现正面的次数，Y 表示在三次中出现正面次数与出现反面次数之差的绝对值。求：(1) (X,Y) 的联合概率分布；(2) (X,Y) 的两个边缘概率分布；(3) 在 $Y=1$ 的条件下，X 的条件概率分布。

4. 在 10 件产品中有 2 件一级品，7 件二级品和 1 件次品。从中任取 3 件，令 X 表示取出的 3 件中的一级品数，Y 表示取出的 3 件中的二级品数。求在 $X=0$ 的条件下 Y 的条件概率分布和在 $Y=2$ 的条件下 X 的条件概率分布。

5. (1995) 设二维随机变量 (X,Y) 的联合概率密度为
$$f(x,y)=\begin{cases}cxy, & 0\leqslant x\leqslant 1,0\leqslant y\leqslant 1,\\ 0, & \text{其他}.\end{cases}$$

求:(1) 常数 c;(2) (X,Y) 的联合分布函数;(3) $P\{2X+Y\leqslant 1\}$.

6. 设二维随机变量 (X,Y) 的联合分布函数为
$$F(x,y)=\frac{1}{\pi^2}\left(\frac{\pi}{2}+\arctan\frac{x}{2}\right)\left(\frac{\pi}{2}+\arctan y\right).$$
求:(1) (X,Y) 的联合概率密度;(2) (X,Y) 的两个边缘概率密度;(3) $P\{0<X<2,0<Y<1\}$.

7. 设随机变量 (X,Y) 服从 $D=\{(x,y)|0<x<y<1\}$ 上的均匀分布. 求:(1) (X,Y) 的联合概率密度;(2) (X,Y) 的两个边缘概率密度.

8. 设二维随机变量 (X,Y) 的联合概率密度为
$$f(x,y)=\begin{cases}xe^{-y}, & 0<x<y,\\ 0, & \text{其他}.\end{cases}$$
求:(1) (X,Y) 的两个边缘概率密度;(2) 条件概率密度 $f_{X|Y}(x|y)$,其中 $y>0$;(3) 概率 $P\{X+Y<1\}$.

9. 将两封信随机投入 3 个编号分别为 1,2,3 的信箱. 令 X,Y 分别表示投入 1,2 号信箱的信的数目.(1) 求 (X,Y) 的联合概率分布;(2) 求 (X,Y) 的边缘概率分布;(3) 判断 X 与 Y 是否独立?

10. (1999)已知随机变量 X,Y 的概率分布分别为

X	-1	0	1
P	0.25	0.5	0.25

Y	0	1
P	0.5	0.5

且 $P\{XY=0\}=1$.(1) 求 X,Y 的联合概率分布;(2) 问 X 与 Y 是否独立?

11. 设 X 与 Y 相互独立,其概率密度分别为
$$f_X(x)=\begin{cases}2x, & 0<x<1,\\ 0, & \text{其他},\end{cases}\quad f_Y(y)=\begin{cases}e^{-y}, & y>0,\\ 0, & y\leqslant 0.\end{cases}$$
求:(1) (X,Y) 的联合概率密度;(2) $P\{X+Y\leqslant 2\}$.

12. 判断第 5 题中的 X 与 Y 是否独立.

13. 判断第 7 题中的 X 与 Y 是否独立.

14. 设 X 与 Y 相互独立,其概率密度分别为
$$f_X(x)=\begin{cases}1, & 0\leqslant x\leqslant 1,\\ 0, & \text{其他},\end{cases}\quad f_Y(y)=\begin{cases}e^{-y}, & y>0,\\ 0, & y\leqslant 0.\end{cases}$$
求 $Z=X+Y$ 的概率密度.

15. (2003)设随机变量 X 与 Y 相互独立,其中 X 的概率分布为

X	1	2
P	0.3	0.7

Y 的概率密度为 $f(y)$,求随机变量 $U=X+Y$ 的概率密度 $g(u)$.

16. 设二维随机变量 (X,Y) 的联合概率密度为
$$f(x,y)=\begin{cases}x+y, & 0\leqslant x\leqslant 1, 0\leqslant y\leqslant 1,\\ 0, & \text{其他}.\end{cases}$$

求:(1) $M=\max\{X,Y\}$ 的概率密度;(2) $N=\min\{X,Y\}$ 的概率密度.

17. 设随机变量 X 与 Y 均服从参数为 λ 的指数分布,且 X 与 Y 相互独立.求 $Z=X+Y$ 的概率密度.

18. (2001)设随机变量 (X,Y) 服从 $G=\{(x,y)|1\leqslant x\leqslant 3,1\leqslant y\leqslant 3\}$ 上的均匀分布,求随机变量 $U=|X-Y|$ 的概率密度.

19. 设某种商品一周的需求量是一个随机变量 X,其概率密度为
$$f(x)=\begin{cases} xe^{-x}, & x>0, \\ 0, & \text{其他}. \end{cases}$$
如果各周的需求量是相互独立的.试求两周的需求量的概率密度 $f_2(u)$.

20. 设随机变量 X_1,X_2,X_3 相互独立,其中 X_1 服从 $[0,6]$ 上的均匀分布,$X_2\sim N(0,4)$,X_3 服从参数为 $\lambda=3$ 的泊松分布.记 $Y=X_1-2X_2+3X_3$,求 $D(Y)$.

21. (2015)设二维随机变量 (X,Y) 服从二维正态分布 $N(1,0,1,1,0)$,求概率 $P\{XY-Y<0\}$.

22. 设二维随机变量 (X,Y) 的联合概率密度为
$$f(x,y)=\begin{cases} kxy, & 0\leqslant x\leqslant y\leqslant 1, \\ 0, & \text{其他}. \end{cases}$$
求:(1) 常数 k;(2) 两个边缘概率密度;(3) 判断 X 与 Y 是否独立;(4) $\mathrm{Cov}(X,Y)$;(5) $D(X+Y)$;(6) X 与 Y 的相关系数 ρ_{XY}.

23. (2002)设随机变量 U 在区间 $[-2,2]$ 上服从均匀分布,随机变量
$$X=\begin{cases} -1, & U\leqslant -1, \\ 1, & U>-1; \end{cases} \quad Y=\begin{cases} -1, & U\leqslant 1, \\ 1, & U>1. \end{cases}$$
求:(1) 求 X,Y 的联合概率分布;(2) $D(X+Y)$.

24. (2010)箱中有 6 个球,其中红、白、黑球的个数分别为 1,2,3.现从该箱中随机取出 2 个球,记 X 为取出的红球个数,Y 为取出的白球个数.求:(1) 随机变量 (X,Y) 的联合概率分布;(2) $\mathrm{Cov}(X,Y)$.

25. (2011)设随机变量 X 与 Y 的概率分布分别为

X	0	1
P	$\frac{1}{3}$	$\frac{2}{3}$

Y	-1	0	1
P	$\frac{1}{3}$	$\frac{1}{3}$	$\frac{1}{3}$

且 $P\{X^2=Y^2\}=1$.求:(1) 二维随机变量 (X,Y) 的联合概率分布;(2) 随机变量 $Z=XY$ 的概率分布;(3) X 与 Y 的相关系数 ρ_{XY}.

(B)

1. (1997)设随机变量 Y 服从参数为 $\lambda=1$ 的指数分布,随机变量
$$X_k=\begin{cases} 0, & Y\leqslant k, \\ 1, & Y>k, \end{cases} \quad k=1,2.$$
求:(1) X_1,X_2 的联合概率分布;(2) $E(X_1+X_2)$.

2. (1999)设二维随机变量(X,Y)在区域$G=\{(x,y)|0\leqslant x\leqslant 2, 0\leqslant y\leqslant 1\}$上服从均匀分布，引入随机变量

$$U=\begin{cases}0, & X\leqslant Y,\\ 1, & X>Y,\end{cases} \quad V=\begin{cases}0, & X\leqslant 2Y,\\ 1, & X>2Y.\end{cases}$$

求：(1) (U,V)的联合概率分布；(2) U和V的相关系数ρ_{UV}.

3. (2000)设A和B是两个随机事件，引入随机变量

$$X=\begin{cases}1, & A\text{出现},\\ -1, & A\text{不出现},\end{cases} \quad Y=\begin{cases}1, & B\text{出现},\\ -1, & B\text{不出现}.\end{cases}$$

证明：随机变量X和Y不相关的充分必要条件是事件A与B相互独立.

4. (2000)设二维随机变量(X,Y)的联合概率密度为

$$f(x,y)=\frac{1}{2}[\varphi_1(x,y)+\varphi_2(x,y)],$$

其中$\varphi_1(x,y)$和$\varphi_2(x,y)$都是二维正态概率密度，且它们对应的二维随机变量的相关系数分别为$\frac{1}{3}$和$-\frac{1}{3}$，它们的边缘概率密度所对应的随机变量的数学期望都是0，方差都是1. (1) 求随机变量X和Y概率密度$f_X(x)$, $f_Y(y)$及X和Y的相关系数ρ(可直接利用二维正态概率密度的性质)；(2) X与Y是否独立？为什么？

5. (2001)设随机变量X和Y的联合分布在以点$(0,1),(1,0),(1,1)$为顶点的三角形区域上服从均匀分布，求随机变量$Z=X+Y$的方差.

6. (2003)对于任意事件A和B，$0<P(A)<1, 0<P(B)<1$，

$$\rho=\frac{P(AB)-P(A)P(B)}{\sqrt{P(A)P(B)P(\bar{A})P(\bar{B})}},$$

称为事件A和B的相关系数.

(1) 证明：事件A和B独立的充分必要条件是其相关系数等于零.
(2) 利用随机变量相关系数的基本性质，证明$|\rho|\leqslant 1$.

7. (2004)设A,B是两个随机事件，且$P(A)=\frac{1}{4}, P(B|A)=\frac{1}{3}, P(A|B)=\frac{1}{2}$，令随机变量

$$X=\begin{cases}1, & A\text{发生},\\ 0, & A\text{不发生},\end{cases} \quad Y=\begin{cases}1, & B\text{发生},\\ 0, & B\text{不发生}.\end{cases}$$

求：(1) 随机变量X,Y的联合概率分布；(2) X与Y的相关系数ρ_{XY}；(3) $Z=X^2+Y^2$的概率分布.

8. (2005)设二维随机变量(X,Y)的联合概率密度为

$$f(x,y)=\begin{cases}1, & 0<x<1, 0<y<2x,\\ 0, & \text{其他}.\end{cases}$$

求：(1) 两个边缘概率密度$f_X(x), f_Y(y)$；(2) $Z=2X-Y$的概率密度$f_Z(z)$；(3) $P\left\{Y\leqslant\frac{1}{2}\middle| X\leqslant\frac{1}{2}\right\}$.

9. (2006) 设二维随机变量 (X,Y) 的联合概率分布为

X \ Y	-1	0	1
-1	a	0	0.2
0	0.1	b	0.2
1	0	0.1	c

其中 a,b,c 为常数,且 $E(X)=-0.2, P\{X\leqslant 0|Y\leqslant 0\}=0.5$,记 $Z=X+Y$,求:(1) 常数 a,b,c 的值;(2) Z 的概率分布;(3) $P\{X=Z\}$.

10. (2007) 设二维随机变量 (X,Y) 的联合概率密度为
$$f(x,y)=\begin{cases} 2-x-y, & 0<x<1, 0<y<1, \\ 0, & 其他. \end{cases}$$
求:(1) $P\{X>2Y\}$;(2) $Z=X+Y$ 的概率密度 $f_Z(z)$.

11. (2008) 设随机变量 X 与 Y 相互独立,X 的概率分布为 $P\{X=i\}=\dfrac{1}{3}(i=-1,0,1)$,$Y$ 的概率密度为 $f_Y(y)=\begin{cases} 1, & 0\leqslant y<1, \\ 0, & 其他, \end{cases}$ 记 $Z=X+Y$. 求:(1) $P\left\{Z\leqslant\dfrac{1}{2}\middle|X=0\right\}$;(2) $Z=X+Y$ 的概率密度 $f_Z(z)$.

12. (2009) 袋中有一个红球、两个黑球、三个白球,现有放回地从袋中随机取两次,每次取一个,以 X,Y,Z 分别表示两次取球所得的红球、黑球与白球个数. 求:(1) 条件概率 $P\{X=1|Z=0\}$;(2) 二维随机变量 (X,Y) 的联合概率分布.

13. (2010) 设二维随机变量 (X,Y) 的联合概率密度为
$$f(x,y)=Ae^{-2x^2+2xy-y^2}, \quad -\infty<x<+\infty, -\infty<y<+\infty.$$
求常数 A 及条件概率密度 $f_{Y|X}(y|x)$.

14. (2011) 设二维随机变量 (X,Y) 服从 D 上的均匀分布,其中 D 是由 $x-y=0, x+y=2$ 与 $y=0$ 所围成的三角形区域. 求:(1) X 的概率密度 $f_X(x)$;(2) 条件概率密度 $f_{X|Y}(x|y)$.

15. (2012) 设二维离散型随机变量 (X,Y) 的联合概率分布为

X \ Y	0	1	2
0	$\dfrac{1}{4}$	0	$\dfrac{1}{4}$
1	0	$\dfrac{1}{3}$	0
2	$\dfrac{1}{12}$	0	$\dfrac{1}{12}$

求:(1) $P\{X=2Y\}$;(2) $\text{Cov}(X-Y,Y)$.

16. (2012) 设随机变量 X 与 Y 相互独立,设都服从参数为 1 的指数分布,记 $U=\max\{X,$

$Y\}, V=\min\{X,Y\}$. (1) 求随机变量 V 的概率密度 $f_V(v)$；(2) 求 $E(U+V)$.

17. （2013）设 (X,Y) 是二维随机变量，X 的边缘概率密度为

$$f_X(x)=\begin{cases} 3x^2, & 0<x<1, \\ 0, & \text{其他}, \end{cases}$$

在给定 $X=x(0<x<1)$ 的条件下，Y 的条件概率密度为

$$f_{Y|X}(y|x)=\begin{cases} \dfrac{3y^2}{x^3}, & 0<y<x, \\ 0, & \text{其他}. \end{cases}$$

求：(1) (X,Y) 的联合概率密度 $f(x,y)$；(2) Y 的边缘概率密度；(3) $P\{X>Y\}$.

18. （2014）设随机变量 X,Y 的概率分布相同，X 的概率分布为 $P\{X=0\}=\dfrac{1}{3}$，$P\{X=1\}=\dfrac{2}{3}$，且 X 与 Y 的相关系数 $\rho_{XY}=\dfrac{1}{2}$. 求：(1) (X,Y) 的联合概率分布；(2) $P\{X+Y\leqslant 1\}$.

第4章 大数定律与中心极限定理

概率论与数理统计是研究随机现象统计规律性的学科. 而随机现象的统计规律性是在相同的条件下进行大量重复试验时呈现出来的, 因此人们常常采用极限形式来刻画. 本章主要讨论相互独立的随机变量序列最基本的极限理论, 大数定律和中心极限定理, 它们在概率论的发展及其应用中占有重要地位, 同时也是研究数理统计的理论基础.

4.1 大 数 定 律

大数定律是描述大量观测结果平均水平稳定性的一系列定理的总称. 任何随机现象出现时都表现出随机性, 然而当一种随机现象大量重复出现或大量随机现象的共同作用时, 所产生的平均结果实际上是稳定的、几乎非随机的, 呈现出明显的规律性. 在概率的统计定义中, 曾指出事件发生的频率具有稳定性, 即当试验的次数无限增大时, 事件发生的频率非常接近于某个固定的常数 (称为事件发生的概率). 但由于频率是随机变量, 故"频率的稳定性"不能在通常数列的收敛意义下理解为频率以概率为极限. 而应在随机变量序列的收敛概念下来理解"频率的稳定性"意义. 最常用的一种收敛概念就是下面的依概率收敛.

一、依概率收敛

定义 4.1 设 $X_1, X_2, \cdots, X_n, \cdots$ 是一随机变量序列, X 是一随机变量或常数, 如果对任意的 $\varepsilon > 0$, 有

$$\lim_{n \to \infty} P\{|X_n - X| \geqslant \varepsilon\} = 0, \tag{4.1}$$

则称随机变量序列 $\{X_n\}$ 依概率收敛于 X, 记作

$$X_n \xrightarrow{P} X \text{ 或 } P - \lim_{n \to \infty} X_n = X. \tag{4.2}$$

二、大数定律

一般的大数定律讨论 n 个随机变量的平均值的稳定性. 伯努利大数定律是最早的一个大数定律, 它为"频率稳定到概率"这一经验事实提供了理论依据.

定理 4.1 (伯努利大数定律) 设 $\mu_n(A)$ 为 n 重伯努利试验中事件 A 发生的次数, $p(0 < p < 1)$ 为每次试验中 A 出现的概率, 则对任意的 $\varepsilon > 0$, 有

$$\lim_{n \to \infty} P\left\{ \left| \frac{\mu_n(A)}{n} - p \right| < \varepsilon \right\} = 1, \tag{4.3}$$

4.1 大数定律

即频率 $f_n(A) = \dfrac{\mu_n(A)}{n} \xrightarrow{P} p$ 或 $P-\lim\limits_{n\to\infty} f_n(A) = p$.

证 引入随机变量

$$X_i = \begin{cases} 1, & \text{第 } i \text{ 次试验中 } A \text{ 出现}, \\ 0, & \text{第 } i \text{ 次试验中 } A \text{ 不出现}, \end{cases} \quad i=1,2,\cdots,n,$$

则 $X_1, X_2, \cdots, X_n$ 相互独立,且都服从 $p(0<p<1)$ 为参数的 0-1 分布.因而

$$E(X_i) = p, \quad D(X_i) = p(1-p), \quad i=1,2,\cdots,n.$$

易知,$\mu_n(A) = \sum\limits_{i=1}^{n} X_i$,且 $\mu_n(A)$ 服从参数为 n,p 的二项分布,于是

$$E(f_n(A)) = E\left(\dfrac{\mu_n(A)}{n}\right) = p, \quad D(f_n(A)) = D\left(\dfrac{\mu_n(A)}{n}\right) = \dfrac{p(1-p)}{n}.$$

由切比雪夫不等式可知,对于任意的 $\varepsilon > 0$,有

$$0 \leqslant P\{|f_n(A) - p| \geqslant \varepsilon\} \leqslant \dfrac{1}{\varepsilon^2} D(f_n(A)) \leqslant \dfrac{p(1-p)}{n\varepsilon^2},$$

于是

$$\lim_{n\to\infty} P\left\{\left|\dfrac{\mu_n(A)}{n} - p\right| \geqslant \varepsilon\right\} = 0$$

或者

$$\lim_{n\to\infty} P\{|f_n(A) - p| < \varepsilon\} = 1.$$

伯努利大数定律表明:事件 A 发生的频率依概率收敛于事件 A 发生的概率 p,它以严格的数学形式刻画了频率的稳定性. 也就是说,当独立试验次数 n 很大时,可以用事件 A 发生的频率近似代替事件 A 发生的概率. 例如,要考察某产品的不合格率 p,则可以从该种产品中随机抽取 n 件进行测试,当 n 很大时,这 n 件产品中不合格品的比例(频率)可作为该种产品不合格率(概率) p 的估计值.

注意到式(4.3)可改写为

$$\lim_{n\to\infty} P\left\{\left|\dfrac{1}{n}\sum_{i=1}^{n} X_i - \dfrac{1}{n}\sum_{i=1}^{n} E(X_i)\right| < \varepsilon\right\} = 1, \tag{4.4}$$

其中 $X_1, X_2, \cdots, X_n, \cdots$ 是相互独立且服从同一个 0-1 分布的随机变量序列.

一般的大数定律都涉及一个随机变量序列 $\{X_n\}$,大数定律的结论都形如式(4.4),为此给出如下定义.

定义 4.2 设有一随机变量序列 $\{X_n\}$,若它具有形如式(4.4)的性质,则称随机变量序列 $\{X_n\}$ 服从大数定律.

现在的问题是:随机变量序列 $\{X_n\}$ 在什么条件下服从大数定律?

定理 4.2(切比雪夫大数定律) 设 $\{X_n\}$ 为两两不相关的随机变量序列,若每个 X_i 方差存在,且有共同的上界,即存在常数 $C>0$,使得 $D(X_i) \leqslant C, i=1,2,\cdots,$

则 $\{X_n\}$ 服从大数定律,即对任意的 $\varepsilon>0$,式(4.4)成立.

证 由切比雪夫不等式可知,对任意的 $\varepsilon>0$,有

$$P\left\{\left|\frac{1}{n}\sum_{i=1}^{n}X_i-\frac{1}{n}\sum_{i=1}^{n}E(X_i)\right|\geqslant\varepsilon\right\}$$

$$\leqslant\frac{1}{\varepsilon^2}D\left(\frac{1}{n}\sum_{i=1}^{n}X_i\right)$$

$$=\frac{1}{n^2\varepsilon^2}\sum_{i=1}^{n}D(X_i)\leqslant\frac{C}{n\varepsilon^2}.$$

于是,当 $n\to+\infty$ 时,有

$$\lim_{n\to\infty}P\left\{\left|\frac{1}{n}\sum_{i=1}^{n}X_i-\frac{1}{n}\sum_{i=1}^{n}E(X_i)\right|\geqslant\varepsilon\right\}=0,$$

或者

$$\lim_{n\to\infty}P\left\{\left|\frac{1}{n}\sum_{i=1}^{n}X_i-\frac{1}{n}\sum_{i=1}^{n}E(X_i)\right|<\varepsilon\right\}=1.$$

特别地,如果 $\{X_n\}$ 是独立同分布的随机变量序列,且方差有限,则 $\{X_n\}$ 必服从大数定律. 伯努利大数定律是切比雪夫大数定律的特例.

定理 4.3(辛钦大数定律) 设 $X_1,X_2,\cdots,X_n,\cdots$ 是独立同分布的随机变量序列,且它们的数学期望存在: $E(X_i)=\mu(i=1,2,\cdots)$,则对任意的 $\varepsilon>0$,有

$$\lim_{n\to\infty}P\left\{\left|\frac{1}{n}\sum_{i=1}^{n}X_i-\mu\right|<\varepsilon\right\}=1. \tag{4.5}$$

辛钦大数定律的证明超过了本课程的要求,在这里略去.有兴趣的读者可参阅相关文献.

辛钦大数定律表明:对于独立同分布的随机变量序列,只要其数学期望存在,则对于充分大的 n,随机变量 $X_1,X_2,\cdots,X_n$ 的算术平均值 $\frac{1}{n}\sum_{i=1}^{n}X_i$ 近似地等于其数学期望 μ,这为估计平均值提供了一条切实可行的途径.

在同分布的条件下,辛钦大数定律与切比雪夫大数定律两者的结论相同,不过前者只要求数学期望存在,而后者要求方差也存在. 在许多统计推断问题中,辛钦大数定律用起来更为方便.

4.2 中心极限定理

在实际问题中,许多随机现象是由大量相互独立的随机因素综合影响所形成的,其中每一个因素在总的影响中所起的作用是微小的. 设这样的随机现象为 X,则它可看成为许多相互独立的起微小作用的因素 X_i 的总和,而这个总和服从或

近似地服从正态分布.这种现象就是中心极限定理的客观背景.在概率论中凡是关于"在一定条件下,说明大量随机变量之和的极限分布是正态分布"的定理,统称为中心极限定理.中心极限定理在概率论和数理统计中有广泛的应用,它揭示了正态分布产生的原理.中心极限定理的内容十分丰富,有多种形式,这里只介绍最基本、最常用的两个结论.

一、独立同分布下的中心极限定理

定理 4.4（林德伯格-莱维中心极限定理） 设 $X_1, X_2, \cdots, X_n, \cdots$ 是独立同分布的随机变量列,且它们具有有限的数学期望和方差,记 $E(X_i)=\mu, D(X_i)=\sigma^2>0 (i=1,2,\cdots)$,则对任意的实数 x,有

$$\lim_{n\to\infty} P\left\{\frac{\sum_{i=1}^{n} X_i - n\mu}{\sqrt{n}\sigma} \leqslant x\right\} = \frac{1}{\sqrt{2\pi}} \int_{-\infty}^{x} e^{-\frac{t^2}{2}} dt. \tag{4.6}$$

该定理的证明需要进一步的知识,超出了本书的要求,在此不作介绍.

虽然在一般情况下很难求出 $X_1+X_2+\cdots+X_n$ 分布的确切形式,但定理 4.4 表明:无论随机变量 $X_i(i=1,2,\cdots)$ 具有什么样的分布,只要其数学期望和方差存在,则当 n 充分大时,其总和 $\sum_{i=1}^{n} X_i$（或算术平均值 $\overline{X} = \frac{1}{n}\sum_{i=1}^{n} X_i$）的分布就是正态分布或近似正态分布,这在理论上和实际中都十分重要.该结论也是数理统计中大样本统计推断的理论基础.这也是正态分布在概率论与数理统计中占有重要地位的一个基本原因.

二、二项分布的极限分布是正态分布

下面介绍林德伯格-莱维中心极限定理的一个重要特例,它是概率论历史上最早的中心极限定理,由棣莫弗提出,拉普拉斯推广,故又称为棣莫弗-拉普拉斯中心极限定理.

定理 4.5（棣莫弗-拉普拉斯中心极限定理） 设 $X_1, X_2, \cdots, X_n, \cdots$ 是独立同分布的随机变量列,且 $X_i(i=1,2,\cdots)$ 服从参数为 $p(0<p<1)$ 的两点分布,即 $X = \sum_{i=1}^{n} X_i \sim b(n,p)$,则对任意的实数 x,有

$$\lim_{n\to\infty} P\left\{\frac{\sum_{i=1}^{n} X_i - np}{\sqrt{np(1-p)}} \leqslant x\right\} = \frac{1}{\sqrt{2\pi}} \int_{-\infty}^{x} e^{-\frac{t^2}{2}} dt. \tag{4.7}$$

证 $E(X_i)=p, D(X_i)=p(1-p)(i=1,2,\cdots)$,则由式(4.7)即可证得定理的结论.

定理 4.5 表明:当 n 充分大时,二项分布可用正态分布来近似.

三、中心极限定理用于统计推断(近似计算)

设 $X_1, X_2, \cdots, X_n$ 是对某个随机变量 X 的 n 次独立重复观测,且
$$E(X_i) = \mu, \quad D(X_i) = \sigma^2 > 0, \quad i = 1, 2, \cdots, n,$$
记
$$Y_n = \frac{\sum_{i=1}^{n} X_i - n\mu}{\sqrt{n}\sigma},$$
$$\Phi(x) = \beta, \quad 0 < \beta < 1,$$
则由中心极限定理可给出近似式
$$P\{Y_n \leqslant x\} \approx \Phi(x) = \beta. \tag{4.8}$$

式(4.8)可用来解决三类计算问题:① 已知 n, x 求 β;② 已知 n, β 求 x;③ 已知 x, β 求 n.

1. 给定 n, x 求 β

例1 一盒同型号螺丝钉共有 100 个,已知该型号的螺丝钉的质量是一个随机变量,期望是 100g,标准差是 10g,求一盒螺丝钉的质量超过 10.2kg 的概率.

解 设 X_i 为第 i 个螺丝钉的质量($i = 1, 2, \cdots, 100$),则它们之间独立同分布,于是一盒螺丝钉的质量为 $X = \sum_{i=1}^{100} X_i$,而且
$$E(X_i) = 100\text{g}, \quad \sqrt{D(X_i)} = 10\text{g},$$
于是 $E(X) = 100 \cdot E(X_i) = 10000\text{g}, D(X) = 10000\text{g}$,由中心极限定理,近似有 $X \sim N(10000, 100^2)$. 从而
$$P\{X > 10200\} = 1 - P\{X \leqslant 10200\}$$
$$= 1 - P\left\{\frac{X - 10000}{100} \leqslant \frac{10200 - 10000}{100}\right\}$$
$$\approx 1 - \Phi(2) = 1 - 0.9773 = 0.0227,$$
即一盒螺丝钉的质量超过 10.2kg 的概率为 0.0227.

例2 (1988)某保险公司多年的统计资料表明,在索赔户中,被盗索赔户占 20%. 以 X 表示在随意抽查的 100 个索赔户中因被盗向保险公司索赔的户数. (1) 写出 X 的概率分布;(2)利用中心极限定理求被盗户不少于 14 户且不多于 30 户的概率的近似值.

解 (1) 由题意知,可以认为 X 服从参数 $n = 100$ 和 $p = 0.2$ 的二项分布,即 $X \sim b(100, 0.2)$.

(2) $E(X)=20$ 户,$D(X)=16$ 户. 由于 $n=100$ 比较大,则由中心极限定理,近似有 $X\sim N(20,16)$. 于是所求概率为

$$P\{14\leqslant X\leqslant 30\}=P\left\{\frac{14-20}{4}\leqslant\frac{X-20}{4}\leqslant\frac{30-20}{4}\right\}$$
$$=\Phi(2.5)-\Phi(-1.5)=\Phi(2.5)+\Phi(1.5)-1$$
$$=0.927.$$

2. 给定 n,β 求 x

例 3 某车间有同型号的机床 150 台,在一小时内每台机床约有 60% 的时间是工作的. 假定各机床开关是相互独立的,工作时每台机床要消耗电能 5 个单位. 问电网最少要供应这个车间多少个单位电能,才能以 99.5% 的概率保证该车间不致因供电不足而影响生产.

解 以 X 表示正常工作的机床数,则可以视为 X 服从参数 $n=150$ 和 $p=0.6$ 的二项分布,即 $X\sim b(150,0.6)$,于是 $E(X)=90$,$D(X)=36$. 由于 $n=150$ 比较大,则由中心极限定理,近似有 $X\sim N(90,36)$.

设应供 $5x$ 个单位电能,即工作的机车台数不超过 x 台时,机床能够正常工作. 根据题意,只需求出满足

$$P\{0\leqslant X\leqslant x\}\geqslant 0.995$$

的 x,就能以 99.5% 的概率保证该车间不致因供电不足而影响生产.

于是

$$P\left\{\frac{0-90}{6}\leqslant\frac{X-90}{6}\leqslant\frac{x-90}{6}\right\}\geqslant 0.995,$$

即

$$\Phi\left(\frac{x-90}{6}\right)-\Phi(-15)\geqslant 0.995.$$

查标准正态分布表得

$$\frac{x-90}{6}\geqslant 2.58,$$

解得 $x\geqslant 105.48$,取 $x=106$,因此,电网最少要供应这个车间 $5\times 106=530$ 个单位电能,才能以 99.5% 的概率保证该车间不致因供电不足而影响生产.

3. 给定 x,β 求 n

例 4 独立地多次测量一个物理量,每次测量产生的随机误差都服从 $(-1,1)$ 内的均匀分布. (1) 如果取 n 次测量的算术平均值作为测量结果,求它与真值的差小于正数 δ 的概率,并计算当 $n=36$,$\delta=\dfrac{1}{6}$ 时概率的近似值;(2) 要使 n 次测量的

算术平均值与真值的差小于 $\frac{1}{6}$ 的概率不小于 0.95，应进行多少次测量？

解 （1）设 X_i 表示第 i 次测量值，ε_i 表示第 i 次测量产生的随机误差，$i=1,2,\cdots,n$；μ 表示所测物理量的真值，则 $X_i=\mu+\varepsilon_i$，由于 $\varepsilon_i \sim U(-1,1)$，于是有

$$E(\varepsilon_i)=0, \quad D(\varepsilon_i)=\frac{1}{3},$$

$$E(X_i)=E(\mu+\varepsilon_i)=\mu, \quad D(X_i)=D(\mu+\varepsilon_i)=\frac{1}{3},$$

因为 $X_1,X_2,\cdots,X_n$ 独立同分布，由林德伯格-莱维中心极限定理可得

$$P\left\{\left|\frac{1}{n}\sum_{i=1}^{n}X_i-\mu\right|<\delta\right\}=P\left\{\left|\sum_{i=1}^{n}X_i-n\mu\right|<n\delta\right\}$$

$$=P\left\{\left|\frac{\sum_{i=1}^{n}X_i-n\mu}{\sqrt{\frac{n}{3}}}\right|<\sqrt{3n}\delta\right\}\approx 2\Phi(\sqrt{3n}\delta)-1.$$

当 $n=36, \delta=\frac{1}{6}$ 时，

$$P\left\{\left|\frac{1}{36}\sum_{i=1}^{36}X_i-\mu\right|<\frac{1}{6}\right\}\approx 2\Phi\left(\frac{1}{6}\sqrt{3\times 36}\right)-1=2\Phi(\sqrt{3})-1$$

$$\approx 2\Phi(1.73)-1=0.9164.$$

（2）现要求 n，使得

$$P\left\{\left|\frac{1}{n}\sum_{i=1}^{n}X_i-\mu\right|<\frac{1}{6}\right\}\approx 2\Phi\left(\frac{1}{6}\sqrt{3n}\right)-1\geqslant 0.95,$$

即

$$\Phi\left(\frac{1}{6}\sqrt{3n}\right)\geqslant 0.975,$$

$$\frac{1}{6}\sqrt{3n}\geqslant 1.96,$$

解得 $n\geqslant 46$，所以至少要进行 46 次测量.

例 5 某仪器由 n 个电子元件组成，每个电子元件的寿命服从 $(0,1000)$ 上的均匀分布（单位：h），当有 20% 的电子元件烧坏时，仪器便报废. 求为使该仪器的寿命超过 100h 的概率不低于 0.95，n 至少为多大？

解 设 X 表示仪器的寿命，η_n 表示 n 个电子元件中寿命超过 100h 的电子元件的个数，由于一个电子元件寿命超过 100h 的概率为 0.9，因此可以认为 η_n 服从参数为 n 和 $p=0.9$ 的二项分布，即 $\eta_n \sim b(n,0.9)$，于是 $E(\eta_n)=0.9n, D(\eta_n)=$

$0.09n$. 由题意应有 $\{X>100\}=\left\{\dfrac{\eta_n}{n}>0.8\right\}$，由中心极限定理，得

$$P\{X>100\}=P\left\{\dfrac{\eta_n}{n}>0.8\right\}=P\{\eta_n>0.8n\}=1-P\{\eta_n\leqslant 0.8n\}$$

$$=1-P\left\{\dfrac{\eta_n-np}{\sqrt{npq}}\leqslant\dfrac{0.8n-0.9n}{\sqrt{0.09n}}\right\}$$

$$=1-\Phi\left(-\dfrac{\sqrt{n}}{3}\right)=\Phi\left(\dfrac{\sqrt{n}}{3}\right)\geqslant 0.95,$$

查标准正态分布表得 $\Phi(1.645)=0.95$，于是，$\dfrac{\sqrt{n}}{3}\geqslant 1.645$，解得 $n\geqslant 25$，故 n 至少应为 25.

习 题 4

（A）

1. 在每次试验中，事件 A 出现的概率为 0.75. 当试验次数 n 为多大时，能够使 n 重伯努利试验中事件 A 出现的频率为 0.74～0.76 的概率至少为 0.9？（用切比雪夫不等式和中心极限定理两种方法计算）

2. 以往春季商品交易会上，某企业在所接待的客户中，签订单的客户占 30%. 假定客户今年签订单的比例不变，求在所接待的 95 个客户中，有 20～35 个客户签订单的概率.

3. 假设在某保险公司的索赔户因被盗索赔者占 30%. 求在 $n=300$ 个索赔户中因被盗而索赔的户数为 80～105 户的概率.

4. 某车间有同型号机床 200 台，每台开动的概率为 0.7，假定各机床开关是相互独立的，开动时每台机床要消耗电能 15kW. 问电厂最少要供应该车间多少千瓦电能，才能以 95% 的概率保证该车间不致因供电不足而影响生产？

5. 设某生产线上组装每件产品的时间服从指数分布，平均需要 10min，且各件产品的组装时间是相互独立的.

（1）求组装 100 件产品需要 15～20h 的概率；

（2）保证有 95% 的可能性，问 16h 内最多可以组装多少件产品？

6. 某产品的合格率 99%，问包装箱中应该装多少件此种产品，才能有 95% 的可能性使每箱中至少有 100 件合格产品？

（B）

1. 设 $\{X_n\}$ 为相互独立的随机变量序列，且

$$P\{X_n=\pm\sqrt{n}\}=\dfrac{1}{n},\quad P\{X_n=0\}=1-\dfrac{2}{n},\quad n=2,3,\cdots.$$

证明：$\{X_n\}$ 服从大数定律.

2. (2001)某生产线生产的产品成箱包装,每箱的质量是随机的.假设每箱平均质量为 50kg,标准差为 5kg.若用最大载重为 5t 的汽车承运,试利用中心极限定理说明每辆车最多可以装多少箱,才能保障不超载的概率大于 0.977.

3. 某调查公司受委托,调查某电视节目在某城市的收视率 p,调查公司将所有调查对象中收看此节目的频率作为 p 的估计 $\hat{p}$.现在要保证有 90% 的把握,使得调查所得收视率 $\hat{p}$ 与真实收视率 p 之间的差异不大于 5%.问至少要调查多少对象.

第 5 章 数理统计的基础知识

通过前 4 章的学习,了解到概率论是在已知随机变量服从某种分布的条件下,来研究随机变量的性质、数字特征及其应用的. 从本章开始,将讲述数理统计的基本内容. 运用概率论的知识,研究如何从试验资料出发,对随机变量的概率分布或某些特征(如数字特征)作出科学的推断,称为**数理统计**. 数理统计作为一门学科诞生于 19 世纪末 20 世纪初,是具有广泛应用的一个数学分支,它以概率论为基础,根据试验或观察得到的数据来研究随机现象,从而对研究对象的客观规律性作出合理的估计和判断. 它的内容很广泛,主要阐述搜集、整理、分析统计数据,并据以对研究对象进行统计推断的理论和方法,是数理统计的核心和基础. 本书仅介绍参数估计、假设检验、回归分析的部分内容.

5.1 数理统计的基本概念

一、总体和个体

在数理统计中,把具有一定共同属性的研究对象的全体称为**总体**,而把组成总体的每一个单元,即每一个研究对象称为**个体**. 总体中所包含的个体的数目称为**总体的容量**. 容量为有限的总体,称为**有限总体**;容量为无限的总体称为**无限总体**. 总体与个体之间的关系,犹如集合与元素之间的关系.

例如:研究某灯泡厂某月生产的一批灯泡的质量,则该灯泡厂该月生产的灯泡的全体便构成了一个总体,而每一个灯泡是一个个体. 很显然,该总体为有限总体. 又如,考察某大学一年级新生的身高和体重,则该校一年级的全体新生就构成了一个总体,而每一名新生的身高和体重就是一个个体.

数理统计是研究随机现象数量化规律的学科,在数理统计中人们所关心的并非是每个个体的所有特征,而仅是它的一项或几项数量指标. 例如:在上述前一总体(一批灯泡)中,关心的仅是灯泡的寿命,而在后一总体(一年级新生)中,关心的是个体的身高和体重. 一般,用随机变量 X,Y,Z 等表示总体. 这样对总体 X 的研究就归结为对随机变量的研究,只要了解了随机变量 X 的概率分布,就掌握了总体 X 的特征. 例如:对某型号电子计算机在损坏前运行的总时间进行研究,用总体 X 表示数量指标——计算机在损坏前运行的总时间. 如果估计、推断出随机变量 X 的概率密度为

$$f(x)=\begin{cases}\dfrac{1}{100}\mathrm{e}^{-\frac{x}{100}}, & x\geqslant 0,\\ 0, & x<0,\end{cases}$$

那么这批计算机损坏前的平均运行时间 $E(X)$,其损坏前运行时间长短相差程度 $D(X)$,某台计算机损坏前运行时间超过 t 的概率 $P\{X>t\}$ 便可知道了.

二、样本与样本分布

1. 样本与样本空间

由于总体的分布一般是未知的,或者它的某些参数是未知的,为了推断总体 X 服从何种分布或者估计未知参数,就必须从总体 X 中随机地抽取若干个个体来获取总体的部分信息,这个过程称为**抽样**. 一般地,从总体 X 中抽取部分个体,如 $X_1,X_2,\cdots,X_n$,这 n 个个体 $X_1,X_2,\cdots,X_n$ 称为总体 X 的一个容量为 n 的**样本**,简称**样本**或**子样**,其中每个 $X_i(i=1,2,\cdots,n)$ 称为**样品**.

由于 $X_i(i=1,2,\cdots,n)$ 是从总体 X 中随机地抽取的,在抽取之前,X_i 的具体取值并不知道,所以 X_i 也是一个随机变量,而容量为 n 的样本 $(X_1,X_2,\cdots,X_n)$ 是一个随机向量. 但是,当一次抽样实现后,它们就变成了 n 个具体的数值 $(x_1,x_2,\cdots,x_n)$,称为**样本值**(或称**试验值**). 所以,样本值 $(x_1,x_2,\cdots,x_n)$ 实际上是多维随机变量 $(X_1,X_2,\cdots,X_n)$ 的一个取值. 样本 $(X_1,X_2,\cdots,X_n)$ 的所有可能取值的全体称为**样本空间**. 从而,一个样本值 $(x_1,x_2,\cdots,x_n)$ 就是样本空间的一个点.

2. 简单随机样本

统计推断需要借助于样本,在抽样时,除了对样本的容量有一定的要求外,对样本的获取方法也有一定的要求,具体地说,样本 $(X_1,X_2,\cdots,X_n)$ 必须满足两个条件:

(1) $X_i(i=1,2,\cdots,n)$ 与总体 X 有相同的分布,即代表性;

(2) $X_1,X_2,\cdots,X_n$ 相互独立,即独立性.

定义 5.1 设 $X_1,X_2,\cdots,X_n$ 为来自总体 X 的容量为 n 的样本,若满足上述两条,则称 $(X_1,X_2,\cdots,X_n)$ 为总体 X 的一个**简单随机样本**,简称**样本**.

本书中所涉及的样本,如果没有特别说明,均指简单随机样本.

从总体 X 中抽取一个简单随机样本,通常采取有放回地抽样,即每次抽取一个经观察后再放回,再取第二个,连续抽取几次,构成一个容量为 n 的样本,这样抽得的样本即为简单随机样本. 例如:质检一批进口商品的合格率是否为 p,可让总体 X 表示这批商品的质量指标,并令合格时 X 取 1,不合格时 X 取 0,则 $P\{X=1\}=p,P\{X=0\}=1-p$,即总体 X 服从参数为 p 的 0-1 分布. 若采取有放回地抽样,抽取容量为 n 的样本 $X_1,X_2,\cdots,X_n$,样本中的每一个 $X_i(i=1,2,\cdots,n)$ 也服从以 p 为参数的 0-1 分布,且 $P\{X_i=0\}=1-p,P\{X_i=1\}=p$,抽出 X_i 检测完后再放回,抽下一个个体 X_{i+1} 时,总体 X 成分保持不变,因此 X_{i+1} 的取值不因 X_i 的取定而受影响,故 X_i 与 X_{i+1} 相互独立,这样得到的样本就是一个简单随机样本.

如果总体单位无限,抽取有限个体后不会影响总体的分布,此时,不放回抽样也可得到简单随机样本. 在实际应用时,如果样本容量不超过总体个数的 5%,即可认为总体是无限的.

由此可见,利用简单随机样本进行统计推断,是建立在相互独立和同分布的随机变量的概率论基础上的.

设总体 X 的分布函数为 $F(x)$,则由定义 5.1 知,样本 $(X_1,X_2,\cdots,X_n)$ 的联合分布函数为

$$F(x_1,x_2,\cdots,x_n)=\prod_{i=1}^n F(x_i).$$

特别地,若总体 X 为连续型随机变量,其概率密度为 $f(x)$,则样本 $X_1, X_2,\cdots,X_n$ 的联合概率密度为

$$f(x_1,x_2,\cdots,x_n)=\prod_{i=1}^n f(x_i).$$

若总体 X 为离散型随机变量,其概率分布律为 $p(x)=P(X=x)$,x 取遍 X 所有可能取值,则样本 $X_1,X_2,\cdots,X_n$ 的联合概率分布为

$$p(x_1,x_2,\cdots,x_n)=\prod_{i=1}^n p(x_i).$$

例 1 设总体 X 服从参数为 λ 的泊松分布,$(X_1,X_2,\cdots,X_n)$ 为取自总体的样本,则样本的联合概率分布为

$$P\{X_1=x_1,X_2=x_2,\cdots,X_n=x_n\}=\prod_{k=1}^n P\{X=x_k\}$$

$$=\prod_{k=1}^n \frac{\lambda^{x_k}}{x_k!}e^{-\lambda}=\frac{\lambda^{\sum_{k=1}^n x_k}}{x_1!x_2!\cdots x_n!}e^{-n\lambda}.$$

例 2 设总体 X 服从正态分布 $N(\mu,\sigma^2)$,$(X_1,X_2,\cdots,X_n)$ 为取自总体的样本,则其样本的联合概率密度为

$$f(x_1,x_2,\cdots,x_n)=\prod_{i=1}^n \frac{1}{\sqrt{2\pi}\sigma}e^{-\frac{(x_i-\mu)^2}{2\sigma^2}}=\left(\frac{1}{\sqrt{2\pi}\sigma}\right)^n \exp\left(-\frac{\sum_{i=1}^n (x_i-\mu)^2}{2\sigma^2}\right).$$

三、统计量

样本是总体的一个反映,也是统计推断的依据. 但是在利用样本对总体某种性质进行推断时,必须对样本的性质有所取舍,即必须对样本进行一番加工和提炼,把相应的信息集中起来,加工成样本的某种函数,再根据这个样本函数的分布去对

总体进行统计推断.像这样,通过总体 X 的一个样本 $X_1, X_2, \cdots, X_n$ 对总体 X 的分布进行推断的问题为**统计推断问题**,在数理统计中,称这种由样本构造的函数为**统计量**.

定义 5.2 设 $X_1, X_2, \cdots, X_n$ 为总体 X 的一个样本,称此样本的任一不含总体分布未知参数的函数为该样本的**统计量**.

一般称仅含一个未知参数,但分布已知的样本函数为**枢轴量**.

例 3 设总体 X 服从正态分布, $E(X)=5$, $D(X)=\sigma^2$, σ^2 未知,其中 $X_1, X_2, \cdots, X_n$ 为来自总体 X 的样本,令

$$S_n = X_1 + X_2 + \cdots + X_n, \quad \overline{X} = \frac{S_n}{n},$$

则 S_n 与 $\overline{X}$ 均为样本 $X_1, X_2, \cdots, X_n$ 的统计量. 但若令

$$U = \frac{n(\overline{X} - 5)}{\sigma},$$

则 U 不是该样本的统计量,却是枢轴量,因为 U 中包含了总体分布中的一个未知参数 σ.

四、常用的统计量

设 $X_1, X_2, \cdots, X_n$ 是总体 X 的一个样本,得到以下常用的统计量.

1. 样本均值

称样本的算术平均值为**样本均值**,记为 $\overline{X}$,即

$$\overline{X} = \frac{1}{n}(X_1 + X_2 + \cdots + X_n) = \frac{1}{n}\sum_{i=1}^{n} X_i.$$

2. 样本方差

$$S^2 = \frac{1}{n-1}\sum_{i=1}^{n}(X_i - \overline{X})^2 = \frac{1}{n-1}\left[\sum_{i=1}^{n} X_i^2 - n\overline{X}^2\right].$$

S^2 称为**修正样本方差**, $S_n^2 = \frac{1}{n}\sum_{i=1}^{n}(X_i - \overline{X})^2$ 称为**未修正的样本方差**. 后面提到的样本方差,如不特别说明,均指修正样本方差 S^2.

3. 样本标准差

$$S = \sqrt{\frac{1}{n-1}\sum_{i=1}^{n}(X_i - \overline{X})^2}.$$

4. 样本原点矩

$$A_k = \frac{1}{n}\sum_{i=1}^{n} X_i^k, \quad k \geqslant 1.$$

称 A_k 为样本的 k **阶原点矩**. 显然, 一阶原点矩即为样本均值, 所以也称样本原点矩为样本均值的推广.

5. 样本中心矩

$$B_k = \frac{1}{n}\sum_{i=1}^{n}(X_i - \overline{X})^k, \quad k \geqslant 1.$$

称 B_k 为样本的 k **阶中心矩**. 显然, 二阶中心矩即为未修正的样本方差. 因此可以把样本中心矩视为未修正样本方差的推广.

上述的 5 种统计量称为**样本的矩统计量**, 简称为**样本矩**, 它们都可以表示为样本的显式函数. 除样本矩外, 还存在一类不能表示为样本矩函数的统计量.

6. 顺序统计量

设 $X_1, X_2, \cdots, X_n$ 为总体 X 的一个样本, 将样本观测值按照从小到大的顺序排列成

$$X_{(1)} \leqslant X_{(2)} \leqslant \cdots \leqslant X_{(n)},$$

则称 $(X_{(1)}, X_{(2)}, \cdots, X_{(n)})$ 为样本的一组顺序统计量, 称 $X_{(i)}$ 为样本的第 i 个顺序统计量 $(i=1,2,\cdots,n)$. 特别地, 分别称 $X_{(1)} = \min\{x_1, x_2, \cdots x_n\}$ 与 $X_{(n)} = \max\{x_1, x_2, \cdots, x_n\}$ 为样本的**最小顺序统计量**与**最大顺序统计量**, 并称 $X_{(n)} - X_{(1)}$ 为样本的**极差**.

5.2 常用的统计分布

5.1 节已经指出, 当取得总体 X 的样本 $(X_1, X_2, \cdots, X_n)$ 后, 通常是借助样本的统计量对未知的总体分布进行推断的, 从而就必须进一步确定相应的统计量所服从的分布. 除在概率论中所提到的常用分布外, 本节还要介绍几个在数理统计中常用的统计分布: χ^2 分布、t 分布、F 分布. 这几个分布都与正态总体有关, 并且在数理统计中经常用到, 尤为重要.

一、分位数

在统计推断中, 经常用到统计分布的一类数字特征——分位数, 所以首先给出分位数的相关定义与性质. 掌握这些相关概念, 对于后面查阅常用统计分布表是非常有用的.

设随机变量 X 的分布函数为 $F(x)$,对给定的实数 $\alpha(0<\alpha<1)$,若实数 F_α 满足
$$P\{X>F_\alpha\}=\alpha,$$
则称 F_α 为**随机变量 X 分布的水平 α 上侧分位数**.

设随机变量 X 的概率密度为偶函数,对给定的实数 $\alpha(0<\alpha<1)$,若实数 $T_{\frac{\alpha}{2}}$ 满足
$$P\{|X|>T_{\frac{\alpha}{2}}\}=\alpha,$$
则称 $T_{\frac{\alpha}{2}}$ 为**随机变量 X 分布的水平 α 双侧分位数**.

例如,标准正态分布的上侧分位数和双侧分位数图形如图 5-1 和图 5-2 所示.

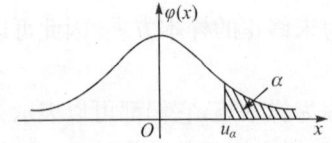 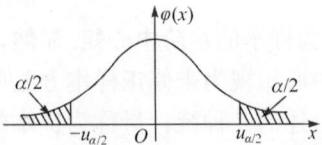

图 5-1 标准正态分布的水平 α 上侧分位数   图 5-2 标准正态分布的水平 α 双侧分位数

注 本书所涉及的标准正态分布的水平 α 上侧与双侧分位数分别记为 u_α 和 $u_{\frac{\alpha}{2}}$.

例 1 设 $\alpha=0.05$,求标准正态分布的水平 0.05 的双侧分位数与上侧分位数.

解 因为 $\Phi(u_{0.05})=1-0.05=0.95$,查标准正态分布表可得 $u_{0.05}=1.645$. 而水平 0.05 的双侧分位数为 $u_{0.025}$,且满足
$$\Phi(u_{0.025})=1-0.025=0.975.$$
查表得
$$u_{0.025}=1.96.$$

二、χ^2 分布

1. χ^2 分布的定义

定义 5.3 设 $X_1,X_2,\cdots,X_n$ 独立同分布于标准正态分布 $N(0,1)$,称统计量
$$X=X_1^2+X_2^2+\cdots+X_n^2$$
的分布为**自由度为 n 的 χ^2 分布**,记为 $X\sim\chi^2(n)$. 其概率密度为
$$f(x)=\frac{1}{2^{\frac{n}{2}}\Gamma\left(\frac{n}{2}\right)}x^{\frac{n}{2}-1}\mathrm{e}^{-\frac{x}{2}},\quad x>0,$$

其中 $\Gamma(r) = \int_0^{+\infty} x^{r-1} e^{-x} dx (r>0)$ 是 Γ(伽马) 函数. 其概率密度图形如图 5-3 所示.

从图 5-3 看出, 随着 n 的增大, 曲线的峰值向右移动, 图形变的比较扁平并趋于对称, 当 n 较大时, 可用正态分布来近似.

特别地, 当 $n=1$ 时, $X \sim \chi^2(1)$.

自由度可粗略地解释为相互独立的随机变量的个数. 例如, 有两个随机变量 X_1, X_2, 假设没有任何限制条件, 即相互独立, 则其自由度为 2. 但是, 假设 $X_1 + X_2 = 10$, 则其中任一随机变量的取值确定后, 另一随机变量的值也随之确定了, 所以自由度为 1. 一般而言, 自由度的含义和线性约束条件的概念相联系. 如果对于 n 个随机变量 $X_1, X_2, \cdots, X_n$, 存在一组不全为零的常数 $c_1, c_2, \cdots, c_n$, 使得 $c_1 X_1 + c_2 X_2 + \cdots + c_n X_n = c$, 则称随机变量 $X_1, X_2, \cdots, X_n$ 之间存在着一个线性约束条件, 即在 $X_1, X_2, \cdots, X_n$ 中, 仅有 $n-1$ 个随机变量可以自由变动, 另一个则不能自由变动. 换言之, 其中仅有 $n-1$ 自由变量, 故自由度为 $n-1$.

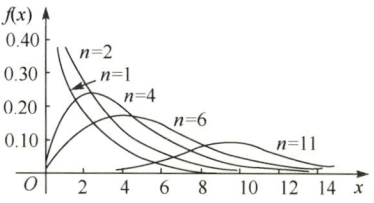

图 5-3 χ^2 分布的概率密度曲线

2. χ^2 分布的性质

(1) 若 $X \sim \chi^2(m), Y \sim \chi^2(n)$, 且 X 与 Y 相互独立, 则
$$X + Y \sim \chi^2(m+n).$$

(2) 若 $X \sim \chi^2(n)$, 则 $E(X) = n, D(X) = 2n$.

证 设 $X_1, X_2, \cdots, X_{m+n}$ 独立同分布, 且均服从标准正态分布 $N(0,1)$.

(1) 由于 $X \sim \chi^2(m)$, 根据定义 5.3, X 与 $X_1^2 + X_2^2 + \cdots + X_m^2$ 同分布, 其中 $X_i \sim N(0,1) (i=1, 2, \cdots, m)$, Y 与 $X_{m+1}^2 + X_{m+2}^2 + \cdots + X_{m+n}^2$ 同分布, 并且 $X_i \sim N(0,1)$ $(i = m+1, \cdots, m+n)$, 于是由 X 与 Y 相互独立知, $X + Y$ 与 $X_1^2 + X_2^2 + \cdots + X_{m+n}^2$ 同分布, 从而得
$$X + Y \sim \chi^2(m+n).$$

(2) 设 $X_1, X_2, \cdots, X_n$ 相互独立, 且均服从标准正态分布 $N(0,1)$, 则由 $X \sim \chi^2(n)$ 知, X 与 $X_1^2 + X_2^2 + \cdots + X_n^2$ 同分布, 于是
$$E(X) = E\left(\sum_{i=1}^n X_i^2\right) = \sum_{i=1}^n E(X_i^2) = \sum_{i=1}^n D(X_i) = n.$$

由于 $E(X_i^4) = 3$ (请读者自己完成), 从而有
$$D(X_i^2) = E(X_i^4) - [E(X_i^2)]^2 = 3 - 1 = 2.$$

再因 $X_1, X_2, \cdots, X_n$ 相互独立,即得

$$D(X) = D\left[\sum_{i=1}^{n} X_i^2\right] = \sum_{i=1}^{n} D(X_i^2) = 2n.$$

3. χ^2 分布的上侧分位数

定义 5.4 设 $X \sim \chi^2(n)$,对给定的实数 $\alpha(0<\alpha<1)$,称满足条件

$$P\{X > \chi_\alpha^2(n)\} = \int_{\chi_\alpha^2(n)}^{+\infty} f(x)\mathrm{d}x = \alpha$$

的实数 $\chi_\alpha^2(n)$ 为**自由度为 n 的 χ^2 分布水平 α 上侧分位数**,记为 $\chi_\alpha^2(n)$,它除与 n 有关外,还与 α 有关.

本书末附有 χ^2 分布上侧分位数表(见附表 3).

例 2 已知 $X \sim \chi^2(12)$,求满足 $P\{X > \lambda_1\} = 0.025, P\{X < \lambda_2\} = 0.05$ 的 λ_1 和 λ_2.

解 查 χ^2 分布上侧分位数表,由 $n=12, \alpha=0.025$ 可得 $\lambda_1 = 23.336$,对于 $P\{X < \lambda_2\} = 0.05$,无法直接查表,可以转换格式

$$P\{X < \lambda_2\} = 1 - P\{X \geqslant \lambda_2\} = 0.05,$$

所以 $P\{X \geqslant \lambda_2\} = 0.95$,查表得 $\lambda_2 = 5.226$.

例 3 设 $X_1, X_2, \cdots, X_6$ 是来自总体 $N(0,1)$ 的样本,又设

$$Y = (X_1 + X_2 + X_3)^2 + (X_4 + X_5 + X_6)^2,$$

试求常数 C,使得 CY 服从 χ^2 分布.

解 因为 $X_1 + X_2 + X_3 \sim N(0,3), X_4 + X_5 + X_6 \sim N(0,3)$,所以

$$\frac{X_1 + X_2 + X_3}{\sqrt{3}} \sim N(0,1), \quad \frac{X_4 + X_5 + X_6}{\sqrt{3}} \sim N(0,1),$$

且它们相互独立. 于是

$$\left(\frac{X_1 + X_2 + X_3}{\sqrt{3}}\right)^2 + \left(\frac{X_4 + X_5 + X_6}{\sqrt{3}}\right)^2 \sim \chi^2(2).$$

故取 $C = \frac{1}{3}$,并且 $\frac{1}{3}Y \sim \chi^2(2)$.

三、t 分布

1. t 分布的定义

定义 5.5 设 $X \sim N(0,1), Y \sim \chi^2(n)$,且 X 与 Y 相互独立,则

$$T = \frac{X}{\sqrt{Y/n}}$$

的分布称为服从**自由度为** n 的 t **分布**,记为 $T\sim t(n)$.

t 分布的概率密度为

$$f(x)=\frac{1}{B\left(\frac{1}{2},\frac{n}{2}\right)}\cdot\frac{1}{\sqrt{n}}\left(1+\frac{x^2}{n}\right)^{-\frac{n+1}{2}}, \quad -\infty<x<+\infty, n>0,$$

$f(x)$ 图形如图 5-4 所示.

其中,$B(p,q) = \int_0^1 x^{p-1}(1-x)^{q-1}dx(p>0, q>0)$ 是 B(贝塔) 函数.

由图 5-4 看到,随着自由度的不同,t 分布的概率密度曲线也不同. 其概率密度曲线为单峰曲线,且关于 y 轴对称,在 $x=0$ 处取到最大值,x 轴为其水平渐近线.

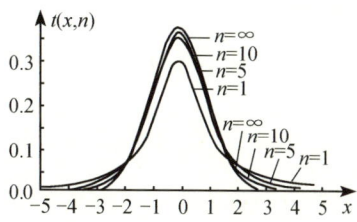

图 5-4 t 分布的概率密度曲线

2. t 分布的性质

(1) 若 $X\sim t(n)$,则当 $n\to\infty$ 时,有 $X\sim N(0,1)$. 即当自由度 n 很大时,t 分布接近于标准正态分布.

(2) 若 $X\sim t(n)$,则 $E(X)=0, D(X)=\dfrac{n}{n-2}(n>2)$.

3. t 分布的上侧分位数

定义 5.6 设 $T\sim t(n)$,对给定的实数 $\alpha(0<\alpha<1)$,称满足条件

$$P\{T>t_\alpha(n)\}=\int_{t_\alpha(n)}^{+\infty} f(x)dx = \alpha$$

的实数 $t_\alpha(n)$ 为**自由度为** n 的 t **分布的水平** α **上侧分位数**,记为 $t_\alpha(n)$.

由 t 分布概率密度 $f(x)$ 的对称性,有 $t_{1-\alpha}(n)=-t_\alpha(n)$. 对不同的 α 与 n,t 分布的上侧分位数可从本书附表 5 中查得.

例如:设 $T\sim t(8)$,水平 $\alpha=0.05$,查附表 5 得 $t_{0.05}(8)=1.860$.

例 4 设随机变量 $X\sim N(2,1)$,随机变量 Y_1, Y_2, Y_3, Y_4 均服从 $N(0,4)$,且 $X, Y_i (i=1,2,3,4)$ 都相互独立,令

$$T=\frac{4(X-2)}{\sqrt{\sum_{i=1}^{4} Y_i^2}}.$$

试求 T 的分布.

解 由于

$$X-2\sim N(0,1), \quad \frac{Y_i}{2}\sim N(0,1), \quad i=1,2,3,4.$$

故由 t 分布的定义知

$$T = \frac{4(X-2)}{\sqrt{\sum_{i=1}^{4} Y_i^2}} = \frac{X-2}{\sqrt{\sum_{i=1}^{4}\left(\frac{Y_i}{4}\right)^2}} = \frac{X-2}{\sqrt{\sum_{i=1}^{4}\left(\frac{Y_i}{2}\right)^2 / 4}} \sim t(4),$$

即 T 服从自由度为 4 的 t 分布：$T \sim t(4)$.

四、F 分布

1. F 分布的定义

定义 5.7 设 $X \sim \chi^2(m), Y \sim \chi^2(n)$，且 X 与 Y 相互独立，则随机变量 $F = \dfrac{X/m}{Y/n}$ 的分布称为第一自由度为 m（分子 X 的自由度），第二自由度为 n（分母 Y 的自由度）的 F 分布，记为 $F \sim F(m, n)$. 其概率密度为

$$f(x; m, n) = \frac{1}{\mathrm{B}\left(\frac{m}{2}, \frac{n}{2}\right)} \left(\frac{m}{n}\right) \left(\frac{m}{n} x\right)^{\frac{m}{2}-1} \left(1 + \frac{m}{n} x\right)^{-\frac{1}{2}(m+n)}, \quad x > 0.$$

F 分布的概率密度 $f(x)$ 的图形如图 5-5 所示，从图 5-5 可以看出，随着自由度的不同，F 分布概率密度曲线也不同.

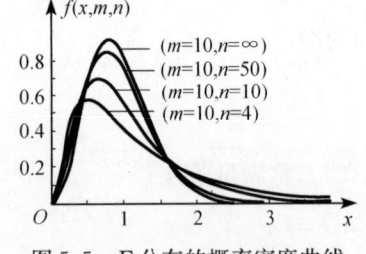

图 5-5 F 分布的概率密度曲线

2. F 分布的性质

(1) 若 $X \sim t(n)$，则 $X^2 \sim F(1, n)$.

(2) 若 $F \sim F(m, n)$，则 $\dfrac{1}{F} \sim F(n, m)$.

证 (1) 由定义 5.5 可得.

(2) 设随机变量 $X \sim \chi^2(m), Y \sim \chi^2(n)$，且 X 与 Y 相互独立，则由 F 分布的定义可知

$$F = \frac{X/m}{Y/n} \sim F(m, n),$$

又

$$\frac{1}{F} = \frac{Y/n}{X/m} \sim F(n, m),$$

所以，$\dfrac{1}{F} \sim F(n, m)$.

3. F 分布的上侧分位数

定义 5.8 设 $F \sim F(m, n)$，对于给定的实数 $\alpha(0 < \alpha < 1)$，称满足条件

$$P\{F > F_\alpha(m,n)\} = \int_{F_\alpha(m,n)}^{+\infty} f(x)\,\mathrm{d}x = \alpha$$

的实数 $F_\alpha(m,n)$ 为**自由度为 m 和 n 的 F 分布水平 α 上侧分位数**,记为 $F_\alpha(m,n)$.

书末附表 4 是 F 分布上侧分位数 $F_\alpha(m,n)$ 的数值表.

例 5 设 $F \sim F(8,7)$,求满足 $P\{F > \lambda_1\} = 0.025, P\{F < \lambda_2\} = 0.025$ 的 λ_1 和 λ_2.

解 (1) 查 F 分布上侧分位数表 $\alpha = 0.025$,第一自由度为 8,第二自由度为 7,得 $\lambda_1 = 4.90$.

(2) 对于 $P\{F < \lambda_2\} = 0.025$,无法直接查表,变换形式,有

$$P\{F < \lambda_2\} = P\left\{\frac{1}{F} > \frac{1}{\lambda_2}\right\} = 0.025.$$

由 F 分布的性质 2 知,$\frac{1}{F} \sim F(7,8)$. 查 $\alpha = 0.025$ 的 F 分布上侧分位数表,得 $\frac{1}{\lambda_2} = 4.53$,即

$$P\left\{F < \frac{1}{4.53}\right\} = 0.025.$$

所以

$$\lambda_2 = \frac{1}{4.53} = 0.22.$$

例 6 设总体 $X \sim N(0,1), X_1, X_2, \cdots, X_n$ 是来自总体 X 的一个样本,试问统计量

$$Y = \left(\frac{n}{5} - 1\right) \sum_{i=1}^{5} X_i^2 \Big/ \sum_{i=6}^{n} X_i^2, \quad n > 5$$

服从何种分布?

解 因为 $X_i \sim N(0,1)(i=1,2,\cdots,n)$,故 $\sum_{i=6}^{n} X_i^2 \sim \chi^2(n-5)$,且 $\sum_{i=1}^{5} X_i^2$ 与 $\sum_{i=6}^{n} X_i^2$ 相互独立,所以

$$\frac{\sum_{i=1}^{5} X_i^2 / 5}{\sum_{i=6}^{n} X_i^2 / (n-5)} \sim F(5, n-5).$$

从而得 $Y \sim F(5, n-5)$.

5.3 抽样分布

一、抽样分布概述

一般而言,总体 X 的分布类型是已知的,但其中包含未知参数,因此需要对总体的未知参数进行统计推断,这类问题称为**参数统计推断**. 在参数统计推断问题中,一般通过总体 X 的样本构造恰当的统计量,并使其服从已知的分布. 在数理统计中,把统计量的分布称为**抽样分布**.

统计量的概率分布是进行统计推断的依据,本节将介绍在统计推断中常用到的几个统计量的分布.

二、正态总体的抽样分布

1. 单个正态总体的抽样分布

设总体 X 的均值为 μ,方差为 σ^2,$X_1, X_2, \cdots, X_n$ 是来自总体 X 的一个样本,$\bar{X}$ 与 S^2 分别是样本均值和样本方差. 当总体 X 的分布是正态分布时,自然关心的是如何推断总体 X 的均值和方差,而与总体均值和方差有关的统计量就是样本均值和样本方差,并且满足

$$E(\bar{X}) = \mu, \quad D(\bar{X}) = \frac{\sigma^2}{n}.$$

$$\begin{aligned}E(S^2) &= E\left[\frac{1}{n-1}\left(\sum_{i=1}^{n} X_i^2 - n\bar{X}^2\right)\right] \\ &= \frac{1}{n-1}\left[\sum_{i=1}^{n} E(X_i^2) - nE(\bar{X})^2\right] \\ &= \frac{1}{n-1}\left[\sum_{i=1}^{n}(\sigma^2 + \mu^2) - n\left(\frac{\sigma^2}{n} + \mu^2\right)\right] = \sigma^2.\end{aligned}$$

定理 5.1 设 $X_1, X_2, \cdots, X_n$ 是来自总体 $N(\mu, \sigma^2)$ 的样本,其样本均值和样本方差分别为

$$\bar{X} = \frac{1}{n}\sum_{i=1}^{n} X_i \text{ 和 } S^2 = \frac{1}{n-1}\sum_{i=1}^{n}(X_i - \bar{X})^2,$$

则有

(1) $\bar{X}$ 与 S^2 相互独立;

(2) $\bar{X} \sim N\left(\mu, \frac{\sigma^2}{n}\right)$;

(3) $\dfrac{(n-1)S^2}{\sigma^2} \sim \chi^2(n-1)$.

证明略.

推论 5.1 设 $X_1, X_2, \cdots, X_n$ 是来自总体 $N(\mu, \sigma^2)$ 的样本, $\overline{X}$ 与 S^2 分别是样本均值和样本方差, 则

(1) $\dfrac{\sum\limits_{i=1}^{n}(X_i-\mu)^2}{\sigma^2} \sim \chi^2(n)$；

(2) $U=\dfrac{\overline{X}-\mu}{\sigma/\sqrt{n}} \sim N(0,1)$；

(3) $T=\dfrac{\overline{X}-\mu}{S/\sqrt{n}} \sim t(n-1)$.

证 (1) 由 χ^2 分布的定义易得.

(2) 由定理 5.1 知 $\overline{X} \sim N\left(\mu, \dfrac{\sigma^2}{n}\right)$, 将 $\overline{X}$ 标准化, 得

$$U=\dfrac{\overline{X}-\mu}{\sigma/\sqrt{n}} \sim N(0,1).$$

(3) 由定理 5.1 知 U 与 $\dfrac{(n-1)S^2}{\sigma^2}$ 相互独立, 于是由 t 分布定义, 得

$$\dfrac{\dfrac{\overline{X}-\mu}{\sigma/\sqrt{n}}}{\sqrt{\dfrac{(n-1)S^2}{\sigma^2}/(n-1)}} = \dfrac{\overline{X}-\mu}{S/\sqrt{n}} \sim t(n-1),$$

即 $T=\dfrac{\overline{X}-\mu}{S/\sqrt{n}} \sim t(n-1)$.

例 1 设 $X \sim N(21, 2^2)$, $X_1, X_2, \cdots, X_{25}$ 为 X 的一个样本, 求:

(1) 样本均值 $\overline{X}$ 的数学期望与方差;

(2) $P\{|\overline{X}-21| \leqslant 0.24\}$.

解 (1) 因为 $X \sim N(21, 2^2)$, 样本容量 $n=25$, 所以 $\overline{X} \sim N\left(21, \dfrac{4}{25}\right)$, 于是

$$E(\overline{X})=21, \quad D(\overline{X})=\dfrac{4}{25}=0.16.$$

(2) 由 $\overline{X} \sim N\left(21, \dfrac{4}{25}\right)$, 得 $\dfrac{\overline{X}-21}{\sqrt{0.16}} \sim N(0,1)$, 所以

$$P\{|\overline{X}-21| \leqslant 0.24\}$$
$$=P\left\{\left|\dfrac{\overline{X}-21}{0.4}\right| \leqslant \dfrac{0.24}{0.4}\right\}$$

$$= P\left\{\left|\frac{\overline{X}-21}{0.4}\right| \leqslant 0.6\right\}$$
$$= 2\Phi(0.6) - 1 = 0.4514.$$

例2 设 $X \sim N(\mu, 0.5^2)$，$X_1, X_2, \cdots, X_{10}$ 是来自总体 X 的样本，其中 $\overline{X}$ 是样本均值，若 μ 未知，试计算概率：

(1) $P\left\{\sum_{i=1}^{10}(X_i-\mu)^2 \geqslant 1.817\right\}$； (2) $P\left\{\sum_{i=1}^{10}(X_i-\overline{X})^2 < 2.664\right\}$.

解 由 $X_i \sim N(\mu, 0.5^2)$，有 $\frac{X_i-\mu}{0.5} \sim N(0,1)$ $(i=1,2,\cdots,10)$，从而

$$\sum_{i=1}^{10}\left(\frac{X_i-\mu}{0.5}\right)^2 = 4\sum_{i=1}^{10}(X_i-\mu)^2 \sim \chi^2(10),$$

$$\sum_{i=1}^{10}\left(\frac{X_i-\overline{X}}{0.5}\right)^2 = 4\sum_{i=1}^{10}(X_i-\overline{X})^2 \sim \chi^2(9).$$

故

$$P\left\{\sum_{i=1}^{10}(X_i-\mu)^2 \geqslant 1.817\right\} = P\left\{4\sum_{i=1}^{10}(X_i-\mu)^2 \geqslant 7.268\right\},$$

查 χ^2 分布表得，$\chi^2_{0.7}(10) = 7.267$，故

$$P\left\{\sum_{i=1}^{10}(X_i-\mu)^2 \geqslant 1.817\right\} = 0.7.$$

同理可得

$$P\left\{\sum_{i=1}^{10}(X_i-\overline{X})^2 < 2.664\right\} = 1 - P\left\{\sum_{i=1}^{10}(X_i-\overline{X})^2 \geqslant 2.664\right\}$$
$$= 1 - P\left\{4\sum_{i=1}^{10}(X_i-\overline{X})^2 \geqslant 10.656\right\}.$$

查 χ^2 分布表得，$\chi^2_{0.3}(9) = 10.656$，故

$$P\left\{\sum_{i=1}^{10}(X_i-\overline{X})^2 < 2.664\right\} = 1 - 0.3 = 0.7.$$

2. 两个正态总体的抽样分布

推论5.2 设总体 $X \sim N(\mu_1, \sigma_1^2)$，$Y \sim N(\mu_2, \sigma_2^2)$，且 X 与 Y 相互独立，$X_1, X_2, \cdots, X_{n_1}$ 与 $Y_1, Y_2, \cdots, Y_{n_2}$ 分别为来自总体 X 与 Y 的样本，则

(1) $U = \dfrac{(\overline{X}-\overline{Y})-(\mu_1-\mu_2)}{\sqrt{\dfrac{\sigma_1^2}{n_1}+\dfrac{\sigma_2^2}{n_2}}} \sim N(0,1)$；

(2) $F = \left(\dfrac{\sigma_2}{\sigma_1}\right)^2 \cdot \dfrac{S_1^2}{S_2^2} \sim F(n_1-1, n_2-1)$；

(3) 当 $\sigma_1^2=\sigma_2^2=\sigma^2$ 时,

$$T=\frac{(\overline{X}-\overline{Y})-(\mu_1-\mu_2)}{S_w\sqrt{\dfrac{1}{n_1}+\dfrac{1}{n_2}}}\sim t(n_1+n_2-2).$$

其中

$$S_w^2=\frac{n_1-1}{n_1+n_2-2}S_1^2+\frac{n_2-1}{n_1+n_2-2}S_2^2.$$

证 (1) 由题设,总体 $X\sim N(\mu_1,\sigma_1^2)$,且 $X_i\sim N(\mu_1,\sigma_1^2)$,$i=1,2,\cdots,n_1$,由定理 5.1 知,$\overline{X}\sim N\left(\mu_1,\dfrac{\sigma_1^2}{n_1}\right)$.

同理,总体 $Y\sim N(\mu_2,\sigma_2^2)$,且 $Y_i\sim N(\mu_2,\sigma_2^2)$,$i=1,2,\cdots,n_2$,有

$$\overline{Y}\sim N\left(\mu_2,\dfrac{\sigma_2^2}{n_2}\right),$$

又 X 与 Y 相互独立,因此 $\overline{X},\overline{Y}$ 相互独立,于是得

$$U=\frac{(\overline{X}-\overline{Y})-(\mu_1-\mu_2)}{\sqrt{\dfrac{\sigma_1^2}{n_1}+\dfrac{\sigma_2^2}{n_2}}}\sim N(0,1).$$

(2) 由题设,利用推论 5.1 得

$$\frac{n_1-1}{\sigma_1^2}S_1^2\sim\chi^2(n_1-1),\quad \frac{n_2-1}{\sigma_2^2}S_2^2\sim\chi^2(n_2-1).$$

再因两个总体 X 与 Y 相互独立,从而它们的样本方差也相互独立,故由定义 5.7 知

$$F=\frac{\dfrac{n_1-1}{\sigma_1^2}S_1^2\Big/(n_1-1)}{\dfrac{n_2-1}{\sigma_2^2}S_2^2\Big/(n_2-1)}\sim F(n_1-1,n_2-1).$$

(3) 当 $\sigma_1^2=\sigma_2^2=\sigma^2$ 时,由结论(1)可知

$$U=\frac{(\overline{X}-\overline{Y})-(\mu_1-\mu_2)}{\sigma\sqrt{\dfrac{1}{n_1}+\dfrac{1}{n_2}}}\sim N(0,1),$$

另外由推论 5.1 及 χ^2 分布的独立可加性,有

$$V=\frac{1}{\sigma^2}[(n_1-1)S_1^2+(n_2-1)S_2^2]\sim\chi^2(n_1+n_2-2),$$

此外,U 与 V 相互独立,由定义 5.5 有

$$\frac{U}{\sqrt{\dfrac{V}{n_1+n_2-2}}}\sim t(n_1+n_2-2),$$

又因

$$\frac{V}{n_1+n_2-2}=\frac{1}{\sigma^2}S_w^2,$$

即有

$$T=\frac{(\overline{X}-\overline{Y})-(\mu_1-\mu_2)}{S_w\sqrt{\dfrac{1}{n_1}+\dfrac{1}{n_2}}}=\frac{U}{\sqrt{\dfrac{V}{n_1+n_2-2}}}\sim t(n_1+n_2-2).$$

例3 设两个总体 X 与 Y 都服从正态分布 $N(20,3)$,现从总体 X 与 Y 中分别抽取容量为 $n_1=10, n_2=15$ 的两个相互独立的样本,求 $P\{|\overline{X}-\overline{Y}|>0.3\}$.

解 由条件及推论 5.2,有

$$\frac{(\overline{X}-\overline{Y})-(20-20)}{\sqrt{\dfrac{3}{10}+\dfrac{3}{15}}}=\frac{\overline{X}-\overline{Y}}{\sqrt{0.5}}\sim N(0,1).$$

从而

$$P\{|\overline{X}-\overline{Y}|>0.3\}=1-P\left\{\left|\frac{\overline{X}-\overline{Y}}{\sqrt{0.5}}\right|\leqslant\frac{0.3}{\sqrt{0.5}}\right\}$$

$$=1-\left[2\Phi\left(\frac{0.3}{\sqrt{0.5}}\right)-1\right]$$

$$=2-2\Phi(0.42)=0.6744.$$

例4 设总体 X 与 Y 均服从正态分布 $N(30,9)$,且 X 与 Y 相互独立,$X_1, X_2,\cdots,X_{15}$ 与 $Y_1,Y_2,\cdots,Y_{16}$ 是分别来自总体 X 和 Y 的样本,$\overline{X},\overline{Y},S_1^2$ 和 S_2^2 分别是这两个样本的均值和方差. 求 $P\{S_1^2/S_2^2\leqslant 0.34\}$.

解 因 $\sigma_1^2=\sigma_2^2=9$,由推论 5.2,有

$$\frac{S_1^2}{S_2^2}\sim F(14,15),$$

又 F 分布上侧分位数表中没有 $n_1=14, n_2=15$,可转化为

$$\frac{S_2^2}{S_1^2}\sim F(15,14).$$

于是

$$P\left\{\frac{S_1^2}{S_2^2}\leqslant 0.34\right\}=P\left\{\frac{S_2^2}{S_1^2}\geqslant\frac{1}{0.34}\right\}$$

$$= P\left\{\frac{S_2^2}{S_1^2} \geqslant 2.941\right\}.$$

查 F 分布的上侧分位数表得，$F_{0.025}(15,14)=2.95$，于是

$$P\left\{\frac{S_1^2}{S_2^2} \leqslant 0.34\right\} = 0.025.$$

三、非正态总体的抽样分布

当总体 X 不服从正态分布，只要样本容量 n 充分大（$n>50$），即大样本时，由中心极限定理，可以得到如下定理。

定理 5.2 设 $X_1, X_2, \cdots, X_n$ 为独立同分布，且有

$$E(X_i) = \mu, \quad D(X_i) = \sigma^2 < +\infty, \quad i = 1, 2, \cdots, n.$$

令 $T_n = X_1 + X_2 + \cdots + X_n$，则有

$$\lim_{n \to \infty} P\left\{\frac{T_n - E(T_n)}{\sqrt{D(T_n)}} \leqslant x\right\} = \int_{-\infty}^{x} \frac{1}{\sqrt{2\pi}} e^{-\frac{t^2}{2}} dt = \Phi(x).$$

定理 5.2 说明，只要 n 充分大时，随机变量

$$\frac{T_n - E(T_n)}{\sqrt{D(T_n)}} = \frac{\sum_{i=1}^{n} X_i - n\mu}{\sqrt{n\sigma^2}} = \frac{\overline{X} - \mu}{\sigma/\sqrt{n}}$$

总是近似服从标准正态分布（无论方差 σ^2 已知或未知），即

$$\frac{\overline{X} - \mu}{\sigma/\sqrt{n}} \sim N(0,1),$$

其中 $\overline{X} = \frac{1}{n} T_n$。

习 题 5

(A)

1. 设总体 X 服从以 $p(0<p<1)$ 为参数的几何分布，$X_1, X_2, \cdots, X_n$ 为其一个样本，求该样本的离散样本密度。

2. 设总体 X 服从以 $\alpha(\alpha>0)$ 为参数的指数分布，$X_1, X_2, \cdots, X_n$ 为其中一个样本，求该样本的样本密度。

3. 设总体 X 服从闭区间 $[0,1]$ 上的均匀分布，$X_1, X_2, \cdots, X_n$ 为其中一个样本，求该样本的样本密度。

4. 设 X 服从两点分布 $b(1,p)(0<p<1)$，即

$$P\{X=1\} = p, \quad P\{X=0\} = 1-p,$$

其中 p 为未知参数，$X_1, X_2, \cdots, X_n$ 为取自 X 的一个样本，

(1) 请指出 $X_1+X_2+X_3$, $\max\{X_i, i=1,\cdots,n\}$, $(X_n-X_1)^2$, X_n+2p 中哪些是统计量，哪些是枢轴量？

(2) 如果总体的一组样本值为 $(0,1,0,1,1)$，试计算它的样本均值和样本方差．

5. 设 $(x_1, x_2, \cdots, x_n)$ 与 $(\mu_1, \mu_2, \cdots, \mu_n)$ 为两组样本的样本值，它们有下列关系
$$\mu_i = \frac{x_i - a}{b}, \quad b \neq 0, a \text{ 为常数}, i=1,2,\cdots,n.$$
求样本均值 $\bar{x}, \bar{\mu}$ 及样本方差 S_x^2, S_μ^2 之间的关系．

6. 查表求标准正态分布的下列上侧分位数
$$u_{0.4}, u_{0.2}, u_{0.1}, u_{0.05}.$$

7. 查表求 χ^2 分布的下列上侧分位数
$$\chi^2_{0.95}(5), \chi^2_{0.05}(5), \chi^2_{0.99}(10), \chi^2_{0.01}(10).$$

8. 查表求 t 分布的下列上侧分位数
$$t_{0.05}(3), t_{0.01}(5), t_{0.10}(7), t_{0.005}(10).$$

9. 查表求 F 分布的下列上侧分位数
$$F_{0.95}(4,6), F_{0.975}(3,7), F_{0.99}(5,5).$$

10. 在总体 $X \sim N(80, 20^2)$ 中随机抽取一个容量为 100 的样本，求样本均值与总体数学期望之差绝对值大于 3 的概率．

11. 设 $X_1, X_2, \cdots, X_n$ 为取自正态总体 $N(\mu, \sigma^2)$ 的一个样本，$\bar{X}$ 是样本均值，记
$$S_1^2 = \frac{1}{n-1}\sum_{i=1}^n (X_i - \bar{X})^2, \quad S_2^2 = \frac{1}{n}\sum_{i=1}^n (X_i - \bar{X})^2,$$
$$S_3^2 = \frac{1}{n-1}\sum_{i=1}^n (X_i - \mu)^2, \quad S_4^2 = \frac{1}{n}\sum_{i=1}^n (X_i - \mu)^2,$$
则服从自由度为 $n-1$ 的 t 分布的随机变量是（   ）．

(A) $T = \dfrac{\bar{X}-\mu}{S_1/\sqrt{n-1}}$;   (B) $T = \dfrac{\bar{X}-\mu}{S_2/\sqrt{n-1}}$;

(C) $T = \dfrac{\bar{X}-\mu}{S_3/\sqrt{n}}$;   (D) $T = \dfrac{\bar{X}-\mu}{S_4/\sqrt{n}}$.

12. 设 X_1, X_2, X_3, X_4 为来自正态分布 $N(1, \sigma^2)(\sigma > 0)$ 的一个样本，则统计量 $\dfrac{X_1 - X_2}{|X_3 + X_4 - 2|}$ 的分布为（   ）．

(A) $N(0,1)$;   (B) $t(1)$;   (C) $\chi^2(1)$;   (D) $F(1,1)$.

13. 设 X_1, X_2, X_3, X_4 为来自正态总体 $N(0,4)$ 的样本，记
$$X = a(X_1 - 2X_2)^2 + b(3X_3 - 4X_4)^2,$$
试确定 a, b 的值，使统计量 X 服从 χ^2 分布，并求其自由度．

14. 设总体 $X \sim N(\mu, 0.3^2)$，$X_1, X_2, \cdots, X_n$ 为总体的一个样本，$\bar{X}$ 是样本均值，样本容量 n 至少应取多大，才能使 $P\{|\bar{X} - \mu| < 0.1\} \geq 0.95$．

15. 设总体 $X \sim N(20, 3)$，从 X 中分别抽取容量为 10 和 15 的两个相互独立的样本，求两

样本均值之差的绝对值大于 0.3 的概率.

(B)

1. 设 $X_1, X_2, \cdots, X_{10}$ 为来自正态分布 $N(0, 0.09)$ 的一个样本,求
$$P\left\{\sum_{i=1}^{10} X_i^2 > 1.44\right\}.$$

2. 设 $X_1, X_2, \cdots, X_9$ 是取自正态总体 $X \sim N(\mu, \sigma^2)$ 的样本,且
$$Y_1 = \frac{1}{6}(X_1 + X_2 + \cdots + X_6), \quad Y_2 = \frac{1}{3}(X_7 + X_8 + X_9), \quad S^2 = \frac{1}{2}\sum_{i=7}^{9}(X_i - Y_2)^2.$$
求证:$Z = \dfrac{\sqrt{2}(Y_1 - Y_2)}{S} \sim t(2)$.

3. 设 $X_1, X_2, \cdots, X_n, X_{n+1}$ 为来自正态总体 $N(\mu, \sigma^2)$ 的样本, $\overline{X} = \dfrac{1}{n}\sum_{i=1}^{n} X_i$,求:(1) $X_{n+1} - \overline{X}$ 服从的分布;(2) $X_1 - \overline{X}$ 服从的分布.

4. 假设 $X_1, X_2, \cdots, X_9$ 是来自总体 $X \sim N(0, 2^2)$ 的样本,求常数 a, b, c, 使
$$Q = a(X_1 + X_2)^2 + b(X_3 + X_4 + X_5)^2 + c(X_6 + X_7 + X_8 + X_9)^2$$
服从 χ^2 分布,并求其自由度.

5. 设 $X_1, X_2, \cdots, X_n$ 是来自总体 $X \sim N(\mu, \sigma^2)$ 的样本,试证:
$$E\left[\sum_{i=1}^{n}(X_i - \overline{X})^2\right]^2 = (n^2 - 1)\sigma^4.$$

6. 设总体 $X \sim N(\mu, \sigma^2)$,抽取容量为 20 的样本 $X_1, X_2, \cdots, X_{20}$ 求:

(1) $P\left\{10.9 \leqslant \dfrac{1}{\sigma^2}\sum_{i=1}^{20}(X_i - \mu)^2 \leqslant 37.6\right\}$;

(2) $P\left\{11.7 \leqslant \dfrac{1}{\sigma^2}\sum_{i=1}^{20}(X_i - \overline{X})^2 \leqslant 38.6\right\}$.

7. 设总体 X 的二阶原点矩存在, $X_1, X_2, \cdots, X_n$ 为其一个样本, $\overline{X}$ 为该样本的样本均值,试证:$X_i - \overline{X}$ 与 $X_j - \overline{X}$ $(i \neq j)$ 的相关系数为
$$\rho = -\frac{1}{n-1}.$$

8. 设随机变量 $|X|$ 具有对称的概率密度 $f(x)$,$F(x)$ 为其分布函数,再设 $g(x)$ 与 $G(x)$ 分别为 $|X|$ 的概率密度与分布函数. 证明:

(1) $F(x) + F(-x) = 1, G(x) = 2F(x) - 1, \forall x \geqslant 0$;

(2) $f(x) = \dfrac{1}{2}g(|x|)$.

9. 设 $X_1, X_2, \cdots, X_n$ 是总体 X 的一个容量为 n 的样本, S_n^2 该样本的样本方差. 设总体 X 的方差 $D(X) = \sigma^2$ 存在,试证:$S_n^2 \xrightarrow{P} \sigma^2, \dfrac{S_n}{\sigma} \xrightarrow{P} 1$.

第6章 参数估计

统计推断,即由样本推断总体,是数理统计的核心部分.可以分为两大类:第一类是统计估计;第二类是假设检验.而统计估计又根据所要解决任务的不同,分为推断总体的分布及推断总体分布中的未知参数.本章只涉及推断总体分布中的未知参数,即已知总体 X 的分布类型,但不知道其中某些参数的真值;根据提供估计方式的不同,又分为点估计和区间估计.例如:已知总体 X 服从泊松分布,但不知其参数 λ 等于多少.这时希望通过所拥有的样本对未知参数作出推断,这就是参数估计问题.

6.1 点估计概述

本节介绍参数的点估计的概念,并且给出衡量估计量优劣的三个标准:无偏性、有效性、相合性.

一、点估计的概念

定义 6.1 设总体 $X \sim F(x;\theta)$,其中 θ 是未知参数,$X_1, X_2, \cdots, X_n$ 是来自总体 X 的样本,构造适当的统计量 $\hat{\theta} = \hat{\theta}(X_1, X_2, \cdots, X_n)$ 去估计未知参数 θ,这种用统计量 $\hat{\theta}$ 去估计未知参数 θ 的方法,称为对未知参数 θ 的**点估计**.且称 $\hat{\theta}$ 为 θ 的**点估计量**.

由于样本是一组相互独立并且与总体 X 同分布的随机变量,所以估计量 $\hat{\theta}$ 也是随机变量,如果给定一组样本值 $(x_1, x_2, \cdots, x_n)$,此时称 $\hat{\theta}(x_1, x_2, \cdots, x_n)$ 为待估参数 θ 的**点估计值**.由此可见,估计量是样本的函数,而估计值是样本的一个函数值.在不会引起误会的场合,估计量与估计值统称为**点估计**,简称为**估计**,记为 $\hat{\theta}$.由此可见,点估计的问题,就是寻找一个作为未知参数 θ 合适的估计量 $\hat{\theta}(X_1, X_2, \cdots, X_n)$ 的问题,并且,未知参数的点估计值是随着样本值的不同而不同的.

如果总体 X 分布中含有多个未知参数 $\theta_1, \theta_2, \cdots, \theta_k$,那么称统计量 $\hat{\theta}_i(X_1, X_2, \cdots, X_n)$ $(i=1,2,\cdots,k)$ 为 θ_i $(i=1,2,\cdots,k)$ 的估计量,称相应的值为 θ_i $(i=1,2,\cdots,k)$ 的估计值;当待估参数为未知参数 θ 的实值函数 $g(\theta)$ 时,则称用来估计 $g(\theta)$ 的统计量 $g(\hat{\theta})$ 为 $g(\theta)$ 的估计量,称相应的值为估计值.

例1 设某种型号的电子元件寿命(单位:h)

$$X \sim f(x;\theta) = \frac{1}{\theta} e^{-\frac{x}{\theta}}, \quad x > 0, \theta > 0,$$

6.1 点估计概述

其中 θ 是未知参数,现测得样本值为 168,130,169,143,174,189,108,212,252,试估计未知参数 θ.

由题意知,总体 X 的均值为 θ,所以用样本均值 $\bar{X}$ 作为 θ 的估计量是合适的. 对给定的样本值,经计算得

$$\bar{x}=\frac{1}{9}(168+130+\cdots+252)=172.2(\text{h}).$$

故 $\hat{\theta}=\bar{X}$ 与 $\hat{\theta}=\bar{x}=172.2$ 分别是 θ 的估计量与估计值.

当然,我们也可以选用 $\hat{\theta}=\frac{1}{2}(X_1+X_n)$ 作为 θ 的估计量,相应的估计值为 $\hat{\theta}=\frac{1}{2}(168+252)=210(\text{h})$. 由此可见,参数点估计的概念相当宽松,对同一个参数,可用不同的方法来估计,因而得到不同的估计量,故有必要建立评价估计量好坏的标准. 估计量的评价一般有三条标准:无偏性、有效性、相合性(一致性).

二、评价估计量的标准

1. 无偏性

定义 6.2 设 $\hat{\theta}=\hat{\theta}(X_1,X_2,\cdots,X_n)$ 为参数 θ 的估计量,若 $E(\hat{\theta})=\theta$,则称 $\hat{\theta}$ 是 θ 的**无偏估计量**,否则称 $\hat{\theta}$ 为 θ 的**有偏估计量**.

若 $\lim\limits_{n\to\infty}E(\hat{\theta})=\theta$,则称 $\hat{\theta}$ 是 θ 的**渐近无偏估计量**.

例2 设 $X_1,X_2,\cdots,X_n$ 为取自总体 X 的样本,记总体 X 的均值为 μ,方差为 σ^2,则

(1) 样本均值 $\bar{X}$ 是 μ 的无偏估计量;

(2) 样本方差 S^2 是 σ^2 的无偏估计量;

(3) 未修正的样本方差,即样本二阶中心矩 $S_n^2=\frac{1}{n}\sum\limits_{i=1}^{n}(X_i-\bar{X})^2$ 不是 σ^2 的无偏估计量,但它是 σ^2 的渐近无偏估计量.

解 (1) 因 $E(X_i)=E(X)=\mu, i=1,2,\cdots,n$,

$$E(\bar{X})=E\left(\frac{1}{n}\sum_{i=1}^{n}X_i\right)=\frac{1}{n}\sum_{i=1}^{n}[E(X_i)]=\frac{1}{n}\cdot n\mu=\mu.$$

故 $\hat{\mu}=\bar{X}$ 是 μ 的无偏估计量.

(2) $D(X_i)=D(X)=\sigma^2, i=1,2,\cdots,n$,

$$D(\bar{X})=D\left(\frac{1}{n}\sum_{i=1}^{n}X_i\right)=\frac{1}{n^2}\sum_{i=1}^{n}[D(X_i)]=\frac{1}{n^2}\cdot n\sigma^2=\frac{\sigma^2}{n}.$$

于是

$$E(S^2)=E\left[\frac{1}{n-1}\sum_{i=1}^{n}(X_i-\bar{X})^2\right]=E\left\{\frac{1}{n-1}\left[\sum_{i=1}^{n}X_i^2-n(\bar{X})^2\right]\right\}$$

$$= \frac{1}{n-1}\Big[\sum_{i=1}^{n} E(X_i^2) - nE(\overline{X}^2)\Big]$$

$$= \frac{1}{n-1}\Big\{\sum_{i=1}^{n}(\mu^2+\sigma^2) - n[D(\overline{X}) + (E\overline{X})^2]\Big\}$$

$$= \frac{1}{n-1}(n\sigma^2 - \sigma^2) = \sigma^2.$$

故 S^2 是 σ^2 的一个无偏估计量.

(3) $E\Big[\dfrac{1}{n}\sum_{i=1}^{n}(X_i-\overline{X})^2\Big] = E\Big(\dfrac{n-1}{n}S^2\Big) = \dfrac{n-1}{n}E(S^2) = \dfrac{n-1}{n}\sigma^2 \neq \sigma^2$,

故样本二阶中心矩不是 σ^2 的无偏估计量. 但是

$$\lim_{n\to\infty} E\Big[\dfrac{1}{n}\sum_{i=1}^{n}(X_i-\overline{X})^2\Big] = \sigma^2,$$

因此,样本二阶中心矩 S_n^2 是 σ^2 的一个渐近无偏估计量.

例2说明样本均值 $\overline{X}$ 是总体期望 μ 的无偏估计量;样本方差 S^2 是总体方差 σ^2 的无偏估计量. 但要注意 $S = \sqrt{\dfrac{1}{n-1}\sum_{i=1}^{n}(X_i-\overline{X})^2}$ 不是 $\sqrt{D(X)}$ 的无偏估计量. 从而有:如果 $\hat{\theta}$ 是 θ 的无偏估计量,$g(\theta)$ 是 θ 的函数,但是不一定能推出 $g(\hat{\theta})$ 是 $g(\theta)$ 的无偏估计量. 例如:对于总体 $X \sim N(\mu,\sigma^2)$,$\overline{X}$ 是 μ 的无偏估计量,但 $(\overline{X})^2$ 却不是 μ^2 的无偏估计量. 因为

$$E[(\overline{X})^2] = D(\overline{X}) + [E(\overline{X})]^2 = \dfrac{\sigma^2}{n} + \mu^2,$$

而 $\sigma^2 > 0$,所以 $E(\overline{X})^2 \neq \mu^2$.

例3 设 X_1,X_2,X_3 是来自总体 X 的样本,容易验证

$$\hat{\mu}_1 = \dfrac{2}{5}X_1 + \dfrac{1}{10}X_2 + \dfrac{1}{2}X_3, \quad \hat{\mu}_2 = \dfrac{1}{3}X_1 + \dfrac{3}{4}X_2 - \dfrac{1}{12}X_3,$$

$$\hat{\mu}_3 = \dfrac{1}{2}X_1 + \dfrac{1}{3}X_2 + \dfrac{1}{6}X_3, \quad \hat{\mu}_4 = \dfrac{1}{5}X_1 + \dfrac{1}{10}X_2 + \dfrac{7}{10}X_3$$

都是总体均值 μ 的无偏估计量.

注 例3说明未知参数的无偏估计量不是唯一的. 那么,在众多的无偏估计量中哪一个更优良呢?为此,有必要引入衡量估计量好坏的另一个标准:有效性.

2. 有效性

定义 6.3 设 $\hat{\theta}_1$ 和 $\hat{\theta}_2$ 均是 θ 的两个无偏估计量,若 $D(\hat{\theta}_1) < D(\hat{\theta}_2)$,称 $\hat{\theta}_1$ 比 $\hat{\theta}_2$ 有效.

例4 比较例3中4个无偏估计量中哪个更有效(设总体 X 的方差 $D(X)$ 存在).

解

$$D(\hat{\mu}_1) = \frac{4}{25}D(X_1) + \frac{1}{100}D(X_2) + \frac{1}{4}D(X_3) = \frac{21}{50}D(X),$$

$$D(\hat{\mu}_2) = \frac{1}{9}D(X_1) + \frac{9}{16}D(X_2) + \frac{1}{144}D(X_3) = \frac{49}{72}D(X)$$

$$D(\hat{\mu}_3) = \frac{1}{4}D(X_1) + \frac{1}{9}D(X_2) + \frac{1}{36}D(X_3) = \frac{7}{18}D(X),$$

$$D(\hat{\mu}_4) = \frac{1}{25}D(X_1) + \frac{1}{100}D(X_2) + \frac{49}{100}D(X_3) = \frac{27}{50}D(X).$$

由于

$$D(\hat{\mu}_3) < D(\hat{\mu}_1) < D(\hat{\mu}_4) < D(\hat{\mu}_2),$$

所以无偏估计量 $\hat{\mu}_3$ 更有效.

例5 设总体 $X \sim N(1, \sigma^2)$,其中参数 σ^2 未知,且 $\sigma^2 > 0$,$X_1, X_2, \cdots, X_n$ 是来自总体 X 的样本($n > 1$). 试确定:

(1) $\hat{\sigma}_1^2 = S^2 = \frac{1}{n-1}\sum_{i=1}^{n}(X_i - \bar{X})^2$,$\hat{\sigma}_2^2 = \frac{1}{n}\sum_{i=1}^{n}(X_i - 1)^2$ 均是 σ^2 的无偏估计量;

(2) $\hat{\sigma}_1^2$ 和 $\hat{\sigma}_2^2$ 哪个更有效?

解 (1) 由本节例2得 $E(\hat{\sigma}_1^2) = E(S^2) = \sigma^2$,而

$$E(\hat{\sigma}_2^2) = E\left[\frac{1}{n}\sum_{i=1}^{n}(X_i - 1)^2\right] = \frac{1}{n}\sum_{i=1}^{n}E[X_i - E(X_i)]^2 = \frac{1}{n}\sum_{i=1}^{n}D(X_i) = \sigma^2,$$

所以,$\hat{\sigma}_1^2$,$\hat{\sigma}_2^2$ 均是 σ^2 的无偏估计量.

(2) 由于

$$\frac{(n-1)S^2}{\sigma^2} \sim \chi^2(n-1), \quad \frac{1}{\sigma^2}\sum_{i=1}^{n}(X_i - \mu)^2 \sim \chi^2(n),$$

所以

$$D\left[\frac{(n-1)S^2}{\sigma^2}\right] = 2(n-1), \quad D\left[\frac{1}{\sigma^2}\sum_{i=1}^{n}(X_i - \mu)^2\right] = 2n,$$

从而

$$D(\hat{\sigma}_1^2) = D(S^2) = \left(\frac{\sigma^2}{n-1}\right)^2 D\left[\frac{(n-1)S^2}{\sigma^2}\right] = \frac{2\sigma^4}{n-1},$$

$$D(\hat{\sigma}_2^2) = D\left[\frac{1}{n}\sum_{i=1}^{n}(X_i - 1)^2\right] = \left(\frac{\sigma^2}{n}\right)^2 D\left[\frac{1}{\sigma^2}\sum_{i=1}^{n}(X_i - 1)^2\right] = \frac{2\sigma^4}{n}.$$

于是,$D(\hat{\sigma}_1^2) > D(\hat{\sigma}_2^2)$,所以,$\hat{\sigma}_2^2$ 较 $\hat{\sigma}_1^2$ 有效.

3. 相合性

人们不仅希望一个估计量是无偏的,并且具有较小的方差,还希望当样本容量无限增大时,估计量能在某种意义下任意接近未知参数的真值,因此引入相合性(一致性).

定义 6.4 设 $\hat{\theta}=\hat{\theta}(X_1,X_2,\cdots,X_n)$ 为未知参数 θ 的估计量,若 $\hat{\theta}$ 依概率收敛于 θ,即对任意 $\varepsilon>0$,有

$$\lim_{n\to\infty}P\{|\hat{\theta}-\theta|<\varepsilon\}=1$$

或

$$\lim_{n\to\infty}P\{|\hat{\theta}-\theta|\geqslant\varepsilon\}=0,$$

则称 $\hat{\theta}$ 为 θ 的(弱)**相合估计量**.

例如,样本均值 $\bar{X}$ 是总体均值 $E(X)$ 的相合估计量,因为由大数定律可知

$$\lim_{n\to\infty}P\left\{\left|\frac{1}{n}\sum_{i=1}^{n}X_i-E(X)\right|<\varepsilon\right\}=1.$$

例 6 设总体 $X\sim N(\mu,\sigma^2)$,$X_1,X_2,\cdots,X_n$ 为其样本. 试证:样本方差 S^2 是 σ^2 的相合估计量.

证 因为 $E(S^2)=\sigma^2$,$D(S^2)=\dfrac{2\sigma^4}{n-1}$ (可参见本节例5),故由切比雪夫不等式得,对任意 $\varepsilon>0$,有

$$0\leqslant P\{|S^2-E(S^2)|\geqslant\varepsilon\}=P\{|S^2-\sigma^2|\geqslant\varepsilon\}\leqslant\frac{1}{\varepsilon^2}D(S^2)=\frac{2\sigma^4}{\varepsilon^2(n-1)}.$$

当 $n\to\infty$ 时,上式左右两端均趋于 0,由相合性的定义可知 S^2 是 σ^2 的相合估计量.

6.2 最大似然估计与矩估计

本节将介绍求一般参数点估计的常用方法:最大似然估计法和矩估计法.

一、最大似然估计

最大似然估计法是求点估计的一种常用方法. 它的基本思想最早是由德国数学家高斯(Gauss)于 1821 年提出,后来被英国数学家费希尔(R. A. Fisher)于 1922 年重新提出并命名,并做了深入的研究.

1. 最大似然估计法的基本思想

在已经得到试验结果的情况下,应该寻找使这个结果出现的可能性最大的那

6.2 最大似然估计与矩估计

个 θ 值作为 θ 的估计 $\hat{\theta}$.

例如,设有外形相同的两个箱子,甲箱有 99 个白球 1 个黑球,乙箱有 99 个黑球 1 个白球. 现随机地抽取一箱,再从取出的箱子中任取一球,结果取得白球. 问这个白球从哪一个箱子取出?

显然,从甲箱中取得白球的概率为 99%,从乙箱中取得白球的概率为 1%,因此这一白球从甲箱中抽出的概率比从乙箱中抽出的概率大得多,所以就可以推断出使"取得白球"这一结果出现的可能性(即概率)最大的原因,即从甲箱中取出. 这其中就包含了最大似然估计法的基本思想,同时这一推断也符合人们长期的实践经验.

下面分别就离散型总体与连续型总体做具体讨论.

1) 离散型总体的情形

若 X 为离散型总体,设它的概率分布律为

$$P\{X=x\}=p(x;\theta_1,\theta_2,\cdots,\theta_m).$$

$X_1,X_2,\cdots,X_n$ 是来自总体 X 的一个样本,对于给定的一组样本值 $x_1,x_2,\cdots,x_n$,记联合概率分布律为

$$L=L(x_1,x_2,\cdots,x_n;\theta_1,\theta_2,\cdots,\theta_m)=\prod_{i=1}^{n}p(x_i;\theta_1,\theta_2,\cdots,\theta_m),$$

称 L 为**样本的似然函数**.

2) 连续型总体的情形

若 X 为连续型总体,设其概率密度为 $f(x;\theta_1,\theta_2,\cdots,\theta_m)$,$X_1,X_2,\cdots,X_n$ 是来自总体 X 的一个样本,对于给定的一组样本值 $x_1,x_2,\cdots,x_n$,则 $X_1,X_2,\cdots,X_n$ 的联合概率密度为 $\prod_{i=1}^{n}f(x_i;\theta_1,\theta_2,\cdots,\theta_m)$.

记联合概率密度为

$$L=L(x_1,x_2,\cdots,x_n;\theta_1,\theta_2,\cdots,\theta_m)=\prod_{i=1}^{n}f(x_i;\theta_1,\theta_2,\cdots,\theta_m),$$

称 L 为**样本的似然函数**.

很显然,对已经给定的样本值 $x_1,x_2,\cdots,x_n$ 而言,似然函数 L 是待估参数 θ_1,$\theta_2,\cdots,\theta_m$ 的函数. 似然函数 L 的值的大小意味着该样本值出现的可能性的大小,在已得到样本值 $x_1,x_2,\cdots,x_n$ 的情况下,应该选取使 L 达到最大值的那组 $\theta_1,\theta_2,\cdots,\theta_m$ 作为 $\theta_1,\theta_2,\cdots,\theta_m$ 的估计 $(\hat{\theta}_1,\hat{\theta}_2,\cdots,\hat{\theta}_m)$. 这种求点估计的方法称为**最大似然估计法**.

定义 6.5 若似然函数 $L(x_1,x_2,\cdots,x_n;\theta_1,\theta_2,\cdots,\theta_m)$ 在 $\hat{\theta}_1,\hat{\theta}_2,\cdots,\hat{\theta}_m$ 取到最大值,则称 $\hat{\theta}_1,\hat{\theta}_2,\cdots,\hat{\theta}_m$ 分别为 $\theta_1,\theta_2,\cdots,\theta_m$ 的**最大似然估计**.

由多元函数求极值的方法知,当似然函数是可微函数时,$\hat{\theta}_1,\hat{\theta}_2,\cdots,\hat{\theta}_m$ 必满足

方程组

$$\begin{cases} \dfrac{\partial L}{\partial \theta_1}=0, \\ \dfrac{\partial L}{\partial \theta_2}=0, \\ \quad \vdots \\ \dfrac{\partial L}{\partial \theta_m}=0. \end{cases}$$

由于 $\ln L$ 与 L 有相同的极值点,所以在实际应用中,往往用下面的方程组更为简便:

$$\begin{cases} \dfrac{\partial \ln L}{\partial \theta_1}=0, \\ \dfrac{\partial \ln L}{\partial \theta_2}=0, \\ \quad \vdots \\ \dfrac{\partial \ln L}{\partial \theta_m}=0. \end{cases}$$

称上面两个方程组分别为**似然方程组**和**对数似然方程组**.

2. 求最大似然估计的一般方法

综上所述,求最大似然估计的一般步骤为:

(1) 利用总体 X 的分布,写出似然函数,必要时求出对数似然函数 $\ln L$.

(2) 当 $\ln L$ 关于 θ 可微时,建立对数似然方程组

$$\frac{\partial \ln L}{\partial \theta_i}=0, \quad i=1,2,\cdots,m.$$

如果是一个未知参数,只需求导数即可.

(3) 求解对数似然方程组,确定 $\ln L$ 的最大值点.

$$\hat{\theta}=(\hat{\theta}_1,\hat{\theta}_2,\cdots,\hat{\theta}_m),$$

通常对数似然方程组的解就是最值点,$\hat{\theta}_i$ 即为 θ_i 的最大似然估计.

特别地,当似然方程组无解或似然函数不可微时,可利用似然函数的性质,确定其最值点,可相应地求出未知参数的最大似然估计.

下面介绍几个常见分布的最大似然估计.

例 1 设 $X \sim b(1,p)$,即 X 的概率分布为

$$P\{X=x\}=p^x(1-p)^{1-x}, \quad x=0,1 \quad (\text{其中 } 0<p<1),$$

其中 $X_1,X_2,\cdots,X_n$ 是取自总体 X 的样本,求 p 的最大似然估计.

解 似然函数为

$$L(x_1, x_2, \cdots, x_n; p) = \prod_{i=1}^{n} p^{x_i} (1-p)^{1-x_i} = p^{\sum_{i=1}^{n} x_i} (1-p)^{n - \sum_{i=1}^{n} x_i},$$

则

$$\ln L = \left(\sum_{i=1}^{n} x_i\right) \ln p + \left(n - \sum_{i=1}^{n} x_i\right) \ln(1-p),$$

$$\frac{\mathrm{d} \ln L}{\mathrm{d} p} = \left(\sum_{i=1}^{n} x_i\right) \cdot \frac{1}{p} - \left(n - \sum_{i=1}^{n} x_i\right) \cdot \frac{1}{1-p}.$$

令 $\frac{\mathrm{d} \ln L}{\mathrm{d} p} = 0$,解得

$$\hat{p} = \frac{1}{n} \sum_{i=1}^{n} x_i = \overline{x}.$$

例 2 设 X 服从参数为 λ 的泊松分布

$$p(x; \lambda) = \frac{\lambda^x}{x!} \mathrm{e}^{-\lambda}, \quad x = 0, 1, 2, \cdots; \lambda > 0,$$

其中 λ 是未知参数,$X_1, X_2, \cdots, X_n$ 是取自总体 X 的样本,求 λ 的最大似然估计.

解 似然函数为

$$L(x_1, x_2, \cdots, x_n; \lambda) = \prod_{i=1}^{n} \frac{\lambda^{x_i}}{x_i!} \mathrm{e}^{-\lambda} = \frac{\lambda^{\sum_{i=1}^{n} x_i}}{x_1! x_2! \cdots x_n!} \mathrm{e}^{-n\lambda},$$

于是

$$\ln L = \left(\sum_{i=1}^{n} x_i\right) \ln \lambda - \sum_{i=1}^{n} \ln(x_i!) - n\lambda,$$

$$\frac{\mathrm{d} \ln L}{\mathrm{d} \lambda} = \frac{\sum_{i=1}^{n} x_i}{\lambda} - n.$$

令 $\frac{\mathrm{d} \ln L}{\mathrm{d} \lambda} = 0$,得 $\hat{\lambda} = \frac{1}{n} \sum_{i=1}^{n} x_i = \overline{x}.$

易得,$\overline{x}$ 是 λ 的无偏估计量及相合估计量,在 λ 的一切无偏估计量中,$\overline{x}$ 的方差最小.

例 3 设总体 X 服从参数为 λ 的指数分布,即概率密度为

$$f(x; \lambda) = \lambda \mathrm{e}^{-\lambda x}, \quad x > 0, \lambda > 0,$$

其中 $X_1, X_2, \cdots, X_n$ 是取自总体 X 的样本,λ 是未知参数,求 λ 的最大似然估计.

解 似然函数为

$$L(x_1, x_2, \cdots, x_n; \lambda) = \lambda^n \prod_{i=1}^{n} \mathrm{e}^{-\lambda x_i} = \lambda^n \mathrm{e}^{-\lambda \sum_{i=1}^{n} x_i},$$

于是
$$\ln L = n\ln\lambda - \lambda \sum_{i=1}^{n} x_i,$$
$$\frac{\mathrm{d}\ln L}{\mathrm{d}\lambda} = \frac{n}{\lambda} - \sum_{i=1}^{n} x_i,$$

令 $\frac{\mathrm{d}\ln L}{\mathrm{d}\lambda} = 0$,解得 $\hat{\lambda} = \frac{n}{\sum_{i=1}^{n} x_i} = \frac{1}{\bar{x}}$.

通过相应的计算,可得 $E(\hat{\lambda}) = \frac{n-1}{n}\lambda$. 因此,$\hat{\lambda}$ 不是 λ 的无偏估计量. 如果修正为:$\hat{\lambda}^* = \frac{n}{n-1}\hat{\lambda}$,则 $\hat{\lambda}^*$ 是 λ 的无偏估计量.

例 4 设总体 X 的概率密度为
$$f(x;\mu,\delta) = \frac{1}{\sqrt{2\pi\delta}} \mathrm{e}^{-\frac{1}{2\delta}(x-\mu)^2}, \quad -\infty < x < +\infty,$$
其中 $\delta = \sigma^2 > 0$. μ, σ^2 是未知参数. 求 μ 和 σ^2 的最大似然估计.

解 似然函数为
$$L(x_1, x_2, \cdots, x_n; \mu, \delta) = \left(\frac{1}{\sqrt{2\pi\delta}}\right)^n \prod_{i=1}^{n} \mathrm{e}^{-\frac{1}{2\delta}(x_i-\mu)^2} = (2\pi)^{-\frac{n}{2}} \delta^{-\frac{n}{2}} \mathrm{e}^{-\frac{1}{2\delta}\sum_{i=1}^{n}(x_i-\mu)^2},$$
则
$$\ln L = -\frac{n}{2}\ln(2\pi) - \frac{n}{2}\ln\delta - \frac{1}{2\delta}\sum_{i=1}^{n}(x_i-\mu)^2.$$
由
$$\begin{cases} \frac{\partial \ln L}{\partial \mu} = \frac{1}{\delta}\sum_{i=1}^{n}(x_i-\mu) = 0, \\ \frac{\partial \ln L}{\partial \delta} = -\frac{n}{2\delta} + \frac{1}{2\delta^2}\sum_{i=1}^{n}(x_i-\mu)^2 = 0 \end{cases}$$
解得
$$\hat{\mu} = \frac{1}{n}\sum_{i=1}^{n} x_i = \bar{x}, \quad \hat{\sigma}^2 = \hat{\delta} = \frac{1}{n}\sum_{i=1}^{n}(x_i-\bar{x})^2.$$

本例又一次验证了:最大似然估计量不一定是无偏估计量.

例 5 设总体 X 服从区间 $[0,\lambda]$ 上的均匀分布,即
$$f(x;\lambda) = \begin{cases} \frac{1}{\lambda}, & 0 \leqslant x \leqslant \lambda, \\ 0, & \text{其他}, \end{cases}$$
$\lambda > 0$ 是未知参数,求 λ 的最大似然估计.

解 似然函数为

$$L(x_1,x_2,\cdots,x_n;\lambda)=\begin{cases}\dfrac{1}{\lambda^n}, & 0\leqslant x_1,x_2,\cdots,x_n\leqslant\lambda,\\ 0, & \text{其他},\end{cases}$$

由于似然方程 $\dfrac{\mathrm{d}L}{\mathrm{d}\lambda}=-\dfrac{n}{\lambda^{n+1}}=0$ 无解,即不存在驻点,从而我们考虑边界上的点. 因为 $0\leqslant x_1,x_2,\cdots,x_n\leqslant\lambda$,故有 $\lambda\geqslant\max\{x_1,x_2,\cdots,x_n\}$,$\lambda$ 越小 L 越大,所以,当 $\lambda=\max\{x_1,x_2,\cdots,x_n\}$ 时,L 取到最大值,从而

$$\hat{\lambda}=\max\{x_1,x_2,\cdots,x_n\}=x_{(n)}$$

是 λ 的最大似然估计.

最大似然估计在理论上比较优良,应用也比较广泛,但在求解似然方程组时往往会遇到困难. 下面介绍一种矩估计法.

二、矩估计

1. 矩法的基本思想

除最大似然法外,矩法也是求点估计的常用方法,它的基本思想是:用相应的样本矩去估计总体矩;用相应的样本矩的函数去估计总体矩的函数. 如

$$\hat{E}(X)=\overline{X},\hat{D}(X)=\frac{1}{n}\sum_{i=1}^{n}(X_i-\overline{X})^2.$$

一般地,若记

$$\alpha_k=E(X^k),\quad \beta_k=E(X-E(X))^k,$$
$$A_k=\frac{1}{n}\sum_{i=1}^{n}X_i^k,\quad B_k=\frac{1}{n}\sum_{i=1}^{n}(X_i-\overline{X})^k,$$

则总体的 k 阶原点矩用相应的样本 k 阶原点矩来估计;而总体的 k 阶中心矩用相应的样本 k 阶中心矩来估计,即

$$\hat{\alpha}_k=A_k,\quad k=1,2,\cdots,$$
$$\hat{\beta}_k=B_k,\quad k=2,3,\cdots.$$

这种求点估计的方法称为**矩法**. 用矩法确定的估计量称为**矩估计量**,相应的估计值称为**矩估计值**,矩估计法与矩估计值统称为**矩估计**,简记为 ME.

2. 矩估计的求法

按照矩法的基本思想,求矩估计的一般步骤为:

(1) 从总体矩入手将待估参数 θ 表示为总体矩的函数,即

$$\theta=g(\alpha_1,\alpha_2,\cdots,\alpha_l;\beta_2,\cdots,\beta_s);$$

(2) 用 A_k,B_k 分别替换 g 中的 α_k,β_k;

(3) $\hat{\theta}=g(\hat{\alpha}_1,\cdots,\hat{\alpha}_l;\hat{\beta}_2,\cdots,\hat{\beta}_s)=g(A_1,\cdots,A_l;B_2,\cdots,B_k)$ 即为 θ 的 ME.

例 6 设总体 $X\sim N(\mu,\sigma^2)$, $X_1,X_2,\cdots,X_n$ 为取自总体 X 的样本. 试求 μ,σ^2 的矩估计量.

解 由于 $\mu=E(X),\sigma^2=D(X)$, 故

$$\hat{\mu}=\hat{E}(X)=\overline{X},\quad \hat{\sigma}^2=\hat{D}(X)=\frac{1}{n}\sum_{i=1}^n(X_i-\overline{X})^2$$

分别为 μ,σ^2 的矩估计量.

由此可见, 在正态总体 $N(\mu,\sigma^2)$ 中, μ 与 σ^2 的最大似然估计和矩估计是完全一样的.

例 7 设总体 X 的概率分布为

X	1	2	3
P	θ^2	$2\theta(1-\theta)$	$(1-\theta)^2$

其中 $\theta(0<\theta<1)$ 为未知参数. 现抽得一个样本 $x_1=1,x_2=2,x_3=1$, 求 θ 的矩估计值.

解 总体 X 的一阶原点矩为

$$E(X)=1\times\theta^2+2\times 2\theta(1-\theta)+3\times(1-\theta)^2=3-2\theta,$$

样本的一阶原点矩为

$$\overline{x}=\frac{1}{3}(1+2+1)=\frac{4}{3}.$$

由 $E(X)=\overline{x}$, 得 $3-2\theta=\frac{4}{3}$, 推出 $\hat{\theta}=\frac{5}{6}$, 即 θ 的矩估计值为 $\hat{\theta}=\frac{5}{6}$.

例 8 设总体 X 的概率密度为

$$f(x;\theta,\mu)=\begin{cases}\dfrac{1}{\theta}e^{-\frac{x-\mu}{\theta}}, & x>\mu,\\ 0, & x<\mu,\end{cases}$$

其中参数 θ,μ 均未知, $\theta>0$. $X_1,X_2,\cdots,X_n$ 为取自总体 X 的样本. 试求 θ,μ 的矩估计量.

解 令 $\dfrac{x-\mu}{\theta}=t$, 则

$$\begin{aligned}E(X)&=\int_{-\infty}^{+\infty}xf(x;\theta,\mu)\mathrm{d}x=\int_{\mu}^{+\infty}\frac{x}{\theta}e^{-\frac{x-\mu}{\theta}}\mathrm{d}x\\ &=\int_0^{+\infty}(\theta t+\mu)e^{-t}\mathrm{d}t=\theta\Gamma(2)+\mu\Gamma(1)=\theta+\mu,\\ D(X)&=\int_{-\infty}^{+\infty}(x-EX)^2f(x;\theta,u)\mathrm{d}x\end{aligned}$$

$$= \int_{\mu}^{+\infty} \frac{(x-\theta-\mu)^2}{\theta} e^{-\frac{x-\mu}{\theta}} dx$$
$$= \theta^2 \Gamma(3) - 2\theta^2 \Gamma(2) + \theta^2 \Gamma(1) = \theta^2.$$

于是从方程组
$$\begin{cases} E(X)=\theta+\mu, \\ D(X)=\theta^2 \end{cases}$$

得
$$\begin{cases} \theta=\sqrt{D(X)}, \\ \mu=E(X)-\sqrt{D(X)}. \end{cases}$$

又
$$\hat{E}(X) = \overline{X}, \quad \hat{D}(X) = \frac{1}{n}\sum_{i=1}^{n}(X_i - \overline{X})^2.$$

从而,θ 与 μ 的矩估计量分别为
$$\hat{\theta} = \sqrt{\frac{1}{n}\sum_{i=1}^{n}(X_i - \overline{X})^2}, \quad \hat{\mu} = \overline{X} - \sqrt{\frac{1}{n}\sum_{i=1}^{n}(X_i - \overline{X})^2}.$$

矩法是一种古老的方法,它的特点是并不要求知道总体分布的类型,只要未知参数可以表示成总体矩的函数,就能求出其矩估计. 当总体分布类型已知时,由于没有充分利用总体分布所提供的信息,矩估计不一定是理想的估计,但因矩法估计简便易行,而且具有一定的优良性,所以应用仍然十分广泛.

6.3 区 间 估 计

6.2 节讨论了参数的点估计,从中得知对一个未知参数 θ,点估计是用样本的一个值 $\hat{\theta}$ 去估计它. 因此,点估计 $\hat{\theta}$ 仅是未知参数 θ 的一个近似值,它本身并没有给出这个近似值的精确度,也不知道它的误差范围 $\pm\Delta$. 在数理统计中只指出估计值 $\hat{\theta}$ 的误差范围 $\pm\Delta$ 是不够的,必须指出这个区间 $(\hat{\theta}-\Delta,\hat{\theta}+\Delta)$ 以多大概率包含未知参数 θ,这类带有一定概率的区间以后称为**置信区间**,它是由奈曼(Neymann)于 1934 年提出的.

定义 6.6 设 θ 为总体分布的未知参数,$X_1,X_2,\cdots,X_n$ 为来自总体 X 的样本,对给定的实数 $\alpha(0<\alpha<1)$,若存在两个估计量 $\hat{\theta}_1$ 与 $\hat{\theta}_2$,使得
$$P\{\hat{\theta}_1<\theta<\hat{\theta}_2\}=1-\alpha,$$
则称区间 $(\hat{\theta}_1,\hat{\theta}_2)$ 是总体参数 θ 的置信度为 $1-\alpha$ 的**置信区间**,$\hat{\theta}_1$ 与 $\hat{\theta}_2$ 分别称为置信度为 $1-\alpha$ 的**置信下限**和**置信上限**,其中 $\hat{\theta}_1$ 与 $\hat{\theta}_2$ 均是 $X_1,X_2,\cdots,X_n$ 的样本函数.

由于置信区间的上下限都是样本函数,所以对于不同的样本值,所得置信区间

$(\hat{\theta}_1,\hat{\theta}_2)$ 的对应值 (t_1,t_2) 也各不相同,因此 $(\hat{\theta}_1,\hat{\theta}_2)$ 是一个随机区间,它反映估计结果的精确程度. 置信度 $1-\alpha$ 是一个给定的概率,它表示随机区间 $(\hat{\theta}_1,\hat{\theta}_2)$ 以概率 $1-\alpha$ 包含未知参数 θ 的真值. 因此置信度(也称置信水平) $1-\alpha$ 反映了估计结果的可靠性. 在实际应用中一般取 $1-\alpha=0.9,0.95$ 或 0.99 等.

$P\{\hat{\theta}_1<\theta<\hat{\theta}_2\}=1-\alpha$ 是指随机区间 $(\hat{\theta}_1,\hat{\theta}_2)$ 以 $1-\alpha$ 的概率包含(覆盖)参数 θ 的真值,其含义是:由每个样本值计算出来的具体区间 (t_1,t_2),要么包含参数 θ,要么不包含参数 θ,但是根据伯努利大数定律,在这众多的具体区间中,包含 θ 的约占 $(100(1-\alpha))\%$,而不包含 θ 的约占 $(100\alpha)\%$. 例如,若 $\alpha=0.05$,反复抽样 100 次,则得到具体 100 个区间,不包含参数 θ 真值的仅有 5 个左右,或者根据一组给定的样本计算出一个具体区间 (t_1,t_2),它属于包含参数 θ 的区间的可能性为 $1-\alpha$,而不属于包含参数 θ 的区间的可能性为 α. 需要注意的是,由于参数 θ 的真值是一个客观存在的数,不具有随机性,因此不能将 $P\{\hat{\theta}_1<\theta<\hat{\theta}_2\}=1-\alpha$ 理解为参数 θ 以 $1-\alpha$ 的概率落入随机区间 $(\hat{\theta}_1,\hat{\theta}_2)$,以 $1-\alpha$ 的概率包含(盖住)参数 θ.

由于正态分布应用十分的广泛,所以下面主要讨论正态总体参数的置信区间. 构造未知参数 θ 的置信区间的最常用的方法是枢轴量法.

一、单个正态总体参数的置信区间

设总体 $X\sim N(\mu,\sigma^2)$,$X_1,X_2,\cdots,X_n$ 是总体 X 的一个样本.

1. 均值 μ 的置信区间

1) σ^2 已知,μ 的置信区间

为了求得 μ 的置信区间,选取枢轴量
$$U=\frac{\overline{X}-\mu}{\sigma/\sqrt{n}}\sim N(0,1).$$

对于给定的置信度 $1-\alpha(0<\alpha<1)$,由标准正态分布表可得 $u_{\frac{\alpha}{2}}$,这时有
$$P\{|U|<u_{\frac{\alpha}{2}}\}=1-\alpha,$$

也即 $P\left\{\left|\dfrac{\overline{X}-\mu}{\sigma/\sqrt{n}}\right|<u_{\frac{\alpha}{2}}\right\}=1-\alpha$. 由此推得

$$P\left\{|\overline{X}-\mu|<u_{\frac{\alpha}{2}}\cdot\frac{\sigma}{\sqrt{n}}\right\}=1-\alpha,$$

即
$$P\left\{\overline{X}-u_{\frac{\alpha}{2}}\cdot\frac{\sigma}{\sqrt{n}}<\mu<\overline{X}+u_{\frac{\alpha}{2}}\cdot\frac{\sigma}{\sqrt{n}}\right\}=1-\alpha.$$

所以 μ 的置信度为 $1-\alpha$ 的置信区间为 $\left(\overline{X}-u_{\frac{\alpha}{2}}\cdot\dfrac{\sigma}{\sqrt{n}},\overline{X}+u_{\frac{\alpha}{2}}\cdot\dfrac{\sigma}{\sqrt{n}}\right)$.

例1 某车间生产滚珠,从长期实践知道滚珠直径 X 可以认为是服从正态分布的,即 $X \sim N(\mu, 0.01^2)$. 从某一天的产品中随机抽取 9 粒,得直径如下(单位:mm):

$$3.12, 3.10, 2.85, 3.08, 2.97, 3.02, 2.99, 2.87, 3.19.$$

如果已知该产品直径的方差为 0.01^2mm^2,求该产品直径均值 μ 的置信度为 95% 的置信区间.

解 已知 $n=9, \sigma=0.01, \overline{X}=3.02$. 对于 $1-\alpha=0.95$,得 $\alpha=0.05, 1-\dfrac{\alpha}{2}=0.975$,取枢轴量 U,查标准正态分布表可得 $u_{0.025}=1.96$,则

$$\overline{X} - u_{\frac{\alpha}{2}} \cdot \dfrac{\sigma}{\sqrt{n}} = 3.02 - 1.96 \times \dfrac{0.01}{\sqrt{9}} = 3.0135,$$

$$\overline{X} + u_{\frac{\alpha}{2}} \cdot \dfrac{\sigma}{\sqrt{n}} = 3.02 + 1.96 \times \dfrac{0.01}{\sqrt{9}} = 3.0265,$$

所以 μ 的置信度为 95% 的置信区间是 $(3.0135, 3.0265)$.

2) σ^2 未知,μ 的置信区间

由于总体方差 σ^2 未知,所以不能用枢轴量 U 来求 μ 的置信区间. 这时可用样本方差 S^2 去代替总体方差 σ^2. 为求待估参数 μ 的置信区间,可选取枢轴量

$$T = \dfrac{\overline{X} - \mu}{S/\sqrt{n}} \sim t(n-1).$$

于是对于给定的置信度 $1-\alpha (0<\alpha<1)$,可查附表 5,得临界值 $t_{\frac{\alpha}{2}}(n-1)$,使得

$$P\{T > t_{\frac{\alpha}{2}}(n-1)\} = \dfrac{\alpha}{2}.$$

这时 $P\{|T| < t_{\frac{\alpha}{2}}(n-1)\} = 1-\alpha$,即

$$P\left\{\left|\dfrac{\overline{X}-\mu}{S/\sqrt{n}}\right| < t_{\frac{\alpha}{2}}(n-1)\right\} = \alpha$$

或

$$P\left\{\overline{X} - t_{\frac{\alpha}{2}}(n-1)\dfrac{S}{\sqrt{n}} < \mu < \overline{X} + t_{\frac{\alpha}{2}}(n-1)\dfrac{S}{\sqrt{n}}\right\} = 1-\alpha.$$

这样可得到 μ 的置信度为 $1-\alpha$ 的置信区间为

$$\left(\overline{X} - t_{\frac{\alpha}{2}}(n-1)\dfrac{S}{\sqrt{n}}, \overline{X} + t_{\frac{\alpha}{2}}(n-1)\dfrac{S}{\sqrt{n}}\right).$$

例2 设总体 $X \sim N(\mu, \sigma^2)$,其中 μ 未知,$\sigma^2=4$,设 $X_1, X_2, \cdots, X_n$ 是总体 X 的样本.

(1) 当 $n=16$ 时,试求置信水平分别为 90% 和 95% 的 μ 的置信区间的长度.

(2) 问 n 多大才能使 μ 的 90% 置信区间的长度不超过 1?

(3) 问 n 多大才能使 μ 的 95% 置信区间的长度不超过 1?

解 (1) 记 μ 的置信区间长度为 Δ,则

$$\Delta = \left(\overline{X} + U_{\frac{\alpha}{2}} \cdot \frac{\sigma}{\sqrt{n}}\right) - \left(\overline{X} - U_{\frac{\alpha}{2}} \cdot \frac{\sigma}{\sqrt{n}}\right) = 2U_{\frac{\alpha}{2}} \cdot \frac{\sigma}{\sqrt{n}}.$$

于是当 $1-\alpha = 90\%$ 时,$\Delta = 2 \times 1.65 \times \frac{2}{\sqrt{16}} = 1.65$;当 $1-\alpha = 95\%$ 时,$\Delta = 2 \times 1.96 \times \frac{2}{\sqrt{16}} = 1.96$.

(2) 欲使 $\Delta \leqslant 1$,即 $2U_{\frac{\alpha}{2}} \cdot \frac{\sigma}{\sqrt{n}} \leqslant 1$,必须使 $n \geqslant (2\sigma \cdot U_{\frac{\alpha}{2}})^2$,于是当 $1-\alpha = 90\%$ 时,$n \geqslant (2 \times 2 \times 1.65)^2$,即 $n \geqslant 44$,也就是说,样本容量 n 至少为 44 时,μ 的 90% 置信区间的长度才不超过 1.

(3) 类似(2),当 $1-\alpha = 95\%$ 时,$n \geqslant 62$.

上面的例子说明:当样本容量 n 固定时,可靠度与精确度是互相制约的.如果提高可靠度,即增大 $1-\alpha$ 的值,将会拉长区间,从而精确度就越小;相反,缩短区间,即提高了精确度,但可靠度降低.然而,人们总是希望可靠度要高,即置信区间包含未知参数的概率 $1-\alpha$ 越大越好;另外,又希望估计的精确度要高,即置信区间的长度 Δ 越小越好.若要使可靠度与精确度两者都高,就必须增加样本容量.

2. 方差 σ^2 的置信区间

在实际问题中,除计算总体均值 μ 的置信区间外,还需要对总体的方差进行区间估计,即要根据样本找出 $D(X)$ 的置信区间,从而研究 μ 的稳定性.

1) μ 未知,σ^2 的置信区间

在实际问题中 μ 与 σ^2 往往均未知,这时用样本方差 S^2 作为总体方差 σ^2 的估计,从而选取枢轴量

$$\chi^2 = \frac{(n-1)S^2}{\sigma^2} \sim \chi^2(n-1).$$

对给定的 $1-\alpha$,由

$$P\left\{\chi^2_{1-\frac{\alpha}{2}}(n-1) < \frac{(n-1)S^2}{\sigma^2} < \chi^2_{\frac{\alpha}{2}}(n-1)\right\} = 1-\alpha$$

得

$$P\left\{\frac{(n-1)S^2}{\chi^2_{\frac{\alpha}{2}}(n-1)} < \sigma^2 < \frac{(n-1)S^2}{\chi^2_{1-\frac{\alpha}{2}}(n-1)}\right\} = 1-\alpha.$$

因此,σ^2 的 $1-\alpha$ 置信区间为

$$\left(\frac{(n-1)S^2}{\chi^2_{\frac{\alpha}{2}}(n-1)}, \frac{(n-1)S^2}{\chi^2_{1-\frac{\alpha}{2}}(n-1)}\right)$$

或

$$\left(\frac{\sum_{i=1}^{n}(X_i-\overline{X})^2}{\chi^2_{\frac{\alpha}{2}}(n-1)}, \frac{\sum_{i=1}^{n}(X_i-\overline{X})^2}{\chi^2_{1-\frac{\alpha}{2}}(n-1)}\right).$$

从而,标准差 σ 的 $1-\alpha$ 置信区间为

$$\left(\sqrt{\frac{(n-1)S^2}{\chi^2_{\frac{\alpha}{2}}(n-1)}}, \sqrt{\frac{(n-1)S^2}{\chi^2_{1-\frac{\alpha}{2}}(n-1)}}\right).$$

2) μ 已知,σ^2 的置信区间

由于 μ 已知,可选取枢轴量 $\frac{1}{\sigma^2}\sum_{i=1}^{n}(X_i-\mu)^2$. 由 χ^2 分布的定义知

$$\frac{1}{\sigma^2}\sum_{i=1}^{n}(X_i-\mu)^2 = \sum_{i=1}^{n}\left(\frac{X_i-\mu}{\sigma}\right)^2 \sim \chi^2(n).$$

类似地,可导出 σ^2 的 $1-\alpha$ 置信区间为

$$\left(\frac{\sum_{i=1}^{n}(X_i-\mu)^2}{\chi^2_{\frac{\alpha}{2}}(n)}, \frac{\sum_{i=1}^{n}(X_i-\mu)^2}{\chi^2_{1-\frac{\alpha}{2}}(n)}\right).$$

例 3 为考察某地区成年男性的胆固醇水平,现抽取了样本容量为 25 的一个样本,并测得样本均值为 $\overline{x}=186$,样本标准差为 $s=12$. 假定胆固醇水平 $X \sim N(\mu, \sigma^2)$,μ 与 σ^2 均未知. 分别求 μ 及 σ 的 90% 置信区间.

解 (1) μ 的 $1-\alpha$ 置信区间为 $\left(\overline{X} \pm t_{\frac{\alpha}{2}}(n-1) \cdot \frac{S}{\sqrt{n}}\right)$. 其中 $\alpha=0.1, s=12, n=25$, 查 t 分布上侧分位数表得 $t_{0.05}(25-1)=1.711$,于是

$$t_{\frac{\alpha}{2}}(n-1) \cdot \frac{S}{\sqrt{n}} = 1.711 \times \frac{12}{\sqrt{25}} = 4.106.$$

从而 μ 的 90% 置信区间为 (186 ± 4.106),即 $(181.89, 190.11)$.

(2) σ 的 $1-\alpha$ 置信区间为

$$\left(\sqrt{\frac{(n-1)S^2}{\chi^2_{\frac{\alpha}{2}}(n-1)}}, \sqrt{\frac{(n-1)S^2}{\chi^2_{1-\frac{\alpha}{2}}(n-1)}}\right).$$

查表得 $\chi^2_{0.05}(25-1)=36.415$,$\chi^2_{0.95}(25-1)=13.848$,于是置信下限为 $\sqrt{\frac{24 \times 12^2}{36.415}} =$ 9.74,置信上限为 $\sqrt{\frac{24 \times 12^2}{13.848}} = 15.80$,从而 σ 的 90% 置信区间为 $(9.74, 15.80)$.

例4 某新型鱼雷最大速度服从正态分布 $N(30,\sigma^2)$,现随机地抽取 6 枚鱼雷进行最大速度试验,结果为(单位:m/s):

$$29.6, 30.2, 30.3, 29.8, 29.9, 30.1.$$

试求鱼雷最大速度标准差 σ 的置信度为 95% 的置信区间.

解 已知 $n=6, \mu=30$,计算得 $\sum_{i=1}^{n}(X_i-\mu)^2 = \sum_{i=1}^{6}(X_i-30)^2 = 0.35$. 对给定的置信度为 $1-\alpha=95\%$,得 $\alpha=0.05$,查 χ^2 分布表得

$$\chi^2_{0.025}(6)=14.449, \quad \chi^2_{0.975}(6)=1.237.$$

从而

$$\sqrt{\frac{\sum_{i=1}^{n}(X_i-\mu)^2}{\chi^2_{\frac{\alpha}{2}}(n)}} = \sqrt{\frac{0.35}{14.449}} = 0.15, \quad \sqrt{\frac{\sum_{i=1}^{n}(X_i-\mu)^2}{\chi^2_{1-\frac{\alpha}{2}}(n)}} = \sqrt{\frac{0.35}{1.237}} = 0.53.$$

所以,鱼雷最大速度 σ 的置信度为 95% 的置信区间为 $(0.15, 0.53)$.

3. 非正态总体参数的置信区间

在实际中所遇到的总体,有时不一定服从正态分布.设有总体

$$X \sim F(x;\theta)$$

且 $E(X)=\mu, D(X)=\sigma^2$,其中 $X_1, X_2, \cdots, X_n$ 为来自总体 X 的样本.

在大样本的情况下(一般当 $n \geqslant 50$ 时),由中心极限定理知

$$P\left\{\frac{\sum_{i=1}^{n} X_i - n\mu}{\sigma\sqrt{n}} \leqslant x\right\} \xrightarrow{P} \int_{-\infty}^{x} \frac{1}{\sqrt{2\pi}} e^{-\frac{y^2}{2}} dy,$$

即 $U=\dfrac{\overline{X}-\mu}{\sigma/\sqrt{n}} \sim N(0,1)$. 所以当 n 充分大时,可类似于正态分布的情况,对非正态总体的未知参数 μ 作区间估计.对给定的置信度 $1-\alpha(0<\alpha<1)$,查标准正态分布表,有 $u_{\frac{\alpha}{2}}$ 满足 $P\{U<u_{\frac{\alpha}{2}}\}=1-\dfrac{\alpha}{2}$,从而 μ 的置信度为 $1-\alpha$ 的置信区间为

$$\left(\overline{X}-u_{\frac{\alpha}{2}}\sqrt{\frac{\sigma^2}{n}}, \overline{X}+u_{\frac{\alpha}{2}}\sqrt{\frac{\sigma^2}{n}}\right).$$

当总体方差 σ^2 未知时,用样本方差 S^2 代替 σ^2 即可.

例5 为了研究在一指定时间段内某地区的国际互联网用户所占的比例,随机地调查了该地区的 400 名居民,发现其中有 108 名居民为上网者.试求该地区居民的上网率 p 的 95% 置信区间.

解 显然,总体 X 服从 0-1 分布,参数 p 即上网率,由以上结果,p 的 $1-\alpha$ 的

置信区间为

$$\left(\overline{X}-u_{\frac{\alpha}{2}}\sqrt{\frac{\sigma^2}{n}},\overline{X}+u_{\frac{\alpha}{2}}\sqrt{\frac{\sigma^2}{n}}\right).$$

由题意,$n=400$,$\overline{x}=\dfrac{108}{400}=0.27$,$\alpha=0.05$,$u_{0.025}=1.96$,故所求置信区间为

$$(0.27-1.96\times\sqrt{0.27\times0.73/400},0.27+1.96\times\sqrt{0.27\times0.73/400}),$$

即$(0.23,0.31)$.

例 6 某厂新研究并开发了某类设备所需的关键部件,现无法确定此部件的连续使用寿命 X(单位:kh)所服从的分布类型. 通过加速失败检验法,测试 100 个此类部件的连续使用寿命. 测得样本平均值为 $\overline{x}=17.84$kh,样本标准差为 $s=1.25$,试由试验结果求 $\mu=E(X)$ 的置信水平为 99% 的近似置信区间.

解 由题设 $\overline{x}=17.84$,$s=1.25$,$n=100$,$\alpha=0.01$,查标准正态分布表,得 $u_{\frac{\alpha}{2}}=2.57$. 计算可得

$$\overline{x}\pm u_{\frac{\alpha}{2}}\cdot\frac{s}{\sqrt{n}}=17.84\pm0.32(\text{kh}).$$

故 μ 的置信水平为 99% 的近似置信区间为 $(17.52,18.16)$.

二、双正态总体参数的区间估计

在科学研究和生产实践中,常常需要对两个正态总体进行比较. 例如,某产品的某项质量指标 X 服从正态分布 $N(\mu,\sigma^2)$,由于技术的改进,设备的更新,原料产地的不同或操作人员的调换等因素,都会引起总体均值 μ 和方差 σ^2 的变化. 在实际工作中,需要掌握的往往是这种变化的大小. 也就是说,对于两个正态总体的均值之差或方差之比,在给定的置信度 $1-\alpha$ 下,要求出对它们的区间估计.

设总体 $X\sim N(\mu_1,\sigma_1^2)$,$Y\sim N(\mu_2,\sigma_2^2)$,且 X 与 Y 相互独立,从总体 X 中抽取容量为 n_1 的样本 $X_1,X_2,\cdots,X_{n_1}$,$\overline{X}=\dfrac{1}{n_1}\sum\limits_{i=1}^{n_1}X_i$,$S_1^2=\dfrac{1}{n_1-1}\sum\limits_{i=1}^{n_1}(X_i-\overline{X})^2$ 分别表示总体 X 的样本均值和样本方差;从总体 Y 中抽取容量为 n_2 的样本 $Y_1,Y_2,\cdots,Y_{n_2}$,$\overline{Y}=\dfrac{1}{n_2}\sum\limits_{i=1}^{n_2}Y_i$,$S_2^2=\dfrac{1}{n_2-1}\sum\limits_{i=1}^{n_2}(Y_i-\overline{Y})^2$ 分别是 Y 的样本均值与样本方差.

1. σ_1^2 和 σ_2^2 已知,关于 $\mu_1-\mu_2$ 的置信区间(表 6-1)

由 $\overline{X}\sim N\left(\mu_1,\dfrac{\sigma_1^2}{n_1}\right)$,$\overline{Y}\sim N\left(\mu_2,\dfrac{\sigma_2^2}{n_2}\right)$,知

$$\overline{X}-\overline{Y}\sim N\left(\mu_1-\mu_2,\frac{\sigma_1^2}{n_1}+\frac{\sigma_2^2}{n_2}\right),$$

所以选取枢轴量

$$U=\frac{(\overline{X}-\overline{Y})-(\mu_1-\mu_2)}{\sqrt{\frac{\sigma_1^2}{n_1}+\frac{\sigma_2^2}{n_2}}}\sim N(0,1).$$

对给定的置信度 $1-\alpha(0<\alpha<1)$，查标准正态分布表得 $u_{\frac{\alpha}{2}}$，使其满足 $P\{U<u_{\frac{\alpha}{2}}\}=1-\frac{\alpha}{2}$，即 $P\{|U|<u_{\frac{\alpha}{2}}\}=1-\alpha$. 从而推出

$$P\left\{-u_{\frac{\alpha}{2}}<\frac{(\overline{X}-\overline{Y})-(\mu_1-\mu_2)}{\sqrt{\frac{\sigma_1^2}{n_1}+\frac{\sigma_2^2}{n_2}}}<u_{\frac{\alpha}{2}}\right\}=1-\alpha.$$

由此得到 $\mu_1-\mu_2$ 的置信度为 $1-\alpha$ 的置信区间为

$$\left((\overline{X}-\overline{Y})-u_{\frac{\alpha}{2}}\sqrt{\frac{\sigma_1^2}{n_1}+\frac{\sigma_2^2}{n_2}},(\overline{X}-\overline{Y})+u_{\frac{\alpha}{2}}\sqrt{\frac{\sigma_1^2}{n_1}+\frac{\sigma_2^2}{n_2}}\right).$$

例7 为考察工艺改革前后所纺纱的断裂强度的变化大小，分别从改革前后所纺纱中抽取容量为 80 和 70 的样本进行测试，经计算 $\overline{x}=5.32,\overline{y}=5.76$，假定改革前后纱线断裂强度分别服从正态分布，其方差分别为 2.18^2 和 1.76^2，试估计改革前后纱线平均断裂强度之差的置信度为 95% 的置信区间.

解 对 $1-\alpha=0.95$，得 $\alpha=0.05$，查标准正态分布表得 $u_{0.025}=1.96$，且

$$\overline{X}-\overline{Y}-u_{\frac{\alpha}{2}}\sqrt{\frac{\sigma_1^2}{n_1}+\frac{\sigma_2^2}{n_2}}=-1.07,$$

$$\overline{X}-\overline{Y}+u_{\frac{\alpha}{2}}\sqrt{\frac{\sigma_1^2}{n_1}+\frac{\sigma_2^2}{n_2}}=0.19.$$

故所求置信度为 95% 的置信区间为 $(-1.07,0.19)$.

2. $\sigma_1^2=\sigma_2^2=\sigma^2$，但 σ^2 未知，关于 $\mu_1-\mu_2$ 的置信区间（表 6-1）

为了充分利用两个样本所包含的关于方差 σ^2 的信息，通常取

$$S_w^2=\frac{(n_1-1)S_1^2+(n_2-1)S_2^2}{n_1+n_2-2}$$

作为 σ^2 的估计，称 S_w^2 为 X 与 Y 的**联合样本方差**. 从而选取枢轴量

6.3 区间估计

$$T=\frac{(\overline{X}-\overline{Y})-(\mu_1-\mu_2)}{\sqrt{S_w^2\left(\frac{1}{n_1}+\frac{1}{n_2}\right)}}\sim t(n_1+n_2-2).$$

于是,对置信度为 $1-\alpha$,查 t 分布表得 $t_{\frac{\alpha}{2}}(n_1+n_2-2)$,并且使其满足概率等式

$$P\{|T|<t_{\frac{\alpha}{2}}(n_1+n_2-2)\}=1-\alpha.$$

从而得到 $\mu_1-\mu_2$ 的置信度为 $1-\alpha$ 的置信区间为

$$\left((\overline{X}-\overline{Y})-t_{\frac{\alpha}{2}}(n_1+n_2-2)\sqrt{S_w^2\left(\frac{1}{n_1}+\frac{1}{n_2}\right)},(\overline{X}-\overline{Y})+t_{\frac{\alpha}{2}}(n_1+n_2-2)\sqrt{S_w^2\left(\frac{1}{n_1}+\frac{1}{n_2}\right)}\right).$$

例8 某大学从 2015 年在 A,B 两市招收的新生中,分别抽查 5 名男生和 6 名男生,测得其身高(单位:cm)如下:

A 市:172,178,180.5,174,175;

B 市:174,171,176.5,168,172.5,170.

设两市学生的身高分别服从正态分布 $N(\mu_1,\sigma_1^2)$ 和 $N(\mu_2,\sigma_2^2)$,试求 $\mu_1-\mu_2$ 的置信度为 95% 的置信区间.

解 由题意可得 $\overline{x}_1=175.9,\overline{x}_2=172,\overline{x}_1-\overline{x}_2=3.9,s_1^2=\dfrac{45.2}{4},s_2^2=\dfrac{45.5}{4},s_w=\sqrt{\dfrac{45.2+45.5}{5+6-2}}=3.17.$

对于给定的 $\alpha=0.05$,查自由度为 9 的 t 分布的上侧分位数表得 $t_{0.025}(9)=2.262,t_{0.025}(9)s_w\sqrt{\dfrac{1}{n_1}+\dfrac{1}{n_2}}=2.262\times 3.17\times 0.61=4.374.$

从而 $\mu_1-\mu_2$ 的置信度为 95% 的置信区间为

$$(3.9-4.374,3.9+4.374)=(-0.474,8.274).$$

3. 方差比 $\dfrac{\sigma_1^2}{\sigma_2^2}$ 的置信区间(表 6-1)

选取枢轴量

$$F=\frac{\dfrac{(n_1-1)S_1^2/\sigma_1^2}{(n_1-1)}}{\dfrac{(n_2-1)S_2^2/\sigma_2^2}{(n_2-1)}}=\frac{S_1^2/\sigma_1^2}{S_2^2/\sigma_2^2}\sim F(n_1-1,n_2-1).$$

对于给定的置信度 $1-\alpha$,查 F 分布表,得 $F_{\frac{\alpha}{2}}(n_1-1,n_2-1)$,使其满足

$$P\{F>F_{\frac{\alpha}{2}}(n_1-1,n_2-1)\}=\frac{\alpha}{2},$$

从而 $F_{1-\frac{\alpha}{2}}(n_1-1,n_2-1)$ 满足

$$P\{F>F_{1-\frac{\alpha}{2}}(n_1-1,n_2-1)\}=1-\frac{\alpha}{2}.$$

于是有

$$P\{F_{1-\frac{\alpha}{2}}(n_1-1,n_2-1)<F<F_{\frac{\alpha}{2}}(n_1-1,n_2-1)\}=1-\alpha,$$

即

$$P\left\{\frac{S_1^2}{S_2^2}\cdot\frac{1}{F_{\frac{\alpha}{2}}(n_1-1,n_2-1)}<\frac{\sigma_1^2}{\sigma_2^2}<\frac{S_1^2}{S_2^2}\cdot\frac{1}{F_{1-\frac{\alpha}{2}}(n_1-1,n_2-1)}\right\}=1-\alpha,$$

故 $\dfrac{\sigma_1^2}{\sigma_2^2}$ 的置信度为 $1-\alpha$ 的置信区间为

$$\left(\frac{S_1^2}{S_2^2}\cdot\frac{1}{F_{\frac{\alpha}{2}}(n_1-1,n_2-1)},\frac{S_1^2}{S_2^2}\cdot\frac{1}{F_{1-\frac{\alpha}{2}}(n_1-1,n_2-1)}\right).$$

通常在 F 分布上侧分位数表中,只对较小的 α 列出相应的分位数,对于较大 α (接近于 1),则可以根据公式 $F_{1-\alpha}(n_1-1,n_2-1)=\dfrac{1}{F_{\alpha}(n_2-1,n_1-1)}$ 计算出 $F_{1-\alpha}(n_1-1,n_2-1)$.

例 9 某车间两条生产线生产同一种产品,产品的质量指标可认为服从正态分布,分别从两条生产线的产品中抽取容量为 8 和 9 的样本,并且样本方差分别为 7.89 和 5.07,求产品质量指标方差比的置信度为 95% 的置信区间.

解 $n_1=8, n_2=9, s_1^2=7.89, s_2^2=5.07$. 对给定的置信度 $1-\alpha=0.95$,得 $\alpha=0.05$,查 F 分布表,得 $F_{0.025}(7,8)=4.53$.

由公式

$$F_{1-\frac{\alpha}{2}}(n_1-1,n_2-1)=\frac{1}{F_{\frac{\alpha}{2}}(n_2-1,n_1-1)}=\frac{1}{F_{0.025}(8,7)}=\frac{1}{4.9}=0.20,$$

得 $\dfrac{\sigma_1^2}{\sigma_2^2}$ 置信度为 $1-\alpha$ 的置信区间为

$$\left(\frac{S_1^2}{S_2^2}\cdot\frac{1}{F_{\frac{\alpha}{2}}(n_1-1,n_2-1)},\frac{S_1^2}{S_2^2}\cdot\frac{1}{F_{1-\frac{\alpha}{2}}(n_1-1,n_2-1)}\right)$$

$$=\left(\frac{7.89}{5.07}\times\frac{1}{4.53},\frac{7.89}{5.07}\times\frac{1}{0.2}\right)=(0.34,7.78).$$

表 6-1 正态总体参数的置信区间一览表

参数	条件	枢轴量	置信下、上限
均值 μ	σ^2 已知	$U=\dfrac{\overline{X}-\mu}{\sigma/\sqrt{n}}\sim N(0,1)$	$\overline{X}-u_{\frac{\alpha}{2}}\cdot\dfrac{\sigma}{\sqrt{n}}$ $\overline{X}+u_{\frac{\alpha}{2}}\cdot\dfrac{\sigma}{\sqrt{n}}$
	σ^2 未知	$T=\dfrac{\overline{X}-\mu}{S/\sqrt{n}}\sim t(n-1)$	$\overline{X}-t_{\frac{\alpha}{2}}\cdot\dfrac{S}{\sqrt{n}}$ $\overline{X}+t_{\frac{\alpha}{2}}\cdot\dfrac{S}{\sqrt{n}}$
方差 σ^2	μ 未知	$\chi^2=\dfrac{(n-1)S^2}{\sigma^2}\sim\chi^2(n-1)$	$\dfrac{(n-1)S^2}{\chi^2_{\alpha/2}(n-1)}$ $\dfrac{(n-1)S^2}{\chi^2_{1-\alpha/2}(n-1)}$
均值差 $\mu_1-\mu_2$	σ_1^2,σ_2^2 已知	$U=\dfrac{(\overline{X}-\overline{Y})-(\mu_1-\mu_2)}{\sqrt{\dfrac{\sigma_1^2}{n_1}+\dfrac{\sigma_2^2}{n_2}}}\sim N(0,1)$	$(\overline{X}-\overline{Y})-u_{\frac{\alpha}{2}}\sqrt{\dfrac{\sigma_1^2}{n_1}+\dfrac{\sigma_2^2}{n_2}}$ $(\overline{X}-\overline{Y})+u_{\frac{\alpha}{2}}\sqrt{\dfrac{\sigma_1^2}{n_1}+\dfrac{\sigma_2^2}{n_2}}$
	$\sigma_1^2=\sigma_2^2$ 但未知	$U=\dfrac{(\overline{X}-\overline{Y})-(\mu_1-\mu_2)}{S_w\sqrt{\dfrac{1}{n_1}+\dfrac{1}{n_2}}}\sim t(f),$ $f=n_1+n_2-2$	$(\overline{X}-\overline{Y})-t_{\frac{\alpha}{2}}(f)S_w\sqrt{\dfrac{1}{n_1}+\dfrac{1}{n_2}}$ $(\overline{X}-\overline{Y})+t_{\frac{\alpha}{2}}(f)S_w\sqrt{\dfrac{1}{n_1}+\dfrac{1}{n_2}}$
方差比 σ_1^2/σ_2^2	μ_1,μ_2 均未知	$F=\dfrac{S_1^2/\sigma_1^2}{S_2^2/\sigma_2^2}\sim F(n_1-1,n_2-1)$	$\dfrac{1}{F_{\alpha/2}(n_1-1,n_2-1)}\dfrac{S_1^2}{S_2^2}$ $\dfrac{1}{F_{1-\alpha/2}(n_1-1,n_2-1)}\dfrac{S_1^2}{S_2^2}$

习 题 6

(A)

1. 设总体 $X\sim N(\mu,\sigma^2)$，$X_1,X_2,\cdots,X_n$ 是取自总体 X 的样本，试选择适当的常数 c，使得 $c\sum_{i=1}^{n}(X_{i+1}-X_i)^2$ 为 σ^2 的无偏估计。

2. 设总体 X 服从参数为 λ 的泊松分布，$X_1,X_2,\cdots,X_n$ 是取自总体 X 的样本。
(1) 试证对任意常数 c，$c\overline{X}+(1-c)S^2$ 均是 λ 的无偏估计量；
(2) 给出 λ^2 的一个无偏估计。

3. 设 $X_1,X_2,\cdots,X_n$ 是取自总体 X 的样本，记 $\mu=E(X),\sigma^2=D(X)$。

试证对任意常数 a_i, $\sum_{i=1}^{n} a_i = 1 (i = 1, 2, \cdots, n)$, $\sum_{i=1}^{n} a_i X_i$ 均是 μ 的无偏估计,其中 $\bar{X} = \frac{1}{n} \sum_{i=1}^{n} X_i$ 最为有效.

4. 假定某市每月死于交通事故的人数 X 服从参数为 λ 的泊松分布,$\lambda > 0$ 为未知参数,现测得一组样本值
$$3, 2, 0, 5, 4, 3, 1, 0, 7, 2, 0, 2.$$
试求无死亡概率的最大似然估计值.

5. 设射手的命中率为 p,在向同一目标的 80 次射击中,命中 75 次,试求 p 的最大似然估计值.

6. 设总体 X 的概率密度是
$$f(x) = \begin{cases} \alpha x^{\alpha-1}, & 0 < x < 1, \alpha > 0, \\ 0, & \text{其他}, \end{cases}$$
参数 α 未知,$X_1, X_2, \cdots, X_n$ 为来自总体 X 的样本,求 α 的最大似然估计量.

7. 设总体 X 的概率密度为
$$f(x) = \begin{cases} 2e^{-2(x-\theta)}, & x \geq \theta, \\ 0, & x < \theta, \end{cases}$$
其中 $\theta > 0$ 是未知参数,$X_1, X_2, \cdots, X_n$ 为来自总体 X 的样本,求 θ 的最大似然估计量.

8. 设总体 X 服从区间 $[a, b]$ 上的均匀分布,a, b 未知,$X_1, X_2, \cdots, X_n$ 为来自总体 X 的样本,试求 a, b 的最大似然估计量.

9. 设总体 X 服从二项分布 $b(m, p)$,参数 m 已知,p 未知,$X_1, X_2, \cdots, X_n$ 为来自总体 X 的样本,试求

(1) p 的矩估计量;

(2) p 与 q 之比的矩估计量,其中 $q = 1 - p$.

10. 已知每桶奶粉净重 X(单位:g)服从正态分布 $N(\mu, 5^2)$,从一批桶装奶粉中随机抽取 15 桶,经过测量得到它们的平均净重为 446g,试求每桶奶粉平均净重 μ 的 95% 的置信区间.

11. 已知某加热炉正常工作时的炉内温度 X(单位:℃)服从正态分布 $N(\mu, 144)$,用一种仪器反复测量 5 次,其温度为
$$1250, 1265, 1245, 1260, 1275,$$
试以 90% 的置信度,求加热炉正常工作时炉内平均温度 μ 的置信区间.

12. 设总体 $X \sim N(\mu, 9)$,$X_1, X_2, \cdots, X_n$ 为来自总体 X 的样本,欲使 μ 的 $1 - \alpha$ 的长度 L 不超过 2,问在以下两种情况下样本容量 n 至少应取多少?

(1) $\alpha = 0.1$; (2) $\alpha = 0.01$.

13. 已知成年人的脉搏 X(单位:次/min)服从正态分布 $N(\mu, \sigma^2)$,从一群成年人中随意地抽取 10 人,测得其脉搏分别为
$$68, 69, 72, 73, 66, 70, 69, 71, 74, 68.$$
试以 90% 的置信度,求每人平均脉搏 μ 的置信区间.

14. 已知某种型号飞机的最大飞行速度 X(单位:m/s)服从正态分布 $N(\mu, \sigma^2)$,飞机独立飞行试验 8 次,测得其最大飞行速度分别为

$$422, 425, 418, 420, 425, 425, 431, 434,$$

试以 95% 的置信度,求飞机最大飞行速度方差 σ^2 的置信区间.

15. 设按某种工艺生产的金属纤维的长度 $X \sim N(\mu, \sigma^2)$,现抽取了 15 根纤维测得平均长度为 $\bar{x} = 5.4$,样本方差为 $S^2 = 0.16$. 试求 μ 与 σ 的 95% 的置信区间.

16. 设总体 X 的概率密度为

$$f(x;\theta) = \begin{cases} 1/\theta, & 0 < x < 1, \\ 1/2(1-\theta), & 1 \leqslant x < 2, \\ 0, & \text{其他}, \end{cases}$$

其中 $\theta(0 < \theta < 1)$ 未知,$X_1, X_2, \cdots, X_n$ 为来自总体 X 的样本,$\bar{X}$ 是样本均值.

(1) 求参数 θ 的矩估计量 $\hat{\theta}$;

(2) 判断 $4\bar{X}^2$ 是否为 θ^2 的无偏估计量,并说明理由.

(B)

1. 设 $\hat{\theta} = \hat{\theta}_n$ 是 θ 的估计量. 若 $\lim_{n \to \infty} E(\hat{\theta}_n) = \theta$,且 $\lim_{n \to \infty} D(\hat{\theta}_n) = 0$,证明:$\hat{\theta}_n$ 是 θ 的相合估计量.

2. 设总体 X 服从均匀分布 $U(0, \theta)$,$X_1, X_2, \cdots, X_n$ 为来自总体 X 的样本,证明:

(1) $\hat{\theta}_1 = 2\bar{X}$ 与 $\hat{\theta}_2 = \dfrac{n+1}{n} X_{(n)}$ 都是 θ 的无偏估计量,其中 $X_{(n)} = \max\{X_1, X_2, \cdots, X_n\}$;

(2) $\hat{\theta}_2$ 比 $\hat{\theta}_1$ 有效 $(n \geqslant 2)$;

(3) $\hat{\theta}_1 = 2\bar{X}$ 与 $\hat{\theta}_2 = \dfrac{n+1}{n} X_{(n)}$ 都是 θ 的相合估计量.

3. 设总体 X 的概率密度为 $f(x;\theta) = \dfrac{1}{2\theta} e^{-\frac{|x|}{\theta}} \ (-\infty < x < +\infty)$,其中 $\theta(\theta > 0)$ 是未知参数,$X_1, X_2, \cdots, X_n$ 为来自总体 X 的样本.

(1) 求 θ 的最大似然估计量 $\hat{\theta}$;

(2) 证明 $\hat{\theta}$ 为 θ 的无偏估计量;

(3) 求 $D(\hat{\theta})$.

4. (2006) 设总体 X 的概率密度为

$$f(x;\theta) = \begin{cases} \theta, & 0 < x < 1, \\ 1-\theta, & 1 \leqslant x < 2, \\ 0, & \text{其他}, \end{cases}$$

其中 $\theta(0 < \theta < 1)$ 是未知参数,$X_1, X_2, \cdots, X_n$ 为来自总体 X 的样本. 记 N 为样本观察值 $x_1, x_2, \cdots, x_n$ 中小于 1 的个数,求:

(1) θ 的矩估计量;

(2) θ 的最大似然估计.

5. 某医院附近花店随机统计了 100 天的日销售额(单位:元),得到日均销售额为 1500 元,样本标准差为 1000 元,试求出该花店日均销售额的 95% 的置信区间.

6. 设总体 X 服从参数为 μ 与 $\sigma^2 = 1$ 的对数正态分布,$X_1, X_2, \cdots, X_n$ 是取自总体 X 的样本.

(1) 试求 μ 的最大似然估计 $\hat{\mu}$；

(2) 利用 $\hat{\mu}$ 构造 μ 的 $1-\alpha$ 置信区间；

(3) 试求 $E(X)$ 的 $1-\alpha$ 置信区间.

7. 设总体 X 的概率密度为

$$f(x;\theta)=\begin{cases}\dfrac{\theta^2}{x^3}\mathrm{e}^{-\frac{\theta}{x}}, & x>0,\\ 0, & 其他,\end{cases}$$

其中 θ 为未知参数且大于零，$X_1,X_2,\cdots,X_n$ 是取自总体 X 的样本.

(1) 求 θ 的矩估计量；

(2) 求 θ 的最大似然估计量.

8. 从银行的两个分理处分别取了 16 位和 20 位个人客户的月存款余额，得平均余额为 1.1 万元和 1.43 万元，标准差分别为 0.2 万元和 0.3 万元. 设两个分理处个人客户的月存款余额分别服从正态分布 $N(\mu_1,\sigma^2)$ 和 $N(\mu_2,\sigma^2)$，其中 σ^2 未知，求均值差 $\mu_1-\mu_2$ 的置信度为 90% 的置信区间.

9. 对甲、乙两种品牌的洗涤剂分别进行去污试验，测得去污率（单位:%）结果如下：

品牌甲 79.4, 80.5, 76.2, 82.7, 77.8, 75.6,

品牌乙 73.4, 77.5, 79.3, 75.1, 74.7.

假定两品牌的去污率分别服从 $N(\mu_1,\sigma_1^2), N(\mu,\sigma^2)$.

(1) 设 $\sigma_1^2=\sigma_2^2$，试求甲、乙两种品牌的平均去污率 $\mu_1-\mu_2$ 的 95% 的置信区间；

(2) 设 $\sigma_1^2\neq\sigma_2^2$，试求甲、乙两种品牌的去污率的方差比 $\dfrac{\sigma_1^2}{\sigma_2^2}$ 的 95% 的置信区间.

第 7 章 假 设 检 验

统计推断中的另一类重要问题是假设检验.其一般方法是根据样本的信息来推断总体分布是否具有某种指定的特征.本章主要介绍总体参数的假设检验问题.

7.1 假设检验的基本概念

一、假设检验问题的提出

我们先通过几个实例,来说明假设检验问题.

例 1 糖果厂用一台包装机自动包装糖果.包得的袋装糖的质量是一个随机变量,它服从正态分布 $N(\mu, 0.015^2)$.当机器正常工作时,每袋糖的质量的均值 $\mu_0 = 0.5$kg.某日开工后随机地抽取所包装的袋装糖 9 袋,称得净重(单位:kg)分别为:0.511,0.518,0.498,0.520,0.497,0.512,0.506,0.524,0.515,问包装机这天工作是否正常?

设 X 表示袋装糖的质量,μ, σ^2 分别表示这批袋装糖的质量 X 的均值和方差.根据长期实践知道方差比较稳定,于是可设 $X \sim N(\mu, 0.015^2)$,这里的 μ 未知.包装机工作是否正常,实际上就是根据样本值来推断假设"$\mu = 0.5$"是否成立.

例 2 已知某灯管的寿命服从正态分布 $N(1500, 150^2)$,采用新技术改进工艺后试制一批灯管,抽样检查 20 个,测得灯管寿命的样本均值为 1600h,若总体的方差不变,试问用新技术生产的这批灯管的平均寿命是否有显著提高.

若 X 表示灯管的寿命,X 是一随机变量,μ 表示 X 的均值.现在关心的问题是"$\mu \leqslant 1500$"即新技术没有提高平均寿命,是否成立.

例 3 随机抽查 100 名 2008 年 6 月参加大学英语四级考试的学生的成绩,希望了解学生成绩 X 是否服从正态分布?

这里我们所关心的问题是根据样本推断 $X \sim N(\mu, \sigma^2)$ 是否成立?

上述 3 个例子的共同特点是:对总体分布函数中的参数或分布函数的类型提出假设,然后通过抽样并根据样本所提供的信息,对假设是否成立进行推断.这类问题就是统计推断中的另一基本问题——**假设检验**.前两个例子是总体的分布类型已知,但其中含有未知参数,这种对总体中未知参数的假设,称为**参数假设**,相应的检验称为**参数假设检验**;如果总体的分布类型未知,对总体分布类型或总体分布的数字特征提出假设(如例3),我们称此类假设为**非参数假设**,相应的检验称为**非参数假设检验**.

在假设检验中,我们把对总体作出的种种假设,统称为**统计假设**. 通常把要检验的那个假设称为**原假设**或**零假设**,记为 H_0,它的对立面称为**备择假设**或**对立假设**,记为 H_1. 检验的目的就是要在 H_0 与 H_1 之中选择其一. 如果认为原假设 H_0 正确,则接受 H_0(即拒绝 H_1),反之接受 H_1(即拒绝 H_0). 如上述三例假设问题可分别简述为

(1) $H_0:\mu=0.5, H_1:\mu\neq0.5$;

(2) $H_0:\mu\leq1500, H_1:\mu>1500$;

(3) $H_0:F(x)$ 是 $N(\mu,\sigma^2)$ 的分布,$H_1:F(x)$ 不是 $N(\mu,\sigma^2)$ 的分布.

二、假设检验的基本思想

假设检验的基本思想是**小概率事件原理(实际推断原理)**. 其内容为概率很小的随机事件在一次试验中几乎不可能发生. 在检验某 H_0 时,先假定 H_0 是正确的,在此假定下某随机事件 A 发生的概率很小,经一次试验后,如果小概率事件 A 发生了,那么依据小概率事件原理就不能不使人怀疑 H_0 的正确性,从而拒绝 H_0.

下面通过例 1 来更进一步说明假设检验的基本思想及推理方法. 在例 1 中,袋装糖果的质量 $X\sim N(\mu,0.015^2)$,对参数 μ 提出假设:

$$H_0:\mu=0.5, \quad H_1:\mu\neq0.5.$$

那么如何检验原假设是否成立呢?考虑到 $\overline{X}$ 是 μ 的最小方差无偏估计量,通常 $\overline{X}$ 的大小反映了未知参数 μ 的大小. 若 H_0 成立,即 $\mu=0.5$,则 $\overline{X}$ 与 0.5 应比较接近,即 $|\overline{X}-0.5|$ 应较小,反之就不能认为 H_0 成立. 究竟 $|\overline{X}-0.5|$ 达到多大就可以认为不合理从而拒绝 H_0 呢?下面通过抽样分布来说明这个问题.

若原假设 H_0 成立,则有 $X\sim N(0.5,0.015^2)$,这时样本均值

$$\overline{X}=\frac{1}{9}\sum_{i=1}^{9}x_i\sim N\left(0.5,\frac{0.015^2}{9}\right),$$

因而

$$U=\frac{\overline{X}-0.5}{0.015/\sqrt{9}}\sim N(0,1).$$

给定小概率 α,使得

$$\alpha=P\{|U|>u_{\frac{\alpha}{2}}\}=P\left\{\left|\frac{\overline{X}-0.5}{0.015/\sqrt{9}}\right|>u_{\frac{\alpha}{2}}\right\},$$

其中 $u_{\frac{\alpha}{2}}$ 为标准正态分布的上侧 $\frac{\alpha}{2}$ 分位数.

若取 $\alpha=0.05$,则 $u_{\frac{\alpha}{2}}=1.96$,于是上式变为

$$P\left\{\left|\frac{\overline{X}-0.5}{0.015/\sqrt{9}}\right|>1.96\right\}=0.05.$$

即若 H_0 成立,则"$\left|\frac{\overline{X}-0.5}{0.015/\sqrt{9}}\right|>1.96$"是一个概率仅为 0.05 的小概率事件. 依据小概率事件原理,可以认为在假设 $H_0:\mu=0.5$ 成立的条件下,事件"$|U|>1.96$"在一次试验中几乎不可能发生. 由例 1 的样本算得 $\overline{x}=0.511$,从而有

$$|U|=\left|\frac{0.511-0.5}{0.015/\sqrt{9}}\right|=2.2>1.96.$$

上述的小概率事件居然发生了,这就表明,抽样得到的结果与 H_0 不符,因此应拒绝 H_0,即认为这天包装机工作不正常.

通过上述对例 1 的分析和讨论中可以看出,假设检验中使用的推理方法是概率反证法,即为了确定是否要拒绝原假设 H_0,首先是假定 H_0 为真,看由此"应该"会出现什么结果,但如果出现了一个明显的"有违常理"的现象,则可以有很大的把握认为"H_0 为真"的假定是错误的,进而拒绝 H_0. 如果出现了"应该"出现的结果,则认为"H_0 为真"的假定是正确的,从而接受原假设 H_0.

三、显著性水平与拒绝域

根据上述分析,在假设检验中,首先要确定小概率事件发生的概率,在例 1 中,我们把概率等于或小于 0.05 的事件作为小概率事件,这一小概率,即拒绝原假设 H_0 的概率,在假设检验中称为**显著性水平**,记为 α,通常取 $\alpha=0.10,0.05,0.01$ 等.

在例 1 中称 $U=\dfrac{\overline{X}-0.5}{0.015/\sqrt{9}}$ 为**检验统计量**. 当检验统计量在某个范围取值时,拒绝原假设 H_0,则称该取值范围为**拒绝域**. 例 1 中当 $|U|>1.96$ 时,拒绝 H_0,所以对于显著性水平 0.05,其拒绝域为 $(-\infty,-1.96)\cup(1.96,+\infty)$,且 $u_{\frac{\alpha}{2}}=1.96$ 称为**临界值**.

对于形如 $H_0:\mu=\mu_0, H_1:\mu\neq\mu_0$ 的假设(如例 1),如图 7-1 所示,这类假设检验称为**双侧假设检验**.

若给出的假设为 $H_0:\mu\leq\mu_0, H_1:\mu>\mu_0$(如例 2),如图 7-2 所示,这类假设检验称为**右侧假设检验**. 类似地,若假设为 $H_0:\mu\geq\mu_0, H_1:\mu<\mu_0$,如图 7-3 所示,此类假设检验称为**左侧假设检验**. 右侧假设检验和左侧假设检验统称为**单侧假设检验**.

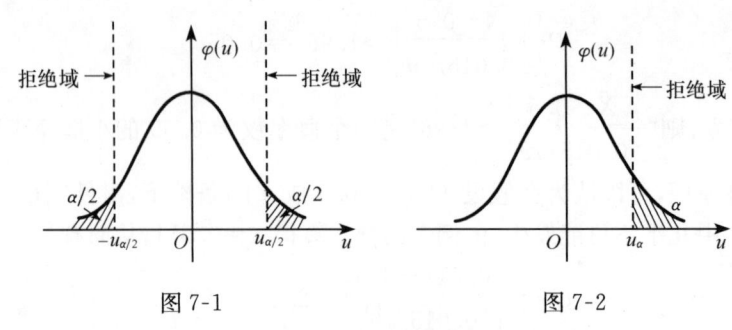

图 7-1　　　　　　　　图 7-2

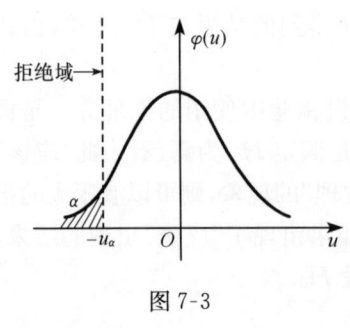

图 7-3

四、假设检验的两类错误

在进行假设检验时,依据小概率事件原理来推断总体.但小概率事件在一次试验中几乎不可能发生,但不是绝对不可能发生.由于我们作出的推断依据仅是样本,根据样本的随机性和局限性,有时就难免会导致错误的推断,这种可能犯的错误有两类.

1. 弃真错误

原假设 H_0 正确,但由于检验统计量的观察值落入拒绝域中,从而导致拒绝 H_0,这时犯了**"弃真"**的错误. 这类错误称为**第一类错误**. 犯这类错误的概率就是小概率事件发生的概率 α,即

$$P\{拒绝\ H_0\,|\,H_0\ 为真\}=\alpha.$$

2. 纳伪错误

原假设 H_0 不成立时,由于检验统计量的观察值没有落入拒绝域中,从而导致接受 H_0,这时犯了**"纳伪"**的错误,这类错误称为**第二类错误**. 记犯第二类错误的概率为 β,即

$$P\{接受\ H_0\,|\,H_0\ 为假\}=\beta.$$

在统计推断过程中,我们自然希望犯这两类错误的概率越小越好,然而,当样本容量 n 固定时,犯两类错误的概率是相互制约的,α 小,β 大;β 小,α 大;同时减小 α,β 是不可能的. 一般来说,我们可以控制犯第一类错误的概率 α,当 α 取定后,可以通过增加样本容量使 β 减小,从而达到 α,β 同时减小.

五、假设检验的基本步骤

根据前面的分析和例子,假设检验的基本步骤可归纳为以下四步:

(1) 根据实际问题提出原假设 H_0 和备择假设 H_1；
(2) 构造适当的检验统计量,在 H_0 为真时,它的分布是已知的；
(3) 对给定的显著性水平 α 确定拒绝域；
(4) 根据样本观测值计算检验统计量的值,从而比较判断是拒绝 H_0,还是接受 H_0.

7.2 一个正态总体参数的假设检验

设总体 $X \sim N(\mu, \sigma^2)$,$X_1, X_2, \cdots, X_n$ 是取自总体 X 的样本,其样本均值为 $\overline{X}$,样本方差为 S^2,给定显著性水平 α. 下面分几种情况对总体 X 的参数均值 μ 与方差 σ^2 进行假设检验.

一、均值的假设检验

通常关于未知参数 μ 有如下三种假设检验：

$$H_0: \mu = \mu_0, \quad H_1: \mu \neq \mu_0; \tag{7.1}$$

$$H_0: \mu \leq \mu_0, \quad H_1: \mu > \mu_0; \tag{7.2}$$

$$H_0: \mu \geq \mu_0, \quad H_1: \mu < \mu_0, \tag{7.3}$$

其中 μ_0 为一已知数. 下面分 σ^2 已知和 σ^2 未知两种情形来讨论.

1. σ^2 已知

以上三种统计假设都可以取检验统计量为

$$U = \frac{\overline{X} - \mu_0}{\sigma / \sqrt{n}}.$$

对于检验问题(7.1),在原假设 H_0 成立的条件下有 $U \sim N(0,1)$.

对给定的显著性水平 α,查标准正态分布表得临界值 $u_{\frac{\alpha}{2}}$,使 $P\{|U| > u_{\frac{\alpha}{2}}\} = \alpha$,从而确定拒绝域为 $(-\infty, -u_{\frac{\alpha}{2}}) \cup (u_{\frac{\alpha}{2}}, +\infty)$.

对于检验问题(7.2),当 H_0 成立时,事件

$$\left\{ U = \frac{\overline{X} - \mu_0}{\sigma / \sqrt{n}} > u_\alpha \right\} \subset \left\{ U' = \frac{\overline{X} - \mu}{\sigma / \sqrt{n}} > u_\alpha \right\},$$

所以 $P\{U > u_\alpha\} \leq P\{U' > u_\alpha\} = \alpha$. 因为 $U' \sim N(0,1)$,对于给定的显著性水平 α,查标准正态分布表得临界值 u_α,使 $P\{U' > u_\alpha\} = \alpha$. 此时,$P\{U > u_\alpha\} \leq \alpha$,可见 $\{U > u_\alpha\}$ 是小概率事件,从而,H_0 的拒绝域为 $(u_\alpha, +\infty)$.

对于检验问题(7.3),类似地可查标准正态分布表得临界值 $-u_\alpha$,使 $P(U' < -u_\alpha) = \alpha$,从而得到 H_0 的拒绝域为 $(-\infty, -u_\alpha)$.

上述假设检验问题都是利用统计量 U 来确定拒绝域,所以这种检验也称为 U 检验.

例1 某商店每月的日销售额在正常情况下服从正态分布 $N(4.55,0.108^2)$. 现随机抽查了 5 天的日销售额(单位:万元)分别为:4.38,4.45,4.47,4.52,4.50, 根据经验标准差没有变化,问在显著性水平 $\alpha=0.05$ 下,目前商店的日销售额是否有显著变化?

解 检验假设 $H_0:\mu=4.55,H_1:\mu\neq 4.55$. 取检验统计量

$$U=\frac{\overline{X}-4.55}{0.108/\sqrt{5}}.$$

对于给定的显著性水平 $\alpha=0.05$,查标准正态分布表得,临界值 $u_{0.025}=1.96$, 从而拒绝域为 $(-\infty,-1.96)\cup(1.96,+\infty)$.

由样本值算得 $U=\dfrac{\overline{X}-4.55}{0.108/\sqrt{5}}=\dfrac{4.464-4.55}{0.108/\sqrt{5}}=-1.78.$

由于 $|U|=1.78<1.96$,所以接受 H_0,即可以认为目前商店的日销售额没有发生显著变化.

例2 在 $\alpha=0.05$ 的显著性水平下检验 7.1 节的例 2 中利用新技术生产的灯管的平均寿命是否有显著提高?

解 总体 $X\sim N(\mu,150^2)$,依题意需检验假设

$$H_0:\mu\leqslant 1500,\quad H_1:\mu>1500.$$

取检验统计量

$$U=\frac{\overline{X}-1500}{150/\sqrt{20}}.$$

对于给定的显著性水平 $\alpha=0.05$,查标准正态分布表得,临界值 $u_{0.05}=1.64$, 从而拒绝域为 $(1.64,+\infty)$.

由样本值算得

$$U=\frac{\overline{X}-1500}{150/\sqrt{20}}=\frac{1600-1500}{150/\sqrt{20}}=2.98>1.64.$$

所以拒绝 H_0,即认为利用新技术生产的灯管的平均寿命有显著提高.

2. σ^2 未知

三种统计假设都可以取检验统计量为

$$T=\frac{\overline{X}-\mu_0}{S/\sqrt{n}}.$$

对于检验问题(7.1),在原假设 H_0 成立的条件下有 $T\sim t(n-1)$.

对于给定的显著性水平 α,查 t 分布表得临界值 $t_{\frac{\alpha}{2}}(n-1)$,使 $P\{|T|>t_{\frac{\alpha}{2}}(n-1)\}=\alpha$,从而得拒绝域为 $(-\infty,-t_{\frac{\alpha}{2}}(n-1))\cup(t_{\frac{\alpha}{2}}(n-1),+\infty)$.

类似于 U 检验的情形,容易得到检验问题(7.2)的拒绝域为 $(t_\alpha(n-1),+\infty)$;检验问题(7.3)的拒绝域为 $(-\infty,-t_\alpha(n-1))$.

通常此类检验方法称为 t **检验法**.

例3 某淀粉厂用自动打包机包装淀粉,每包淀粉标准质量为 100 斤(1 斤=500g),已知每包质量服从正态分布.某日开工后测得 9 包淀粉质量,数据如下:99.3,98.7,100.5,101.2,98.3,99.7,99.5,102.1,100.5. 问这一天打包机的工作是否正常?($\alpha=0.05$).

解 设 $X=$ "每包淀粉质量",依题意知 $X\sim N(100,\sigma^2)$.由于方差 σ^2 未知,采用 t 检验法.检验假设

$$H_0:\mu=100, \quad H_1:\mu\neq 100.$$

取检验统计量

$$T=\frac{\overline{X}-100}{S/\sqrt{9}}.$$

对于 $\alpha=0.05,n-1=8$,查 t 分布表得,临界值 $t_{0.025}(8)=2.306$,拒绝域为 $|T|>2.306$.

由样本值算得 $\overline{x}=99.978,s=1.212$,从而

$$|T|=\left|\frac{99.978-100}{1.212/\sqrt{9}}\right|\approx 0.054<2.306.$$

所以接受 H_0,即可以认为这一天打包机的工作是正常的.

例4 某厂生产的电子元件寿命 X 服从正态分布,按规定其平均寿命不得小于 1038 小时,现从某日生产的产品中随机抽取 5 只,由样本值算得 $\overline{x}=1140,s^2=9960$.该厂这一天生产的电子元件是否合格?($\alpha=0.05$)

解 根据题意知,需要检验假设

$$H_0:\mu\leqslant 1038, \quad H_1:\mu>1038.$$

取检验统计量

$$T=\frac{\overline{X}-1038}{\sqrt{9960/5}}.$$

对于 $\alpha=0.05,n-1=4$,查 t 分布表得,临界值 $t_{0.05}(4)=2.132$,拒绝域为 $T>2.132$.由样本值算得

$$T=\frac{1140-1038}{\sqrt{9960/5}}=2.285>2.132.$$

所以拒绝 H_0,即认为该厂这一天生产的电子元件是合格的.

二、方差的假设检验

通常关于未知参数 σ^2 有如下三类假设检验：

$$H_0: \sigma^2 = \sigma_0^2, \quad H_1: \sigma^2 \neq \sigma_0^2; \tag{7.4}$$

$$H_0: \sigma^2 \leqslant \sigma_0^2, \quad H_1: \sigma^2 > \sigma_0^2; \tag{7.5}$$

$$H_0: \sigma^2 \geqslant \sigma_0^2, \quad H_1: \sigma^2 < \sigma_0^2, \tag{7.6}$$

其中 $\sigma_0 > 0$ 为指定的正数．

1. μ 未知

三种统计假设都可以取检验统计量为

$$\chi^2 = \frac{(n-1)S^2}{\sigma_0^2}.$$

对于检验问题(7.4)，在原假设 H_0 成立的条件下有 $\chi^2 \sim \chi^2(n-1)$．

对于给定的显著性水平 α，查 χ^2 分布表得，临界值 $\chi^2_{1-\frac{\alpha}{2}}(n-1), \chi^2_{\frac{\alpha}{2}}(n-1)$，使得 $P\{\chi^2 < \chi^2_{1-\frac{\alpha}{2}}(n-1)\} = \frac{\alpha}{2}, P\{\chi^2 > \chi^2_{\frac{\alpha}{2}}(n-1)\} = \frac{\alpha}{2}$，从而确定拒绝域为

$$\left(0, \chi^2_{1-\frac{\alpha}{2}}(n-1)\right) \cup \left(\chi^2_{\frac{\alpha}{2}}(n-1), +\infty\right).$$

类似于均值的检验，不难推得检验问题(7.5)的拒绝域为 $(\chi^2_\alpha(n-1), +\infty)$；检验问题(7.6)的拒绝域为 $(0, \chi^2_{1-\alpha}(n-1))$．

例5 已知维尼纶纤度(表示粗细程度的量)在正常条件下服从方差为 0.048^2 的正态分布，某日抽取 5 根纤维，测得纤度分别为 $1.32, 1.55, 1.36, 1.40, 1.44$，问这天纤度的方差是否有显著变化？（$\alpha = 0.1$）

解 检验假设 $H_0: \sigma^2 = 0.048^2, H_1: \sigma^2 \neq 0.048^2$．取检验统计量

$$\chi^2 = \frac{4S^2}{0.048^2}.$$

对于 $\alpha = 0.1, n-1 = 4$，查 χ^2 分布表得，临界值 $\chi^2_{0.95}(4) = 0.711, \chi^2_{0.05}(4) = 9.488$，从而得拒绝域为 $(0, 0.711) \cup (9.488, +\infty)$．由样本值算得 $s^2 = 0.088^2$，则

$$\chi^2 = \frac{4 \times 0.088^2}{0.048^2} = 13.44 > 9.488.$$

所以拒绝 H_0，即认为这天纤度的方差有显著变化．

例6 某种导线要求其电阻的标准差不得超过 0.005Ω. 今在生产的一批导线中取样品 9 根，测得 $s = 0.007\Omega$，假定总体服从正态分布．问在显著水平 $\alpha = 0.05$ 下能否认为这批导线的电阻的标准差显著偏大？

解 设 $X = $ "这批导线的电阻"，则 $X \sim N(\mu, \sigma^2)$，需要检验假设

$$H_0:\sigma^2 \leqslant 0.005^2, \quad H_1:\sigma^2 > 0.005^2.$$

取检验统计量

$$\chi^2 = \frac{8S^2}{0.005^2}.$$

由 $\alpha=0.05, n-1=8$，查 χ^2 分布表得，临界值 $\chi^2_{0.05}(8)=15.507$，则拒绝域为 $(15.507,+\infty)$. 由样本值算得

$$\chi^2 = \frac{8 \times 0.007^2}{0.005^2} = 15.68 > 15.507.$$

所以拒绝 H_0，即认为这批导线的电阻的标准差偏大.

2. μ 已知

由于 μ 已知，上述三种假设检验问题均取检验统计量

$$\chi_0^2 = \frac{\sum_{i=1}^{n}(X_i-\mu)^2}{\sigma_0^2}.$$

对于检验问题(7.4)，在原假设 H_0 成立的条件下，有 $\chi_0^2 \sim \chi^2(n)$.

针对上述三种假设检验问题，在显著水平 α 之下，类似地可分别得如下结果：

(1) 检验问题(7.4)的拒绝域为 $(0,\chi^2_{1-\frac{\alpha}{2}}(n)) \cup (\chi^2_{\frac{\alpha}{2}}(n),+\infty)$；

(2) 检验问题(7.5)的拒绝域为 $(\chi^2_{\alpha}(n),+\infty)$；

(3) 检验问题(7.6)的拒绝域为 $(0,\chi^2_{1-\alpha}(n))$.

7.3 两个正态总体参数的假设检验

在实际工作中，人们还会经常遇到两个正态总体的比较问题. 下面就来讨论两个正态总体均值和方差差异性的检验法.

设 $X \sim N(\mu_1,\sigma_1^2), Y \sim N(\mu_2,\sigma_2^2)$，且 X 与 Y 相互独立. $X_1,X_2,\cdots,X_{n_1}$ 是来自总体 X 的样本，其样本均值、样本方差分别记为 $\overline{X}$ 与 S_1^2；$Y_1,Y_2,\cdots,Y_{n_2}$ 是来自总体 Y 的样本，其样本均值、样本方差分别记为 $\overline{Y}$ 与 S_2^2.

一、两均值差异性的假设检验

两均值 μ_1 和 μ_2 的差异性的比较通常有如下三种假设检验问题：

$$H_0:\mu_1=\mu_2, \quad H_1:\mu_1 \neq \mu_2; \tag{7.7}$$

$$H_0:\mu_1 \leqslant \mu_2, \quad H_1:\mu_1 > \mu_2; \tag{7.8}$$

$$H_0:\mu_1 \geqslant \mu_2, \quad H_1:\mu_1 < \mu_2. \tag{7.9}$$

1. 方差 σ_1^2 和 σ_2^2 已知

以上三种情形均可用 U 检验法来检验.

事实上,因为

$$\overline{X} \sim N\left(\mu_1, \frac{\sigma_1^2}{n_1}\right), \quad \overline{Y} \sim N\left(\mu_2, \frac{\sigma_2^2}{n_2}\right),$$

且 $\overline{X}$ 与 $\overline{Y}$ 相互独立,则有

$$\overline{X} - \overline{Y} \sim N\left(\mu_1 - \mu_2, \frac{\sigma_1^2}{n_1} + \frac{\sigma_2^2}{n_2}\right),$$

即

$$\frac{\overline{X} - \overline{Y} - (\mu_1 - \mu_2)}{\sqrt{\frac{\sigma_1^2}{n_1} + \frac{\sigma_2^2}{n_2}}} \sim N(0, 1).$$

所以,上述三种检验均取检验统计量

$$U = \frac{\overline{X} - \overline{Y}}{\sqrt{\frac{\sigma_1^2}{n_1} + \frac{\sigma_2^2}{n_2}}}.$$

当检验问题(7.7)的 H_0 成立时,有 $U \sim N(0,1)$.

类似于 7.2 节中的 U 检验法原理,对于显著性水平 α,可分别得到如下结果:

(1) 检验问题(7.7)的拒绝域为 $(-\infty, -u_{\frac{\alpha}{2}}) \cup (u_{\frac{\alpha}{2}}, +\infty)$;

(2) 检验问题(7.8)的拒绝域为 $(u_\alpha, +\infty)$;

(3) 检验问题(7.9)的拒绝域为 $(-\infty, -u_\alpha)$.

例1 由历史资料知道甲、乙两煤矿所采煤的含灰率分别服从 $N(\mu_1, 2.74^2)$ 及 $N(\mu_2, 1.61^2)$. 现从两矿所采的煤中各抽取几个试样,分析其含灰率(单位%)得

甲矿:24.3,20.8,23.7,21.3,17.4;　　乙矿:18.2,16.9,20.2,16.7.

问两矿所采煤的含灰率均值有无显著差异?($\alpha = 0.05$)

解 设 X 为甲矿所采煤的含灰率,Y 为乙矿所采煤的含灰率,由已知,得

$$X \sim N(\mu_1, 2.74^2), \quad Y \sim N(\mu_2, 1.61^2),$$

需要检验假设

$$H_0: \mu_1 = \mu_2, \quad H_1: \mu_1 \neq \mu_2.$$

取检验统计量

$$U = \frac{\overline{X} - \overline{Y}}{\sqrt{\frac{2.74^2}{5} + \frac{1.61^2}{4}}}.$$

对于给定的显著性水平 $\alpha = 0.05$,查标准正态分布表得,临界值 $u_{0.025} = 1.96$,

则拒绝域为$(-\infty, -1.96) \cup (1.96, +\infty)$.

由样本值算得

$$U = \frac{21.5 - 18}{\sqrt{\frac{2.74^2}{5} + \frac{1.61^2}{4}}} = 2.39 > 1.96.$$

所以拒绝H_0,即认为两矿所采煤的含灰率均值有显著差异.

2. 方差σ_1^2和σ_2^2未知,但$\sigma_1^2 = \sigma_2^2$

上述三种统计假设均取检验统计量为

$$T = \frac{\overline{X} - \overline{Y}}{S_w \sqrt{\frac{1}{n_1} + \frac{1}{n_2}}},$$

其中

$$S_w = \sqrt{\frac{(n_1-1)S_1^2 + (n_2-1)S_2^2}{n_1 + n_2 - 2}}.$$

由推论5.2知,统计量

$$\frac{(\overline{X} - \overline{Y}) - (\mu_1 - \mu_2)}{S_w \sqrt{\frac{1}{n_1} + \frac{1}{n_2}}} \sim t(n_1 + n_2 - 2).$$

所以,当检验问题(7.7)的H_0成立时,$T \sim t(n_1+n_2-2)$. 对于显著性水平α,容易推得检验问题(7.7)的拒绝域为

$$(-\infty, -t_{\frac{\alpha}{2}}(n_1+n_2-2)) \cup (t_{\frac{\alpha}{2}}(n_1+n_2-2), +\infty).$$

类似地可推得检验问题(7.8)的拒绝域为$(t_\alpha(n_1+n_2-2), +\infty)$;检验问题(7.9)的拒绝域为$(-\infty, -t_\alpha(n_1+n_2-2))$.

例2 对甲、乙两种羊毛织物的强度进行抽测,得如下数据(单位:kg)

甲:134,137,135,140,130,134; 乙:138,127,134,125.

假定甲、乙两种羊毛织物的强度均服从正态分布,且方差相同.问在显著性水平0.05下两种羊毛织物的强度均值是否有显著差异?

解 由题意知,甲、乙两种羊毛织物的强度X和Y分别服从$X \sim N(\mu_1, \sigma^2)$,$Y \sim N(\mu_2, \sigma^2)$,则应检验假设

$$H_0: \mu_1 = \mu_2, \quad H_1: \mu_1 \neq \mu_2.$$

取检验统计量

$$T = \frac{\overline{X} - \overline{Y}}{S_w \sqrt{\frac{1}{6} + \frac{1}{4}}}.$$

对于 $\alpha=0.05, n_1+n_2-2=8$,查 t 分布表得,临界值 $t_{0.025}(8)=2.306$,则拒绝域为 $|T|>2.306$.

由样本值算得 $\bar{x}=135, \bar{y}=131, s_1^2=11.2, s_2^2=36.67$,从而有

$$T=\frac{135-131}{\sqrt{\dfrac{5\times 11.2+3\times 36.67}{6+4-2}}\cdot\sqrt{\dfrac{1}{6}+\dfrac{1}{4}}}=1.361<2.306.$$

所以接受 H_0,即可以认为两种羊毛织物的强度均值无显著差异.

二、两均值未知时,两方差差异性的假设检验

对于方差 σ_1^2, σ_2^2 可提出如下三种假设检验问题:

$$H_0:\sigma_1^2=\sigma_2^2, \quad H_1:\sigma_1^2\neq\sigma_2^2; \tag{7.10}$$

$$H_0:\sigma_1^2\leqslant\sigma_2^2, \quad H_1:\sigma_1^2>\sigma_2^2; \tag{7.11}$$

$$H_0:\sigma_1^2\geqslant\sigma_2^2, \quad H_1:\sigma_1^2<\sigma_2^2. \tag{7.12}$$

上述三种假设检验均取检验统计量

$$F=\frac{S_1^2}{S_2^2}.$$

由推论 5.2 知,统计量

$$\frac{S_1^2/\sigma_1^2}{S_2^2/\sigma_2^2}\sim F(n_1-1,n_2-1),$$

所以,当检验问题(7.10)的 H_0 成立时,$F\sim F(n_1-1,n_2-1)$. 对于显著性水平 α,容易推得检验问题(7.10)的拒绝域为

$$\left(0, F_{1-\frac{\alpha}{2}}(n_1-1,n_2-1)\right)\cup\left(F_{\frac{\alpha}{2}}(n_1-1,n_2-1),+\infty\right).$$

类似地,检验问题(7.11)拒绝域为 $(F_\alpha(n_1-1,n_2-1),+\infty)$;检验问题(7.12)的拒绝域为 $(0,F_{1-\alpha}(n_1-1,n_2-1))$.

例3 在显著性水平 $\alpha=0.05$ 下,检验本节例 2 中的两羊毛织物强度的方差是否相等?

解 需要检验假设 $H_0:\sigma_1^2=\sigma_2^2, H_1:\sigma_1^2\neq\sigma_2^2$.

取检验统计量

$$F=\frac{S_1^2}{S_2^2}.$$

对于显著性水平 $\alpha=0.05, n_1-1=5, n_2-1=3$,查 F 分布表得,临界值 $F_{0.975}(5,3)=0.129, F_{0.025}(5,3)=14.89$,拒绝域为 $(0,0.129)\cup(14.89,+\infty)$.

由样本值算得

$$F=\frac{S_1^2}{S_2^2}=\frac{11.2}{36.67}=0.305.$$

由于 $0.129 < F < 14.89$，所以接受 H_0，即可以认为两种羊毛织物强度的方差无显著差异.

*7.4 比率的假设检验

总体中具有某一统计特征的个体所占的比例称为**比率**，记为 p. 例如，产品的次品率，药品的有效率，设备的完好率等都是最常见的指标. 换句话说，比率就是从总体中随机抽取一个个体，而此个体恰好具有所属特征的概率. 对比率的假设检验就是对概率 p 的检验. 在实际问题中，比率检验具有广泛的应用背景.

一、单总体比率的假设检验

设总体 $X \sim B(1,p)$，$X_1, X_2, \cdots, X_n$ 是来自总体 X 的容量为 n 的大样本（通常 $n \geqslant 30$）. 记 $\mu_n = \sum_{i=1}^{n} X_i$，则 $\mu_n \sim B(n,p)$，由中心极限定理知

$$U = \frac{\mu_n - np}{\sqrt{np(1-p)}}$$

近似服从标准正态分布，所以 U 可作为检验 p 的统计量.

可提出检验问题：

$$H_0: p = p_0, \quad H_1: p \neq p_0; \tag{7.13}$$

$$H_0: p \leqslant p_0, \quad H_1: p > p_0; \tag{7.14}$$

$$H_0: p \geqslant p_0, \quad H_1: p < p_0, \tag{7.15}$$

其中 p_0 为指定的正数且 $0 < p_0 < 1$.

当检验问题(7.13)的 H_0 成立时，检验统计量

$$U = \frac{\mu_n - np_0}{\sqrt{np_0(1-p_0)}}$$

近似服从标准正态分布. 对给定的显著性水平 α，查标准正态分布表得，临界值 $u_{\frac{\alpha}{2}}$，从而得检验问题(7.13)的拒绝域为 $(-\infty, -u_{\frac{\alpha}{2}}) \cup (u_{\frac{\alpha}{2}}, +\infty)$.

类似地可分别求得检验问题(7.14)的拒绝域为 $(u_\alpha, +\infty)$；检验问题(7.15)的拒绝域为 $(-\infty, -u_\alpha)$.

例1 某厂规定次品率不得超过 3%，现从一批产品中抽查 250 件，发现了 14 件次品，问这批产品是否可以出厂？（$\alpha = 0.01$）

解 检验假设

$$H_0: p \leqslant 0.03 \quad H_1: p > 0.03.$$

取检验统计量

$$U = \frac{\mu_n - np_0}{\sqrt{np_0(1-p_0)}}.$$

对于给定的显著性水平 $\alpha = 0.01$,查标准正态分布表得,临界值 $u_{0.10} = 2.33$,则拒绝域为 $(2.33, +\infty)$.

由样本值算得

$$U = \frac{14 - 250 \times 0.03}{\sqrt{250 \times 0.03 \times 0.97}} = 2.41 > 2.33.$$

所以拒绝 H_0,即认为这批产品不能出厂.

二、两总体比率的差异性比较

设两总体 X 与 Y 相互独立且都服从 0-1 分布,设 p_1, p_2 分别是两个总体 X,Y 中具有特征 B 的个体所占的比率,p_1, p_2 均未知. $X_1, X_2, \cdots, X_n$ 和 $Y_1, Y_2, \cdots, Y_m$ 是分别来自总体 X 和 Y 的样本,μ_n 和 μ_m 分别表示总体 X 和 Y 中具有特征 B 的个体出现的次数,即 $\mu_n = \sum_{i=1}^{n} X_i, \mu_m = \sum_{i=1}^{m} Y_i$,则 $\mu_n \sim B(n, p_1), \mu_m \sim B(m, p_2)$,于是有

$$E(\mu_n) = np_1, \quad D(\mu_n) = np_1(1-p_1);$$
$$E(\mu_m) = mp_2, \quad D(\mu_m) = mp_2(1-p_2).$$

检验假设

$$H_0: p_1 = p_2 = p, \quad H_1: p_1 \neq p_2. \tag{7.16}$$

在 H_0 成立时,样本比率差 $\left(\frac{\mu_n}{n} - \frac{\mu_m}{m}\right)$ 的期望和方差为

$$E\left(\frac{\mu_n}{n} - \frac{\mu_m}{m}\right) = 0, \quad D\left(\frac{\mu_n}{n} - \frac{\mu_m}{m}\right) = p(1-p)\left(\frac{1}{n} + \frac{1}{m}\right).$$

由中心极限定理知,当 n, m 充分大时 $\dfrac{\dfrac{\mu_n}{n} - \dfrac{\mu_m}{m}}{\sqrt{p(1-p)\left(\dfrac{1}{n} + \dfrac{1}{m}\right)}}$ 渐近服从标准正态分布,而 p 未知. 由于联合样本比率 $\hat{p} = \dfrac{\mu_n + \mu_m}{n+m}$ 是 p 的无偏估计量,所以统计量

$$U = \frac{\dfrac{\mu_n}{n} - \dfrac{\mu_m}{m}}{\sqrt{\hat{p}(1-\hat{p})\left(\dfrac{1}{n} + \dfrac{1}{m}\right)}}$$

近似服从 $N(0,1)$. 对于给定的显著性水平 α,可确定其拒绝域为 $\left(-\infty, -u_{\frac{\alpha}{2}}\right) \cup$

$\left(u_{\frac{\alpha}{2}}, +\infty\right)$.

同样可推得,对于假设 $H_0: p_1 \leqslant p_2, H_1: p_1 > p_2$ 的拒绝域为 $(u_\alpha, +\infty)$;对于假设 $H_0: p_1 \geqslant p_2, H_1: p_1 < p_2$ 的拒绝域为 $(-\infty, -u_\alpha)$.

例2 某厂为了解甲、乙两地区居民对其产品的拥有率,对甲、乙两地区各抽查了 200 户和 150 户居民,其中拥有其产品的户数分别为 114 户和 73 户.试在显著性水平 $\alpha=0.05$ 下,检验甲、乙两地区对其产品拥有率有无显著差异?

解 设甲、乙两地区居民对该厂产品的拥有率分别为 p_1, p_2,则需检验假设
$$H_0: p_1 = p_2 = p, \quad H_1: p_1 \neq p_2.$$

取检验统计量

$$U = \frac{\dfrac{\mu_n}{n} - \dfrac{\mu_m}{m}}{\sqrt{\hat{p}(1-\hat{p})\left(\dfrac{1}{n} + \dfrac{1}{m}\right)}}.$$

对于给定的显著性水平 $\alpha=0.05$,查标准正态分布表得临界值 $u_{0.025}=1.96$,从而有拒绝域为 $(-\infty, -1.96) \cup (1.96, +\infty)$.

由 $n=200, m=150, \mu_n=114, \mu_m=73$,得 $\dfrac{\mu_n}{n} = 0.57, \dfrac{\mu_m}{m} = 0.487, \hat{p} = 0.534$,从而有

$$U = \frac{0.57 - 0.487}{\sqrt{0.534 \times 0.466 \times \left(\dfrac{1}{200} + \dfrac{1}{150}\right)}} = 1.54.$$

由于 $-1.96 < U < 1.96$,所以接受 H_0,即认为两地区产品拥有率无显著差异.

*7.5 参数的假设检验与区间估计的关系

假设检验与区间估计是两种最重要的统计推断方法,这两者初看好像完全不同,其实两者之间存在着密切地联系.利用区间估计可建立假设检验,同样,由假设检验也可导出区间估计.但是其结果在解释上有区别.参数的区间估计是由样本构造大概率事件求得包含参数真值的范围,而参数的假设检验是由样本构造小概率事件否定参数属于某一范围.下面用一例简要说明.

例 设总体 $X \sim N(\mu, \sigma^2), \sigma^2$ 已知,$X_1, X_2, \cdots, X_n$ 是取自总体 X 的样本.考虑显著性水平为 α 时 μ 的双侧假设检验:
$$H_0: \mu = \mu_0, \quad H_1: \mu \neq \mu_0.$$

取检验统计量

$$U = \frac{\overline{X} - \mu_0}{\sigma/\sqrt{n}}.$$

接受域为 $\{|U| < u_{\frac{\alpha}{2}}\}$. 因此有

$$P\{|U| < u_{\frac{\alpha}{2}}\} = 1 - \alpha.$$

上式等同于

$$P\left\{\overline{X} - u_{\frac{\alpha}{2}} \frac{\sigma}{\sqrt{n}} < \mu_0 < \overline{X} + u_{\frac{\alpha}{2}} \frac{\sigma}{\sqrt{n}}\right\} = 1 - \alpha. \tag{7.17}$$

若对于样本观测值 $x_1, x_2, \cdots, x_n$, 有 $\mu_0 \in \left(\overline{x} - u_{\frac{\alpha}{2}} \frac{\sigma}{\sqrt{n}}, \overline{x} + u_{\frac{\alpha}{2}} \frac{\sigma}{\sqrt{n}}\right)$, 则接受 H_0.

式(7.17)表明 $\left(\overline{x} - u_{\frac{\alpha}{2}} \frac{\sigma}{\sqrt{n}}, \overline{x} + u_{\frac{\alpha}{2}} \frac{\sigma}{\sqrt{n}}\right)$ 包含总体均值 $\mu = \mu_0$ 的概率为 $1 - \alpha$. 而此区间恰好就是 μ 的置信水平为 $1 - \alpha$ 的置信区间.

同理考虑 μ 的置信水平为 $1 - \alpha$ 的置信区间. 由 6.3 节知, μ 的置信水平为 $1 - \alpha$ 的置信区间为 $\left(\overline{x} - u_{\frac{\alpha}{2}} \frac{\sigma}{\sqrt{n}}, \overline{x} + u_{\frac{\alpha}{2}} \frac{\sigma}{\sqrt{n}}\right)$, 则有

$$P\left\{\overline{X} - u_{\frac{\alpha}{2}} \frac{\sigma}{\sqrt{n}} < \mu_0 < \overline{X} + u_{\frac{\alpha}{2}} \frac{\sigma}{\sqrt{n}}\right\} = 1 - \alpha,$$

即

$$P\left\{\left|\frac{\overline{X} - \mu}{\sigma/\sqrt{n}}\right| < u_{\frac{\alpha}{2}}\right\} = 1 - \alpha.$$

当 $H_0: \mu = \mu_0$ 为真时, 有

$$P\left\{\left|\frac{\overline{X} - \mu_0}{\sigma/\sqrt{n}}\right| < u_{\frac{\alpha}{2}}\right\} = 1 - \alpha.$$

从而 $\left(\overline{x} - u_{\frac{\alpha}{2}} \frac{\sigma}{\sqrt{n}}, \overline{x} + u_{\frac{\alpha}{2}} \frac{\sigma}{\sqrt{n}}\right)$ 为 H_0 的接受域, 即对于给定的样本观测值 $x_1, x_2, \cdots, x_n$, 若有 $\mu_0 \in \left(\overline{x} - u_{\frac{\alpha}{2}} \frac{\sigma}{\sqrt{n}}, \overline{x} + u_{\frac{\alpha}{2}} \frac{\sigma}{\sqrt{n}}\right)$, 则接受 H_0.

*7.6 非参数的假设检验

在参数假设检验中, 总体分布的类型是已知的且都假设为正态分布. 但在实际问题中, 人们往往不能预先知道总体服从什么类型的分布, 这就需要根据样本来推断总体的分布类型, 即需要考虑假设检验

$$H_0: F(x) = F_0(x), \quad H_1: F(x) \neq F_0(x), \tag{7.18}$$

其中 $F_0(x)$ 是某个已知的分布函数.

当总体分布为离散型时,假设(7.18)相当于
$$H_0: \text{总体 } X \text{ 的概率分布律为 } P\{X=x_i\}=p_i, \quad i=1,2,\cdots.$$

当总体分布为连续型时,假设(7.18)相当于
$$H_0: \text{总体 } X \text{ 的概率密度为 } f(x).$$

通常,从样本观测值 $x_1, x_2, \cdots, x_n$ 来推断总体的分布分为两步:第一步,根据样本观测值大致地了解总体 X 的可能分布,使得假设(7.18)中的 $F_0(x)$ 的表达式较为准确;第二步,检验总体 X 的分布函数 $F(x)$ 是否为 $F_0(x)$. 下面介绍数理统计中常用的频率直方图和皮尔逊 χ^2 拟合检验法.

一、频率直方图

首先根据样本观测值 $x_1, x_2, \cdots, x_n$ 画出频率直方图,具体做法是:

(1) 找出 $x_1, x_2, \cdots, x_n$ 中的最小值和最大值,分别记为 x_1^* 和 x_n^*.

(2) 取 a 比 x_1^* 略小一些,b 比 x_n^* 略大一些,使得区间 (a,b) 包含全体样本观测值 $x_1, x_2, \cdots, x_n$. 将区间 $[a,b]$ 等分为 m 个子区间(m 的值与 n 有关,一般当 $n \geqslant 50$ 时,分为 10 到 25 组为宜,且应使每个子区间至少包含一个样本观测值),得分点 $t_i, i=1,2,\cdots,m-1$, 且 $a=t_0<t_1<t_2<\cdots<t_{m-1}<t_m=b$, 其中 $t_i=a+\dfrac{b-a}{m}i$, $i=0,1,\cdots,m$.

(3) 统计样本值落在第 i 个子区间 $(t_{i-1}, t_i]$ 中的个数,称为频数,记为 n_i. 显然 $\sum_{i=1}^{m} n_i = n$, 于是 $f_i = \dfrac{n_i}{n}$ 是样本观测值落在区间 $(t_{i-1}, t_i]$ 中的频率.

(4) 在 Oxy 平面上,对每个 $i(1 \leqslant i \leqslant m)$ 以区间 $(t_{i-1}, t_i]$ 为底,以 $y_i = \dfrac{f_i}{t_i - t_{i-1}}$ 为高,作小长方形,如图 7-4 所示,此图形称为频率直方图.

由大数定律知,总体 X 落入区间 $(t_{i-1}, t_i]$ 的概率近似地等于样本观测值落入区间 $(t_{i-1}, t_i]$ 的频率 f_i, 即
$$P\{t_{i-1}<X \leqslant t_i\} \approx f_i, \quad i=1,2,\cdots,m.$$

若总体的概率密度为 $f(x)$, 则有
$$\int_{t_{i-1}}^{t_i} f(x) \mathrm{d}x = P\{t_{i-1}<X \leqslant t_i\} \approx f_i.$$

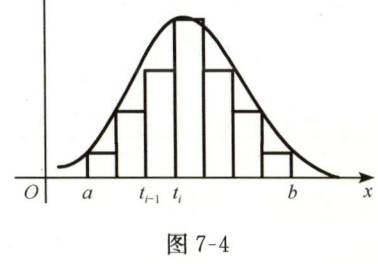

图 7-4

若 $f(x)$ 在 $[a,b]$ 上连续,则由积分中值定理知

$$f_i = \frac{n_i}{n} \approx f(\xi_i)(t_i - t_{i-1}), \quad \xi_i \in (t_{i-1}, t_i).$$

由此,得

$$f(\xi_i) \approx \frac{f_i}{t_i - t_{i-1}}.$$

于是,当 n 充分大时,频率直方图的上部轮廓线就近似于总体 X 的分布密度曲线.因此,根据该轮廓线对照已知的密度函数,可大致判断出 X 的分布函数类型,并据此提出统计假设.

例1 某车床生产滚珠,随机抽取 50 件产品,测得它们的直径(单位:mm)为

15.0,15.8,15.2,15.1,15.9,14.7,14.8,15.5,15.6,15.3,
15.1,15.3,15.0,15.6,15.7,14.8,14.5,14.2,14.9,14.9,
15.2,15.0,15.3,15.6,15.1,14.9,14.2,14.6,15.8,15.2,
15.9,15.2,15.0,14.9,14.8,14.5,15.1,15.5,15.5,15.1,
15.1,15.0,15.5,14.7,14.5,15.5,15.0,14.7,14.6,14.2.

作出频率直方图,并指出滚珠直径所服从的分布.

解 根据样本值有 $x_1^* = 14.2, x_n^* = 15.9$. 取 $a = 14.05, b = 16.15$. 将 $[a,b]$ 等分为 7 个子区间,并统计各子区间的频数得表 7-1.

表 7-1

区间	1	2	3	4	5	6	7
频数	3	5	10	16	8	6	2
频率	0.06	0.1	0.2	0.32	0.16	0.12	0.04

作频率直方图 7-5,由频率直方图大致可看出滚珠直径 X 服从正态分布,有样本值算得 $\bar{x} = 15.1, s^2 = 0.4325^2$. 据此推测滚珠直径可能服从于正态分布 $N(15.1, 0.4325^2)$.

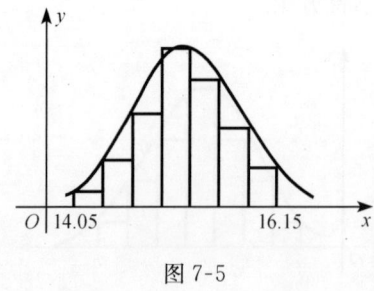

图 7-5

二、皮尔逊 χ^2 拟合检验法

通过例 1 的频率直方图推断某一特征近似于正态分布的概率密度曲线,但是不是正态分布还要经过统计检验后确认.对假设 H_0: $F(x) = F_0(x)$ 做显著性检验,通常称之为分布函数的拟合检验.分布函数拟合检验的方法很多,最主要的是皮尔逊 χ^2 拟合检验法.

皮尔逊 χ^2 拟合检验法的具体步骤如下:

(1) 把实数轴分为 m 个互不相交的区间 $(t_{i-1}, t_i]$, $i = 1, 2, \cdots, m$,其中 t_0, t_m 可

*7.6 非参数的假设检验

分别取 $-\infty$ 和 $+\infty$.

(2) 求出当 H_0 成立时,总体 X 取值于第 i 个小区间 $(t_{i-1}, t_i]$ 的概率

$$p_i = P\{t_{i-1} < X \leq t_i\} = F_0(t_i) - F_0(t_{i-1}), \quad i=1,2,\cdots,m,$$

称 np_i 为理论频数.

同样计算样本观测值 $x_1, x_2, \cdots, x_n$ 在区间 $(t_{i-1}, t_i]$ 中的个数 $n_i (i=1,2,\cdots,m)$,称为实际频数.

一般来说,当 H_0 成立时,频率 $\dfrac{n_i}{n}$ 与 p_i 虽有差异但不显著. 当 H_0 不成立时,这种差异就显著. 基于这种想法,皮尔逊构造了下面的统计量:

$$\chi^2 = \sum_{i=1}^{m} \frac{(n_i - np_i)^2}{np_i},$$

并证明了下面的定理.

定理 若 n 充分大 ($n \geq 50$) 时,则不论总体属于什么分布,都有

$$\chi^2 = \sum_{i=1}^{m} \frac{(n_i - np_i)^2}{np_i}$$

的极限分布是 $\chi^2(m-1)$.

证明略.

于是,对给定的显著性水平 α,查 χ^2 分布表得临界值 $\chi_\alpha^2(m-1)$,使得

$$P\{\chi^2 > \chi_\alpha^2(m-1)\} = \alpha.$$

由此得拒绝域 $(\chi_\alpha^2(m-1), +\infty)$.

(3) 由样本计算出检验统计量 χ^2 的值. 若 $\chi^2 > \chi_\alpha^2(m-1)$,则拒绝 H_0;反之,接受 H_0.

值得注意的是,当用皮尔逊 χ^2 统计量作为检验假设 $H_0: F(x) = F_0(x)$ 的统计量时,$F_0(x)$ 的形式及参数必须是完全已知的. 但实际上参数值往往是未知的. 这时,需要先用适当的方法(如极大似然估计法)估计参数,然后再做检验.

若分布函数中含有 k 个未知参数 $\theta_1, \theta_2, \cdots, \theta_k$,则可将分布函数 $F_0(x; \theta_1, \theta_2, \cdots, \theta_k)$ 中的参数 $\theta_i (i=1,2,\cdots,k)$ 用极大似然估计量 $\hat\theta_i$ 来代替,使得 $F_0(x; \hat\theta_1, \hat\theta_2, \cdots, \hat\theta_k)$ 完全确定,从而得到 p_i 的相应估计量

$$\hat p_i = F_0(t_i; \hat\theta_1, \hat\theta_2, \cdots, \hat\theta_k) - F_0(t_{i-1}; \hat\theta_1, \hat\theta_2, \cdots, \hat\theta_k), \quad i=1,2,\cdots,m.$$

然后再按上述步骤进行检验. 在此情况下,费歇尔推广了皮尔逊定理,证明了统计量

$$\chi^2 = \sum_{i=1}^{m} \frac{(n_i - n\hat p_i)^2}{n\hat p_i}$$

渐近服从 $\chi^2(m-k-1)$ 分布,其中 k 是未知参数个数.

例 2 检验本节例 1 中滚珠直径 X 服从正态分布 ($\alpha=0.05$).

解 检验假设
$$H_0: X \sim N(\mu, \sigma^2),$$
其中 μ, σ^2 是未知参数.据定理 7.1 的推广,用它们的极大似然估计值
$$\hat{\mu} = \bar{x} = 15.1, \quad \hat{\sigma}^2 = s^2 = 0.4325^2$$
来代替,则有
$$X \sim N(15.1, 0.4325^2).$$
取检验统计量
$$\chi^2 = \sum_{i=1}^{7} \frac{(n_i - n\hat{p}_i)^2}{n\hat{p}_i}.$$
当 H_0 成立时,近似地有
$$\chi^2 \sim \chi^2(4).$$

对于显著性水平 $\alpha=0.05$,查 χ^2 分布表得,临界值 $\chi^2_{0.05}(4)=9.488$,则拒绝域为 $(9.488, +\infty)$.

由样本值算得结果见表 7-2.

表 7-2

区间	1	2	3	4	5	6	7
实际频数 n_i	3	5	10	16	8	6	2
概率 $\hat{p}_i$	0.0414	0.1077	0.2154	0.2710	0.2154	0.1077	0.0414
理论频数 $n\hat{p}_i$	2.07	5.385	10.77	13.55	10.77	5.385	2.07
$\frac{(n_i - n\hat{p}_i)^2}{n\hat{p}_i}$	0.4178	0.0275	0.0551	0.4430	0.7124	0.0702	0.0024

$$\chi^2 = \sum_{i=1}^{7} \frac{(n_i - n\hat{p}_i)^2}{n\hat{p}_i} = 1.7284 < 9.488.$$

所以接受 H_0,即认为滚珠直径 $X \sim N(15.1, 0.4325^2)$.

习 题 7

(A)

1. 已知某炼铁厂在正常情况下某铁水含碳量 $X \sim N(4.55, 0.108^2)$.现在测了 5 炉铁水,其含碳量分别为 4.28, 4.40, 4.42, 4.35, 4.37.如果方差没有改变,试问 $E(X)$ 有无变化?($\alpha=0.05$)

2. 用传统工艺加工杨梅罐头,每瓶平均维生素 C 的含量为 19mm.现改进加工工艺,抽查 16 瓶罐头,测得维生素 C 的含量为(单位:mm)

18.8, 20, 19.5, 21, 22, 22.5, 20, 22, 18, 23, 19, 23, 20.5, 23, 20.5, 20.

假定罐头维生素 C 的含量服从正态分布 $N(\mu, 4)$, 问新工艺生产的罐头中维生素 C 的含量是否比旧工艺下的生产的罐头中维生素 C 的含量高 ($\alpha = 0.05$)?

3. 设某工厂生产的灯泡的使用寿命(单位:h) $X \sim N(\mu, \sigma^2)$, 其中 μ, σ^2 都是未知参数. 现在观察 20 个灯泡. 测得 $\bar{x} = 1832h, s^2 = 497^2$. 问该厂灯泡的平均使用寿命是否为 2000h ($\alpha = 0.05$)?

4. 已知罐装番茄汁中, 维生素 C 的含量 $X \sim N(\mu, \sigma^2)$, 按照规定, 维生素 C 的平均含量不得少于 21mg. 现从一批罐头中抽取了 17 罐, 测得维生素 C 含量的平均值 $\bar{x} = 23$, 方差 $s^2 = 3.98^2$. 问这批罐头维生素 C 的含量是否合格 ($\alpha = 0.05$)?

5. 某车间生产铜丝, 生产一直比较稳定, 其折断力(单位:kg) $X \sim N(\mu, 8^2)$. 今从产品中随机抽取 10 根铜丝检查, 其折断力分别为 578, 572, 570, 568, 572, 570, 570, 572, 596, 584. 问根据这 10 个样本值能否断定该车间生产的铜丝的折断力的波动性较以往的有显著变化 ($\alpha = 0.05$)?

6. 某厂生产一种保险丝, 其熔化时间 X 服从正态分布 $N(\mu, \sigma^2)$, 按规定 σ^2 不得超过 400. 现从一批产品中抽测 25 段, 算得方差 $s^2 = 421.63$. 问在显著水平 $\alpha = 0.05$ 下, 这批产品是否合格?

7. 设用甲、乙两种不同的方法冶炼某种金属材料, 某杂质含量(单位:‰)分别服从正态分布. 对两种方法冶炼的材料, 分别抽样测定其杂质含量. 已知 $n_1 = 13, n_2 = 9; s_1^2 = 5.862, s_2^2 = 1.641$. 试问用这两种方法冶炼的材料的杂质含量有无显著差异 ($\alpha = 0.10$)?

8. 某机床厂某日从两台机器所加工的同一种零件中, 分别抽取若干个样品测量零件尺寸, 得数据如下:

第一台机器:20.5, 18.8, 19.8, 20.9, 21.5, 19.5, 21.0, 21.2.

第二台机器:17.7, 20.3, 20.0, 18.8, 19.0, 20.1, 20.2, 19.1.

设零件尺寸服从正态分布, 问在显著性水平 $\alpha = 0.05$ 下能否认为两台机器的生产精度相等?

9. 两机床加工同种产品, 分别抽测其 16 个样本观察质量, 后经测算后得样本方差分别为 $s_1^2 = 11.90, s_2^2 = 39.66$. 假定产品质量服从正态分布, 问能否认为第一台机床的加工精度较第二台机床高 ($\alpha = 0.05$)?

10. 某种产品的次品率原为 10%, 对这种产品进行技术革新试验后, 在抽查的 200 件样品中, 发现了 13 件次品, 能否认为这项新技术显著降低了产品的次品率 ($\alpha = 0.05$)?

11. 将某一硬币投掷了 100 次, 结果有 53 次正面朝上, 47 次正面朝下. 记 $X = $ "将硬币投掷 n 次后正面朝上的次数". 问根据试验结果能否断定 X 服从二项分布 $b\left(n, \dfrac{1}{2}\right)$ ($\alpha = 0.05$)?

12. 某工厂生产一种 220 伏 25 瓦的白炽灯泡, 其光通量(单位:lm) X 为一随机变量. 现在从总体 X 中抽取容量 $n = 120$ 的样本的统计数据如下:

编号	小区间	频数	编号	小区间	频数
1	$(-\infty, 198.5]$	6	3	$(201.5, 204.5]$	14
2	$(-198.5, 201.5]$	7	4	$(204.5, 207.5]$	20

续表

编号	小区间	频数	编号	小区间	频数
5	(207.5, 210.5]	23	8	(216.5, 219.5]	8
6	(210.5, 213.5]	22	9	(219.5, +∞)	6
7	(213.5, 216.5]	14			

试检验 X 是否服从正态分布.

(B)

1. 设 $X_1, X_2, \cdots, X_n$ 是来自正态总体 $N(\mu, \sigma^2)$ 的简单随机样本,其中参数 μ, σ^2 未知,记 $\overline{X} = \frac{1}{n}\sum_{i=1}^{n} X_i, Q^2 = \sum_{i=1}^{n}(X_i - \overline{X})^2$,则假设 $H_0: \mu = 0$ 的 T 检验使用统计量 $T = \underline{\qquad}$.

2. 设总体 X 服从正态分布 $N(\mu, 3^2)$,$X_1, X_2, \cdots, X_n$ 是 X 的一组样本,在显著性水平 $\alpha = 0.05$ 下,已求得假设"总体的均值等于 75"的拒绝域为

$$\{X_1, X_2, \cdots, X_n : \overline{X} < 74.02 \text{ 或 } \overline{X} > 75.98\},$$

则样本容量 $n = \underline{\qquad}$.

3. 设某次考试的学生成绩服从正态分布,从中随机地抽取 36 位考生的成绩,算得平均成绩为 66.5 分,标准差为 15 分,则在显著水平 $\alpha = 0.05$ 下,是否可认为这次考试全体考生的平均成绩为 70 分?

第8章 回 归 分 析

回归分析是研究两个或两个以上变量之间的相关关系的一种统计方法.与变量间的函数关系不同,它描述的是变量间的非确定性关系.回归分析通过建立统计模型来研究变量间的这种关系,并由此对相应的变量进行预测和控制.回归分析是数理统计中具有广泛应用价值的统计分析方法之一.本章主要介绍一元线性回归模型的估计、检验、预测和控制问题,对其他回归模型只进行简略介绍.

8.1 回归分析概述

无论是在数学、物理等自然科学还是在经济、管理等社会科学中,都常需要研究变量与变量之间的关系问题.它们之间的关系通常有两种类型.

一种是变量之间存在着确定性关系,并且可以用数学表达式来表示这种关系.例如,矩形的面积 S 和矩形的两条边长 a 和 b 有关系

$$S=ab.$$

又如,著名的牛顿第二定律指出,力 F、质量 m 与加速度 a 之间有关系

$$F=ma.$$

然而,在大量实际问题中,变量之间虽有某种关系,但这种关系则无法通过明确的函数关系来表达.例如,人的身高与体重.若用 X 表示某人身高,用 Y 表示他的体重,众所周知,当 X 大时,Y 也倾向于大,但由 X 并不能严格地决定 Y.又如,城市生活用电量 Y 与气温 X 有很大的关系.在夏天气温很高或冬季气温很低时,由于室内空调、冰箱等家用电器的使用,用电量可能偏高;相反,在春秋季节气温不高也不低,用电量就可能偏少.但我们不能由气温 X 准确地确定用电量 Y.类似的例子还很多,这种变量间既互相联系但又不能完全确定的关系,我们称之为**相关关系**.回归分析就是研究变量之间相关关系的一种重要的数理统计方法.

在上述例子中,Y 通常称为**响应变量**或**因变量**,X 称为**解释变量**或**自变量**、**预测变量**.解释变量通常是一个或一组,常用 $X_1, X_2, \cdots, X_k$ 表示.一般地,响应变量与解释变量间的关系可用模型

$$Y=f(X_1,X_2,\cdots,X_k)+\varepsilon \tag{8.1}$$

来刻画,其中 ε 称为随机误差.由模型(8.1)知,响应变量 Y 主要受两方面影响.一方面是由解释变量 $X_1, X_2, \cdots, X_k$ 对 Y 的影响 $f(X_1, X_2, \cdots, X_k)$,这一函数通常称为 Y 对 $X_1, X_2, \cdots, X_k$ 的回归函数或经验公式;而另一方面则由随机误差 ε 引起.

用来进行回归分析的数学模型(8.1)称为**回归模型**. 在模型(8.1)中,只含有一个解释变量(即 $k=1$)的回归模型称为**一元回归模型**,否则称为**多元回归模型**. 若式(8.1)中 f 为线性函数,称相应的回归模型为**线性回归模型**,否则称为**非线性回归模型**. 由于许多非线性回归模型经过变换可化为线性回归模型,因而,下面将重点介绍线性回归模型.

在结束这一节之前,先解释一下"回归"一词的由来. 回归这一术语是英国著名生物学家兼统计学家高尔顿(Galton)在研究人类遗传问题时引进的. 为了研究父代与子代身高的关系,高尔顿收集 1078 对夫妇及其成年儿子的身高数据. 用 X 表示每对夫妇的平均身高,Y 表示儿子的身高. 将这 1078 对数据 (x_i, y_i) 标在直角坐标纸上,他发现这些散点大致都落在一条直线附近,也就是说,总的趋势是父亲的身高 X 增加时,儿子的身高 Y 也倾向于增加,这与我们的常识是一致的. 但是,高尔顿对数据深入分析时,发现了一个很有趣的现象——回归效应.

因为这 1078 个数据 x_i 的算术平均值 $\bar{x}=68$ 英寸(1 英寸$=0.254$ 米),而 $\bar{y}=69$ 英寸. 一般规律:身高超过平均值 $\bar{x}=68$ 英寸的父辈,他们的儿子的平均身高将低于父辈的平均身高. 反之,身高低于平均值 $\bar{x}=68$ 英寸的父辈,他们的儿子的平均身高将高于父辈的平均身高,即子代的平均身高向中心回归了. 高尔顿对这个一般结论的解释是:大自然具有一种约束力,使人类身高的分布在一定时期内相对稳定而不产生两极分化,这就是所谓的回归效应. 通过这个例子,高尔顿引进了"回归"一词. 用他的数据可以计算出儿子身高 Y 与父辈身高 X 的经验公式

$$Y=33.73+0.516X.$$

诚然,如今对回归这一概念的理解并不是高尔顿的原意,但这一名词却一直沿用下来,成为统计学中最常用的概念之一. 尽管"回归"这个名称的由来具有特定的含义,人们在研究大量的问题中变量 X 与 Y 之间的关系并不具有这种"回归"的含义. 但借用这个名词把研究变量 X 与 Y 之间统计关系的数学方法称为"回归"分析,也算是对高尔顿这个伟大的统计学家的一种纪念.

8.2 一元线性回归分析

一、一元线性回归模型

在所有的回归模型中,一元线性回归模型最简单. 这一模型中只有一个解释变量 X,即形如

$$Y=\beta_0+\beta_1 X+\varepsilon, \tag{8.2}$$

其中 β_0, β_1 为待定参数. 此时回归方程的图像为一条直线.

为便于处理,一般情况下,只考虑 X 为可控变量,即 X 不是一个随机变量,在大多数实际情况下这一假定是合理的. 以后用 x 表示解释变量.

8.2 一元线性回归分析

为了找出 x 与 Y 之间的相关关系,假定通过观测,得到 n 组样本:(x_1,Y_1),(x_2,Y_2),$\cdots$,(x_n,Y_n),把这些成对观测数据在平面直角坐标系中用点表示出来,称所得的图为**散点图**,如图 8-1 所示.

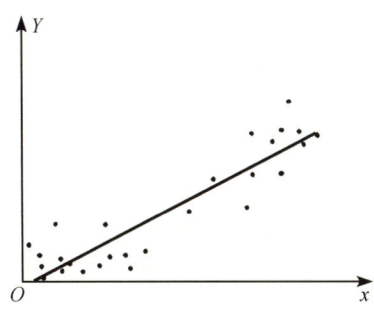

图 8-1

可以看出,这些点 (x_i,Y_i),$i=1,2,\cdots,n$ 大致都落在一条直线附近,这就是说 Y 与 x 之间的关系基本上可以看成线性相关关系,这些点与直线的偏离是由随机误差引起的.这样,可用式(8.2)来描述 Y 与 x 之间的关系.对第 i 次观测有

$$Y_i = \beta_0 + \beta_1 x_i + \varepsilon_i, \quad i = 1, 2, \cdots, n, \tag{8.3}$$

其中 ε_i 是第 i 次观测时的随机误差.对于随机误差我们通常作如下的假设:

$$\varepsilon_i \sim N(0,\sigma^2) \text{ 且 } \mathrm{Cov}(\varepsilon_i,\varepsilon_j)=0, \quad i \neq j, \quad i,j=1,2,\cdots,n. \tag{8.4}$$

称模型(8.3)为一元线性回归模型.

对一元线性回归我们需要解决如下的问题:

(1) 参数估计、给出 β_0,β_1,σ^2 的估计.

(2) 显著性检验、检验用线性函数 $\beta_0 + \beta_1 x$ 来描述 Y 和 x 之间的关系是否合理?

(3) 预测和控制.

下面就上述问题分别进行讨论.

二、参数 β_0,β_1,σ^2 的最小二乘估计

1. β_0,β_1 的估计

对 β_0,β_1 的估计实际上就是在平面直角坐标系中"估计"一条直线

$$\hat{Y} = \hat{\beta}_0 + \hat{\beta}_1 x, \tag{8.5}$$

使得观测得到的数据点 (x_i,Y_i) 与相应的点 $(x_i,\hat{Y}_i)$ $(i=1,2,\cdots,n)$ 尽可能地接近.

在 $x=x_i$ 处,(x_i,Y_i) 与 $(x_i,\hat{Y}_i)$ 的偏差是 $Y_i - (\hat{\beta}_0 + \hat{\beta}_1 x_i)$ $(i=1,2,\cdots,n)$.由于偏差有正有负,若直接考虑偏差的总和是不合理的.为避免这一不足,并且便于数学运算,改用偏差的平方和来刻画观测点与回归直线的接近程度,即

$$Q(\beta_0,\beta_1) = \sum_{i=1}^{n}(Y_i - \beta_0 - \beta_1 x_i)^2. \tag{8.6}$$

以 $\hat{\beta}_0, \hat{\beta}_1$ 作为 β_0, β_1 的估计使得 $Q(\beta_0,\beta_1)$ 达到最小值,即

$$Q(\hat{\beta}_0,\hat{\beta}_1) = \min_{\beta_0,\beta_1}\{Q(\beta_0,\beta_1)\}.$$

这一方法称为**最小二乘法**. 它应用的是平方和最小的原则.

由于 $Q(\beta_0,\beta_1)$ 是 β_0,β_1 的非负二次函数,所以它的最小值一定存在. 根据微积分知识,$\hat{\beta}_0, \hat{\beta}_1$ 应满足

$$\frac{\partial Q}{\partial \beta_0}\bigg|_{\beta_0=\hat{\beta}_0,\beta_1=\hat{\beta}_1} = \frac{\partial Q}{\partial \beta_1}\bigg|_{\beta_0=\hat{\beta}_0,\beta_1=\hat{\beta}_1} = 0,$$

即

$$\begin{cases} \sum_{i=1}^{n}(Y_i - \hat{\beta}_0 - \hat{\beta}_1 x_i) = 0, \\ \sum_{i=1}^{n}(Y_i - \hat{\beta}_0 - \hat{\beta}_1 x_i)x_i = 0. \end{cases} \tag{8.7}$$

方程组(8.7)称为**正规方程组**. 对其进行整理,得到关于 $\hat{\beta}_0$ 和 $\hat{\beta}_1$ 的线性方程组

$$\begin{cases} \hat{\beta}_0 + \hat{\beta}_1 \overline{x} = \overline{Y}, \\ n\overline{x}\hat{\beta}_0 + \left(\sum_{i=1}^{n} x_i^2\right)\hat{\beta}_1 = \sum_{i=1}^{n} x_i Y_i, \end{cases}$$

其中 $\overline{x} = \frac{1}{n}\sum_{i=1}^{n} x_i, \overline{Y} = \frac{1}{n}\sum_{i=1}^{n} Y_i$.

解正规方程组(8.7)得

$$\hat{\beta}_0 = \overline{Y} - \hat{\beta}_1 \overline{x}, \hat{\beta}_1 = \frac{\sum_{i=1}^{n} x_i Y_i - n\overline{x}\,\overline{Y}}{\sum_{i=1}^{n} x_i^2 - n\overline{x}^2} = \frac{\sum_{i=1}^{n}(x_i-\overline{x})(Y_i-\overline{Y})}{\sum_{i=1}^{n}(x_i-\overline{x})^2}. \tag{8.8}$$

容易验证,由方程组(8.7)确定的 $\hat{\beta}_0, \hat{\beta}_1$ 确实能使式(8.6)定义的二元函数 Q 达到最小. 我们称 $\hat{\beta}_0, \hat{\beta}_1$ 是 β_0, β_1 的最小二乘估计(least squares estimators, LSE). 这样就得到了回归直线

$$\hat{Y} = \hat{\beta}_0 + \hat{\beta}_1 x = \overline{Y} + (x - \overline{x})\hat{\beta}_1. \tag{8.9}$$

由此可见,回归直线 $\hat{Y} = \hat{\beta}_0 + \hat{\beta}_1 x$ 是一条通过点 $(\overline{x}, \overline{Y})$ 和 $(0, \hat{\beta}_0)$ 的直线.

为了便于记忆及书写简洁,引入记号

8.2 一元线性回归分析

$$l_{xx} = \sum_{i=1}^{n}(x_i-\overline{x})^2 = \sum_{i=1}^{n}x_i^2 - n\overline{x}^2,$$

$$l_{YY} = \sum_{i=1}^{n}(Y_i-\overline{Y})^2 = \sum_{i=1}^{n}Y_i^2 - n\overline{Y}^2,$$

$$l_{xY} = \sum_{i=1}^{n}(x_i-\overline{x})(Y_i-\overline{Y}) = \sum_{i=1}^{n}x_iY_i - n\overline{x}\overline{Y},$$

则 $\hat{\beta}_1 = \dfrac{l_{xY}}{l_{xx}}$.

对每一个 $x_i(i=1,2,\cdots,n)$,称 $\hat{Y}_i=\hat{\beta}_0+\hat{\beta}_1 x_i$ 为相应真实值 Y_i 的**回归值**或**拟合值**. 记 $e_i=Y_i-\hat{Y}_i, i=1,2,\cdots,n$,称 e_i 为**残差**.

2. $\hat{\beta}_0, \hat{\beta}_1$ 的统计性质

无论是从理论上还是从应用上讲,最小二乘估计都是非常重要的估计,其原因在于这种估计具有许多优良性质.

首先将 $\hat{\beta}_1$ 改写成

$$\hat{\beta}_1 = \sum_{i=1}^{n}\frac{x_i-\overline{x}}{l_{xx}}\cdot Y_i,$$

则 $\hat{\beta}_1$ 是 $Y_1, Y_2, \cdots, Y_n$ 的线性组合. 从而

$$\hat{\beta}_0 = \overline{Y}-\hat{\beta}_1\overline{x} = \frac{1}{n}\sum_{i=1}^{n}Y_i - \sum_{i=1}^{n}\frac{(x_i-\overline{x})\overline{x}}{l_{xx}}\cdot Y_i = \sum_{i=1}^{n}\left[\frac{1}{n}-\frac{(x_i-\overline{x})\overline{x}}{l_{xx}}\right]\cdot Y_i.$$

所以 $\hat{\beta}_0$ 也是 $Y_1, Y_2, \cdots, Y_n$ 的线性组合.

通常若估计量是样本的线性函数,则称它为**线性估计**. 由此可知,$\hat{\beta}_0, \hat{\beta}_1$ 均为线性估计. 于是

$$E(\hat{\beta}_1) = \sum_{i=1}^{n}\frac{x_i-\overline{x}}{l_{xx}}\cdot EY_i = \sum_{i=1}^{n}\frac{x_i-\overline{x}}{l_{xx}}\cdot(\beta_0+\beta_1 x_i)$$

$$= \beta_0\sum_{i=1}^{n}\frac{x_i-\overline{x}}{l_{xx}} + \beta_1\sum_{i=1}^{n}\frac{(x_i-\overline{x})x_i}{l_{xx}} = \beta_1.$$

$$E(\hat{\beta}_0) = E(\overline{Y}-\hat{\beta}_1\overline{x}) = \frac{1}{n}\sum_{i=1}^{n}EY_i - \beta_1\overline{x}$$

$$= \frac{1}{n}\sum_{i=1}^{n}(\beta_0+\beta_1 x_i) - \beta_1\overline{x} = \beta_0.$$

这就说明,$\hat{\beta}_0, \hat{\beta}_1$ 分别是 β_0, β_1 的无偏估计. 另一方面,由假设(8.4)易知

$$D(\hat{\beta}_1) = \sum_{i=1}^{n}\frac{x_i-\overline{x}}{l_{xx}}\cdot DY_i = \frac{\sigma^2}{l_{xx}}.$$

$$D(\hat{\beta}_0) = \sum_{i=1}^{n}\left[\frac{1}{n}-\frac{(x_i-\overline{x})\overline{x}}{l_{xx}}\right]^2\cdot DY_i$$

$$= \left[\frac{1}{n} - \frac{2}{n}\sum_{i=1}^{n}\frac{(x_i-\overline{x})\overline{x}}{l_{xx}} + \sum_{i=1}^{n}\frac{(x_i-\overline{x})^2\overline{x}^2}{l_{xx}^2}\right]\sigma^2$$

$$= \left(\frac{1}{n} + \frac{\overline{x}^2}{l_{xx}}\right)\sigma^2.$$

可以证明,对最小二乘估计 $\hat{\beta}_0$ 和 $\hat{\beta}_1$ 有下面的定理成立.

定理 8.1(高斯-马尔可夫定理) 在假设(8.4)满足的条件下,$\hat{\beta}_0$,$\hat{\beta}_1$ 分别是 β_0,β_1 的最优线性无偏估计量(best linear unbiased estimators,BLUE).这里的"最优"是指在所有 β_0,β_1 的线性无偏估计量中 $\hat{\beta}_0$,$\hat{\beta}_1$ 的方差最小.

3. σ^2 的估计

由于 $\varepsilon_i = Y_i - (\beta_0 + \beta_1 x_i)$,所以,当得到 β_0,β_1 的最小二乘估计 $\hat{\beta}_0$,$\hat{\beta}_1$ 后,当然可用残差 e_i 来估计 ε_i.考虑假设(8.4)得,$E(\varepsilon_i^2) = \sigma^2$,从而可用

$$\hat{\theta} = \frac{1}{n}\sum_{i=1}^{n}e_i^2 = \frac{1}{n}\sum_{i=1}^{n}[Y_i - (\hat{\beta}_0 + \hat{\beta}_1 x_i)]^2$$

来估计 σ^2.

由 $E(\hat{\theta}) = \frac{n-2}{n}\sigma^2$,所以

$$\hat{\sigma}^2 = \frac{n}{n-2}\hat{\theta} = \frac{1}{n-2}\sum_{i=1}^{n}e_i^2,$$

是 σ^2 的无偏估计.

例 1 某企业在探索生产某种产品的生产费用 x 与月产量 Y 之间关系的过程中,得到了一组数据,见表 8-1.

表 8-1

月份	生产费用 x/万元	月产量 Y/千吨	月份	生产费用 x/万元	月产量 Y/千吨
1	62	1.2	5	115	5.0
2	80	3.1	6	132	6.1
3	86	2.0	7	135	7.2
4	110	3.8	8	160	8.0

试求月产量与生产费用间的线性回归方程.

解 由表 8-1 中的数据算得

$$l_{xx} = 104214 - \frac{880^2}{8} = 7414,$$

$$l_{xY} = 4544.6 - \frac{880 \times 36.4}{8} = 540.6,$$

$$l_{YY} = 207.54 - \frac{36.4^2}{8} = 41.92,$$

所以
$$\hat{\beta}_1 = \frac{l_{xY}}{l_{xx}} = 0.0729, \quad \hat{\beta}_0 = \bar{Y} - \hat{\beta}_1 \bar{x} = -3.469.$$
故月产量 Y 与生产费用 x 之间的回归方程为
$$\hat{Y} = -3.469 + 0.0729x.$$

例 2 某工厂 2014 年 1~10 月销售收入与利润总额数据见表 8-2.

表 8-2

月份	销售收入 x/万元	利润总额 Y/万元	月份	销售收入 x/万元	利润总额 Y/万元
1	14.71	0.004	6	264.43	51.00
2	24.78	0.1	7	318.75	56.35
3	50.77	2.80	8	395.12	68.93
4	80.29	9.80	9	431.32	82.64
5	166.70	26.48	10	492.85	95.69

试求利润总额与销售收入的线性回归方程.

解 将表中数据代入式(8.8)得
$$\hat{\beta}_1 = \frac{l_{xY}}{l_{xx}} = 0.2004, \quad \hat{\beta}_0 = \bar{Y} - \hat{\beta}_1 \bar{x} = -5.5,$$
于是所求的回归方程为
$$\hat{Y} = -5.5 + 0.2004x.$$

三、一元线性回归模型的显著性检验

由前面的讨论可知,不管变量 Y 与 x 之间是否具有线性相关关系,只要我们对 x 和 Y 进行 n 次观测,得到数据 $(x_i, Y_i)(i=1,2,\cdots,n)$,就可以利用最小二乘估计求出一条回归直线 $\hat{Y} = \hat{\beta}_0 + \hat{\beta}_1 x$. 所以如果 x 与 Y 之间并不存在显著的线性关系,那么得到的回归方程就毫无意义. 因此对回归模型进行显著性检验是非常有必要的.

在一元线性回归模型中,回归函数是 x 的线性函数. 如果 $\beta_1 = 0$,则说明 x 的变化对 Y 不产生影响,因此检验两个变量之间是否有线性相关关系等价于检验假设
$$H_0: \beta_1 = 0. \tag{8.10}$$

1. F 检验

为了检验假设(8.10),就需要寻找一个检验统计量,它在假设(8.10)成立时分布已知,这一点可以通过离差平方和分解来实现.

首先，总的离差平方和为
$$S_T = l_{YY} = \sum_{i=1}^{n}(Y_i - \overline{Y})^2,$$
可分解为
$$S_T = \sum_{i=1}^{n}(Y_i - \hat{Y}_i)^2 + \sum_{i=1}^{n}(\hat{Y}_i - \overline{Y})^2 \stackrel{\text{def}}{=} S_E + S_R,$$
其中 $S_E = \sum_{i=1}^{n}(Y_i - \hat{Y}_i)^2 = \sum e_i^2$ 称为**残差平方和**，它的大小反映了随机误差对响应变量 Y 变动平方和的影响.
$$S_R = \sum_{i=1}^{n}(\hat{Y}_i - \overline{Y})^2 = \sum_{i=1}^{n}[\hat{\beta}_0 + \hat{\beta}_1 x_i - (\hat{\beta}_0 + \hat{\beta}_1 \overline{x})]^2 = \hat{\beta}_1^2 l_{xx}$$
称为**回归平方和**，它反映了回归自变量 x 对响应变量 Y 变动平方和的贡献.

事实上
$$S_T = \sum_{i=1}^{n}(Y_i - \overline{Y})^2 = \sum_{i=1}^{n}[(Y_i - \hat{Y}_i) - (\hat{Y}_i - \overline{Y})]^2$$
$$= \sum_{i=1}^{n}(Y_i - \hat{Y}_i)^2 + \sum_{i=1}^{n}(\hat{Y}_i - \overline{Y})^2 + 2\sum_{i=1}^{n}(Y_i - \hat{Y}_i)(\hat{Y}_i - \overline{Y}),$$
而
$$\sum_{i=1}^{n}(Y_i - \hat{Y}_i)(\hat{Y}_i - \overline{Y}) = \sum_{i=1}^{n}(Y_i - \hat{\beta}_0 - \hat{\beta}_1 x_i)(\hat{\beta}_0 + \hat{\beta}_1 x_i - \overline{Y})$$
$$= \sum_{i=1}^{n}[(Y_i - \overline{Y}) - \hat{\beta}_1(x_i - \overline{x})]\hat{\beta}_1(x_i - \overline{x})$$
$$= \hat{\beta}_1 \sum_{i=1}^{n}[(Y_i - \overline{Y})(x_i - \overline{x}) - \hat{\beta}_1(x_i - \overline{x})^2]$$
$$= \hat{\beta}_1(l_{xY} - \hat{\beta}_1 l_{xx}) = 0.$$
上式就是一元线性回归离差的平方和分解式.

关于 S_R 和 S_R 所含有的成分可由如下定理说明.

定理 8.2 设 $Y_i = \beta_0 + \beta_1 x_i + \varepsilon_i$，其中 $\varepsilon_1, \cdots, \varepsilon_n$ 相互独立，且
$$E(\varepsilon_i) = 0, \quad D(Y_i) = \sigma^2, \quad i = 1, 2, \cdots, n,$$
沿用上面的记号，有
$$E(S_R) = \sigma^2 + \beta_1^2 l_{xx},$$
$$E(S_E) = (n-2)\sigma^2.$$

证明略.

定理 8.3 设 $Y_1, Y_2, \cdots, Y_n$ 相互独立，且 $Y_i \sim N(\beta_0 + \beta_1 x_i, \sigma^2), i = 1, 2, \cdots, n$，则在上述记号下，有

(1) $\dfrac{S_E}{\sigma^2} \sim \chi^2(n-2)$；

(2) 若假设(8.10)成立,则有 $\dfrac{S_R}{\sigma^2} \sim \chi^2(1)$;

(3) S_R 与 $S_E, \overline{Y}$ 相互独立.

证明 略.

于是在假设 $H_0: \beta_1 = 0$ 成立的条件下,可以采用如下检验统计量 F 检验问题 (8.10).

$$F = \dfrac{S_R/1}{S_E/n-2} = \dfrac{(n-2)S_R}{S_E} \sim F(1, n-2).$$

对于给定的显著性水平 α,查 F 分布表得,临界值 $F_\alpha(1, n-2)$,从而拒绝域为 $(F_\alpha(1, n-2), +\infty)$.

例 3 检验本节例 1 的回归方程是否显著($\alpha = 0.01$).

解 检验假设 $H_0: \beta_1 = 0$.

由例 1 知 $l_{xx} = 7414, l_{xY} = 540.6, l_{YY} = 41.92$,所以

$$S_T = 41.92, \quad S_R = 39.40, \quad S_E = 2.52,$$

对于显著性水平 $\alpha = 0.01$,查 F 分布表的临界值,得 $F_{0.01}(1, 6) = 13.75$,则拒绝域为 $(13.75, +\infty)$.

算得检验统计量的值

$$F = \dfrac{(n-2)S_R}{S_E} = \dfrac{6 \times 39.40}{2.52} = 93.81 > 13.75,$$

所以拒绝 $H_0: \beta_1 = 0$,即认为 Y 与 x 之间的线性关系是显著的,即回归方程

$$\hat{Y} = -3.469 + 0.0729x$$

在可信度 99% 之下是显著的.

2. 相关系数及其显著性检验

根据前面离差平方和分解式可知,回归平方和 S_R 在离差平方和 S_T 中所占的比例越大,则残差平方和 S_E 所占的比例就越小,从而说明回归解释变量 x 对响应变量 Y 有一定的影响作用. 因此引入如下指标:

$$R^2 = \dfrac{S_R}{S_T} = 1 - \dfrac{S_E}{S_T}.$$

称 R^2 为**可决系数**. 显然,由定义知 $R^2 \leqslant 1$.

事实上,不难证明 R 就是 Y 与 x 的**样本相关系数 r**:

$$R^2 = \dfrac{S_R}{l_{YY}} = \dfrac{\hat{\beta}_1^2 l_{xx}}{l_{YY}} = \dfrac{\left(\dfrac{l_{xY}}{l_{xx}}\right)^2 l_{xx}}{l_{YY}} = \dfrac{l_{xY}^2}{l_{xx} l_{YY}} = r^2.$$

特别地,当 $|R| = 0$ 时,S_E 最大,这时 Y 与 x 不线性相关;当 $|R| \neq 0$ 时,Y 与 x 线

性相关;当$|R|=1$时,$S_E=0$,这时散点图上的点全部落在直线$\hat{Y}=\hat{\beta}_0+\hat{\beta}_1 x$上,称$Y$与$x$完全线性相关;当$R>0$时,称$Y$与$x$正线性相关;当$R<0$时,称$Y$与$x$负线性相关.

例4 用两种方法检验例2中Y与x的线性关系是否显著($\alpha=0.01$).

解 由例2的数据可得
$$l_{xx}=292591.5, l_{xY}=58635.136, l_{YY}=11811.323,$$
所以,$S_T=11811.323$, $S_R=11750.522$, $S_E=60.801$.

用F检验法,得
$$F=\frac{(n-2)S_R}{S_E}=\frac{8\times 11750.522}{60.801}=1546.096\gg F_{0.01}(1,8)=11.3.$$

所以,Y与x的线性关系特别显著.

而用相关系数法
$$R=\frac{l_{xY}}{\sqrt{l_{xx}l_{YY}}}=0.997.$$

其值接近于1,这从另一个角度说明x对Y确有显著的影响.

四、预测和控制

如果经过上面所述的显著性检验,认为Y与x的线性关系显著,则所求的线性回归方程$\hat{Y}=\hat{\beta}_0+\hat{\beta}_1 x$就大致地反映了$Y$与$x$之间的规律,那么就可以利用这一回归方程进行预测和控制问题的研究.

1. 预测

所谓预测问题,是指对于给定的解释变量x的值x_0,预测相应的响应变量值Y_0. 对Y_0的预测分为点预测和区间预测.

首先,在$x=x_0$处的观测结果Y_0,取x_0处的回归值
$$\hat{Y}_0=\hat{\beta}_0+\hat{\beta}_1 x_0.$$
作为Y_0的点预测. 显然$\hat{Y}_0$是Y_0的无偏估计.

下面讨论Y_0的区间预测. 对于给定的显著性水平α,寻找一个正数$\delta>0$,使得
$$P\{|Y_0-\hat{Y}_0|<\delta\}=1-\alpha,$$
则δ越小,就表示$\hat{Y}_0$的预测精度越高,并称区间
$$(\hat{Y}_0-\delta, \hat{Y}_0+\delta)$$
为Y_0的置信水平为$1-\alpha$的**预测区间**.

为了求出预测区间,必须先求出$Y_0-\hat{Y}_0$的分布. 因为Y_0与$\hat{Y}_0$均服从正态分布,所以$Y_0-\hat{Y}_0$也服从正态分布. 于是可求得

$$E(Y_0-\hat{Y}_0)=0,$$
$$D(Y_0-\hat{Y}_0)=\sigma^2\left[1+\frac{1}{n}+\frac{(x_0-\overline{x})^2}{l_{xx}}\right].$$

所以
$$Y_0-\hat{Y}_0\sim N\left(0,\sigma^2\left[1+\frac{1}{n}+\frac{(x_0-\overline{x})^2}{l_{xx}}\right]\right).$$

但是 σ^2 是未知的. 一般用它的无偏估计量 $\hat{\sigma}^2=\dfrac{S_E}{n-2}$ 来代替. 由于 $Y_0-\hat{Y}_0$ 与 $\hat{\sigma}^2$ 相互独立,所以可得

$$\frac{(Y_0-\hat{Y}_0)^2}{\hat{\sigma}^2\left[1+\dfrac{1}{n}+\dfrac{(x_0-\overline{x})^2}{l_{xx}}\right]}\sim F(1,n-2),$$

故 Y_0 的置信水平为 $1-\alpha$ 的预测区间为
$$(\hat{Y}_0-\delta,\hat{Y}_0+\delta),$$

其中
$$\delta=\sqrt{F_\alpha(1,n-2)\cdot\hat{\sigma}^2\left[1+\frac{1}{n}+\frac{(x_0-\overline{x})^2}{l_{xx}}\right]}. \tag{8.11}$$

由式(8.11)可以看出,在样本给定的前提下,δ 是 x_0 的函数,不妨记为 $\delta(x_0)$. 当 x_0 越靠近 $\overline{x}$ 时,δ 就越小,这说明预测的精度越高. 在 $x_0=\overline{x}$ 时,预测精度达到最高,如图 8-2 所示.

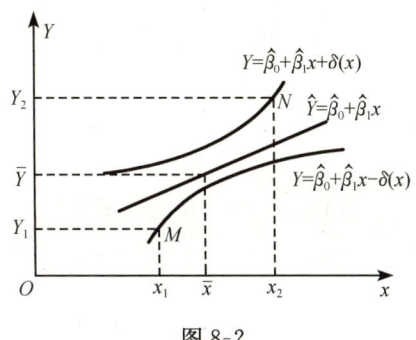

图 8-2

例 5 在例 1 中,预测该企业的生产费用为 200 万元时的月产量($\alpha=0.10$).

解 由回归方程 $\hat{Y}=-3.469+0.0729x$,算得
$$\hat{Y}_0=0.0729\times 200-3.469=11.111.$$

再在显著性水平 $\alpha=0.10$ 下,根据式(8.11)算得
$$\delta=\sqrt{3.78\times\frac{2.52}{6}\times\left[1+\frac{1}{8}+\frac{(200-110)^2}{7414}\right]}=1.876.$$

于是可以有 90% 的把握认为，当生产费用为 200 万元时的月产量 Y_0 将在 (9.235, 12.987) 内.

2. 控制

所谓控制问题，实际上就是预测的反问题，即若要求观察值 Y 在一定范围（如 $Y_1 < Y < Y_2$）内取，则应考虑把解释变量 x 控制在什么范围内. 也就是说，如何控制 x 才能保证

$$P\{Y_1 < Y < Y_2\} = 1 - \alpha$$

成立.

利用图解法可容易求得. 如图 8-2 所示，从 Y_1, Y_2 处分别画两条水平线，分别交 $Y = \hat{Y} - \delta(x)$ 与 $Y = \hat{Y} + \delta(x)$ 于 M, N 两点，过这两点再分别画垂线交 x 轴于两点，这两个点构成了区间的端点，则得区间 (x_1, x_2)；当 $x \in (x_1, x_2)$ 时，必能以至少 $1 - \alpha$ 的概率保证 $Y \in (Y_1, Y_2)$. 但这种方法比较粗糙，通常做法是求解下列不等式组

$$\begin{cases} \hat{Y} - \delta(x_1) > Y_1, \\ \hat{Y} - \delta(x_2) < Y_2. \end{cases} \tag{8.12}$$

假如 x_1, x_2 存在，那么这个问题就解决了.

特别地，当 n 充分大且 x_0 比较靠近 $\bar{x}$ 时，有

$$\sqrt{1 + \frac{1}{n} + \frac{(x_0 - \bar{x})^2}{l_{xx}}} \approx 1.$$

此时，可以近似地认为

$$Y_0 - \hat{Y}_0 \sim N(0, \dot{\sigma}^2).$$

通过求解方程组

$$\begin{cases} \hat{Y}(x_1) - \dot{\sigma} \cdot u_{1-\frac{\alpha}{2}} = Y_1, \\ \hat{Y}(x_2) + \dot{\sigma} \cdot u_{1-\frac{\alpha}{2}} = Y_2, \end{cases}$$

解得

$$\begin{cases} x_1 = \dfrac{Y_1 + \dot{\sigma} \cdot u_{1-\frac{\alpha}{2}} - \hat{\beta}_0}{\hat{\beta}_1}, \\ x_2 = \dfrac{Y_2 - \dot{\sigma} \cdot u_{1-\frac{\alpha}{2}} - \hat{\beta}_0}{\hat{\beta}_1}. \end{cases} \tag{8.13}$$

例 6 合金钢的强度 Y 与钢中碳的含量 x 有密切关系. 为了冶炼出符合强度要求的钢，常常通过控制钢水中的碳含量来达到目的. 为此需要了解 Y 与 x 之间的关系. 收集到了 10 组不同的碳含量下的钢的强度数据见表 8-3（单位略）.

表 8-3

序号	1	2	3	4	5	6	7	8	9	10
x	0.03	0.04	0.05	0.07	0.09	0.10	0.12	0.15	0.17	0.20
Y	40.5	39.5	41.0	41.5	43.0	42.0	45.0	47.5	53.0	56.0

由经验知道 Y 与 x 之间存在线性相关关系，试求线性回归方程；又若要求以 95% 的概率保证 Y 在 $(40,50)$ 内，则 x 应控制在什么范围内？

解 利用表 8-3 的数据可求得

$$\bar{x}=0.102, \quad \bar{Y}=44.9, \quad l_{xx}=0.02976, \quad l_{xY}=2.757, \quad l_{YY}=282.9.$$

于是

$$S_T=282.9, \quad S_R=255.4, \quad S_E=27.5, \quad \hat{\beta}_1=92.64, \quad \hat{\beta}_0=35.45.$$

所以，所求的回归方程为

$$\hat{Y}=35.45+92.64x.$$

要使 Y 在 $(40,50)$ 内，只需将数据代入式 (8.12) 即得

$$\begin{cases} 35.45+92.64x_1-\sqrt{5.32\times\dfrac{27.5}{8}\left[1+\dfrac{1}{10}+\dfrac{(x_1-0.102)^2}{0.02976}\right]}>40, \\ 35.45+92.64x_2+\sqrt{5.32\times\dfrac{27.5}{8}\left[1+\dfrac{1}{10}+\dfrac{(x_2-0.102)^2}{0.02976}\right]}<50, \end{cases}$$

解得 x 的取值范围为 $(0.0975, 0.1086)$.

故要以 95% 的概率保证 Y 落在 $(40,50)$ 内，则 x 应控制在 $(0.0975, 0.1086)$ 内.

*8.3 一元非线性回归模型的线性化

在实际问题中，两个变量之间的关系大多是非线性的，在这种情况下，就需要根据相关关系的性质，用不同的曲线方程来表示——非线性回归.

在建立曲线回归方程时，最重要的问题是确定变量之间关系的类型和形式. 这需要有关的专业知识，并通过对观测资料进行分析和比较，然后通过对散点图作认真的观察和分析，结合一些已知函数的图形，选择合适的曲线类型. 当回归曲线确定之后，进一步的任务仍是求方程中的参数. 这时常用的方法就是通过简单的变量代换，把曲线回归转化为线性回归问题来解决. 常见的可通过变量代换线性化的回归函数有以下几种.

1. 幂函数模型

函数形式为 $Y=ax^b$，令 $\widetilde{Y}=\ln Y, \beta_0=\ln a, \widetilde{x}=\ln x$，则 $\widetilde{Y}=\beta_0+b\widetilde{x}$.

2. 双曲函数模型

函数形式为 $\dfrac{1}{Y}=a+\dfrac{b}{x}$，令 $\widetilde{Y}=\dfrac{1}{Y}, \widetilde{x}=\dfrac{1}{x}$，则 $\widetilde{Y}=a+b\widetilde{x}$.

3. 对数函数模型

函数形式为 $Y=a+b\ln x$，令 $\widetilde{x}=\ln x$，则 $\widetilde{Y}=a+b\widetilde{x}$.

4. 指数函数模型

函数形式为 $Y=ae^{bx}$，令 $\widetilde{Y}=\ln Y, \beta_0=\ln a$，则 $\widetilde{Y}=\beta_0+bx$.

5. 指数函数模型

函数形式为 $Y=ae^{\frac{b}{x}}$，令 $\widetilde{Y}=\ln Y, \beta_0=\ln a, \widetilde{x}=\dfrac{1}{x}$，则 $\widetilde{Y}=\beta_0+b\widetilde{x}$.

6. 逻辑斯谛(Logistic)函数模型

函数形式为 $Y=\dfrac{1}{a+be^{-x}}$，令 $\widetilde{Y}=\dfrac{1}{Y}, \widetilde{x}=e^{-x}$，则 $\widetilde{Y}=a+b\widetilde{x}$.

图 8-3～图 8-8 列出了上述 6 种函数的曲线图形.

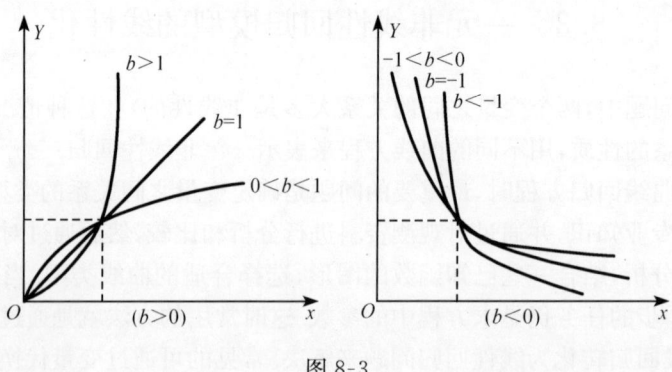

图 8-3

*8.3 一元非线性回归模型的线性化

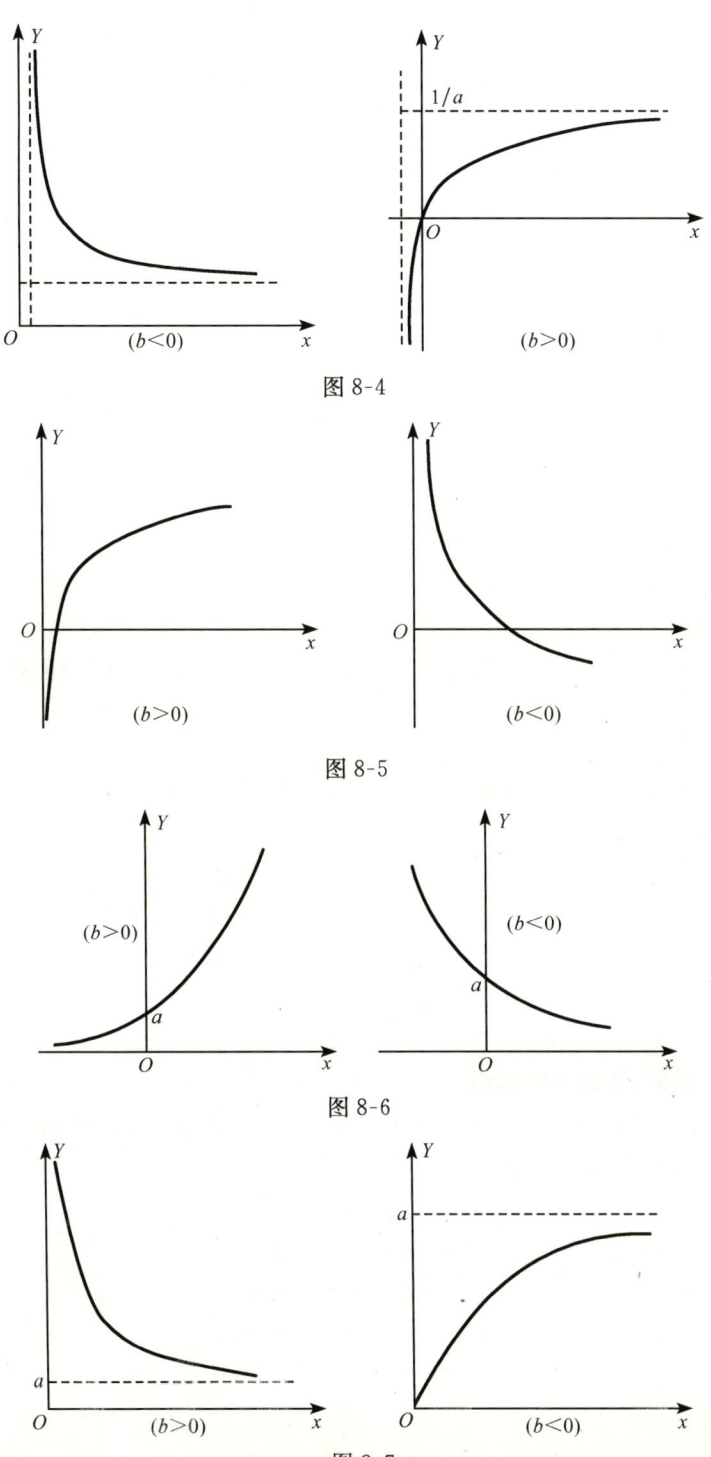

图 8-4

图 8-5

图 8-6

图 8-7

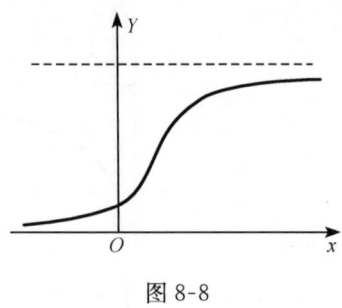

图 8-8

*8.4 多元线性回归

本章前 3 节讨论的只是响应变量与一个解释变量之间的相关关系,但在许多实际问题中,往往需要研究响应变量和多个解释变量之间的相关关系.处理这类问题有效的统计方法就是多元回归分析.在多元回归问题中,本书主要讨论多元线性回归问题,因为许多非线性回归都可以转化为线性回归.多元线性回归分析的原理与一元线性回归分析完全相同,只是在计算上要比一元线性回归分析更为复杂.

一、多元线性回归模型

设影响响应变量 Y 的解释变量有 $t(t \geqslant 2)$ 个,分别为 $x_1, x_2, \cdots, x_t$,则多元线性回归模型的形式为

$$Y = \beta_0 + \beta_1 x_1 + \beta_2 x_2 + \cdots + \beta_t x_t + \varepsilon. \tag{8.14}$$

类似于一元线性回归,这里我们仍假定 t 个解释变量都是可控的.

为了寻找 Y 与 $x_1, x_2, \cdots, x_t$ 之间的关系,必须先收集 n 组样本 $(x_{i1}, x_{i2}, \cdots, x_{it}; Y_i)(i=1,2,\cdots,n)$,那么由式(8.14),有

$$Y_i = \beta_0 + \beta_1 x_{i1} + \beta_2 x_{i2} + \cdots + \beta_t x_{it} + \varepsilon_i, \quad i=1,2,\cdots,n. \tag{8.15}$$

与一元情形类似,我们通常假设

$$\varepsilon_i \sim N(0, \sigma^2) \text{ 且 } \mathrm{Cov}(\varepsilon_i, \varepsilon_j) = 0, \quad i \neq j, \quad i,j = 1,2,\cdots,n. \tag{8.16}$$

为了表达简洁,常用矩阵来进行研究,记

$$Y = (Y_1, Y_2, \cdots, Y_n)^{\mathrm{T}},$$
$$\beta = (\beta_1, \beta_2, \cdots, \beta_t)^{\mathrm{T}},$$
$$\varepsilon = (\varepsilon_1, \varepsilon_2, \cdots, \varepsilon_n)^{\mathrm{T}},$$
$$X = \begin{pmatrix} 1 & x_{11} & x_{12} & \cdots & x_{1t} \\ 1 & x_{21} & x_{22} & \cdots & x_{2t} \\ \vdots & \vdots & \vdots & & \vdots \\ 1 & x_{n1} & x_{n2} & \cdots & x_{nt} \end{pmatrix},$$

*8.4 多元线性回归

则模型(8.15)和假设(8.16)统一记为

$$\begin{cases} Y = X\beta + \varepsilon, \\ \varepsilon \sim N(\mathbf{0}, \sigma^2 I_n), \end{cases} \tag{8.17}$$

其中 I_n 是 n 阶单位阵,$\mathbf{0}$ 表示 n 维零向量.

二、回归系数的最小二乘估计

利用最小二乘法估计回归参数,就是求一组 $\hat{\beta}_1, \hat{\beta}_2, \cdots, \hat{\beta}_t$ 使得如下误差平方和 Q 达到最小

$$Q(\beta_0, \beta_1, \cdots, \beta_t) = \sum_{i=1}^{n} (Y_i - \beta_0 - \beta_1 x_{i1} - \cdots - \beta_t x_{it})^2,$$

即

$$Q(\hat{\beta}_0, \hat{\beta}_1, \cdots, \hat{\beta}_t) = \min_{\beta_0, \beta_1, \cdots, \beta_t} \{Q(\beta_0, \beta_1, \cdots, \beta_t)\}.$$

由微积分的知识可知 $\hat{\beta}_0, \hat{\beta}_1, \cdots, \hat{\beta}_t$ 应满足方程组

$$\left. \frac{\partial Q}{\partial \beta_i} \right|_{\beta_0=\hat{\beta}_0, \beta_1=\hat{\beta}_1, \cdots, \beta_t=\hat{\beta}_t} = 0, \quad i=1,2,\cdots,n,$$

即满足

$$\begin{cases} -2 \cdot \sum_{i=1}^{n} [Y_i - (\hat{\beta}_0 + \hat{\beta}_1 x_{i1} + \hat{\beta}_2 x_{i2} + \cdots + \hat{\beta}_t x_{it})] = 0, \\ -2 \cdot \sum_{i=1}^{n} [Y_i - (\hat{\beta}_0 + \hat{\beta}_1 x_{i1} + \hat{\beta}_2 x_{i2} + \cdots + \hat{\beta}_t x_{it})] x_{i1} = 0, \\ \cdots\cdots \\ -2 \cdot \sum_{i=1}^{n} [Y_i - (\hat{\beta}_0 + \hat{\beta}_1 x_{i1} + \hat{\beta}_2 x_{i2} + \cdots + \hat{\beta}_t x_{it})] x_{it} = 0, \end{cases}$$

整理得

$$\begin{cases} n\hat{\beta}_0 + (\sum_{i=1}^{n} x_{i1})\hat{\beta}_1 + \cdots + (\sum_{i=1}^{n} x_{it})\hat{\beta}_t = \sum_{i=1}^{n} Y_i, \\ (\sum_{i=1}^{n} x_{i1})\hat{\beta}_0 + (\sum_{i=1}^{n} x_{i1}^2)\hat{\beta}_1 + \cdots + (\sum_{i=1}^{n} x_{i1} x_{it})\hat{\beta}_t = \sum_{i=1}^{n} x_{i1} Y_i, \\ \cdots\cdots \\ (\sum_{i=1}^{n} x_{it})\hat{\beta}_0 + (\sum_{i=1}^{n} x_{it} x_{i1})\hat{\beta}_1 + \cdots + (\sum_{i=1}^{n} x_{it}^2)\hat{\beta}_t = \sum_{i=1}^{n} x_{it} Y_i. \end{cases} \tag{8.18}$$

称方程组(8.18)为**正规方程组**.用矩阵可表示为

$$(X^T X) \cdot \hat{\beta} = X^T Y.$$

其中 $\hat{\beta} = (\hat{\beta}_1, \hat{\beta}_2, \cdots, \hat{\beta}_t)^T$,若 $X^T X$ 为非奇异矩阵,则

$$\hat{\beta} = (X^T X)^{-1} X^T Y,$$

即为 β 的最小二乘估计.

类似可以证明 $\hat{\beta}$ 仍是 β 的最优线性无偏估计量,即高斯-马尔可夫定理成立.

有了估计 $\hat{\beta}$,可以构造 σ^2 的估计. 首先由式(8.17),用 $\hat{\beta}$ 代替 β,可得**残差向量**
$$e = \hat{\varepsilon} = Y - X\hat{\beta}.$$

由于 $E(\varepsilon_i^2) = D(\varepsilon_i) + (E\varepsilon_i)^2 = D(\varepsilon_i) = \sigma^2$,因此可用 $\hat{\sigma}^2 = \dfrac{1}{n} e^\mathrm{T} e$ 作为 σ^2 的估计,可以证明 $E(\hat{\sigma}^2) = \dfrac{n-t-1}{n}\sigma^2$,因此为了得到 σ^2 的无偏估计,可将 $\hat{\sigma}^2$ 修正为

$$\hat{\sigma}^2 = \frac{1}{n-t-1} e^\mathrm{T} e.$$

三、回归模型的显著性检验

与一元线性回归类似,我们需要对回归模型进行显著性检验,但是多元线性回归由于变量的增多,需要作如下两种检验.

1. 线性性检验

考察响应变量 Y 与解释变量 $x_1, x_2, \cdots, x_t$ 之间是否有线性相关关系,等价于检验假设

$$H_0: \beta_1 = \beta_2 = \cdots = \beta_t = 0. \tag{8.19}$$

设已求得回归方程
$$\hat{Y} = \hat{\beta}_0 + \hat{\beta}_1 x_1 + \hat{\beta}_2 x_2 + \cdots + \hat{\beta}_t x_t.$$

记 $\hat{Y}_i = \hat{\beta}_0 + \hat{\beta}_1 x_{i1} + \hat{\beta}_2 x_{i2} + \cdots + \hat{\beta}_t x_{it}$ 是 Y 在点 $(x_{i1}, x_{i2}, \cdots, x_{it})$ 处的回归值. 离差平方和分解式为

$$S_\mathrm{T} = l_{YY} = \sum_{i=1}^n (Y_i - \overline{Y})^2 = \sum_{i=1}^n (Y_i - \hat{Y}_i)^2 + \sum_{i=1}^n (Y_i - \hat{Y}_i)^2.$$

分解式证明与一元线性回归类似. 记

$$S_\mathrm{E} = \sum_{i=1}^n (Y_i - \hat{Y}_i)^2, \quad S_\mathrm{R} = \sum_{i=1}^n (\hat{Y}_i - \overline{Y})^2.$$

它们的名称和意义与一元线性回归情形类似.

可以证明,在矩阵 X 满秩和 H_0 成立的条件下,统计量

$$F = \frac{S_\mathrm{R}/t}{S_\mathrm{E}/n-t-1} \sim F(t, n-t-1).$$

于是,对于给定的显著水平 α,拒绝域为 $(F_\alpha(t, n-t-1), +\infty)$.

2. 回归系数检验

若 Y 与 $x_1, x_2, \cdots, x_t$ 之间确实存在线性关系,是否每一个解释变量都起着显

*8.4 多元线性回归

著作用呢？因此，还需进一步对每一个解释变量的系数进行检验. 显然，若要考察 x_j 对 Y 的影响是否显著，就需要检验假设

$$H_{0j}:\beta_j=0. \tag{8.20}$$

前面已求得

$$E(\hat{\beta}_j)=\beta_j, \quad D(\hat{\beta}_j)=c_{jj}\sigma^2,$$

其中 c_{jj} 为矩阵 $(X^TX)^{-1}$ 中主对角线上的第 j 个元素，于是

$$\frac{\hat{\beta}_j-\beta_j}{\sqrt{c_{jj}\sigma^2}}\sim N(0,1).$$

可以证明 $\hat{\beta}_j$ 与 S_E 相互独立，从而有

$$F_j=\frac{(\hat{\beta}_j-\beta_j)^2/c_{jj}}{S_E/(n-t-1)}\sim F(1,n-t-1)$$

或

$$t_j=\frac{(\hat{\beta}_j-\beta_j)/\sqrt{c_{jj}}}{\sqrt{S_E/(n-t-1)}}\sim t(n-t-1)$$

所以在假设 (8.20) 成立时，可用统计量

$$F_j=\frac{\hat{\beta}_j^2\cdot(n-t-1)}{S_E\cdot c_{jj}}\sim F(1,n-t-1) \tag{8.21}$$

或

$$t_j=\frac{\hat{\beta}_j/\sqrt{c_{jj}}}{\sqrt{S_E/(n-t-1)}}\sim t(n-t-1). \tag{8.22}$$

来检验回归系数 $\beta_j(j=1,2,\cdots,t)$ 是否显著.

例1 为了研究某地区某种商品的需求量 Y 与该地区消费者平均收入 x_1 及商品价格 x_2 之间的关系，得到 10 组数据见表 8-4.

表 8-4

序号	1	2	3	4	5	6	7	8	9	10
x_1	1000	600	1200	500	300	400	1300	1100	1300	300
x_2	5	7	6	6	8	7	5	4	3	9
Y	100	75	80	70	50	65	90	100	110	60

若 Y 与 x_1,x_2 之间存在线性关系，试求回归方程，并对回归方程的显著性及各因子的显著性进行检验 ($\alpha=0.05$).

解 根据所给数据可求得

$$X^TX=\begin{bmatrix} 10 & 8000 & 60 \\ 8000 & 7980000 & 42100 \\ 60 & 42100 & 390 \end{bmatrix},$$

$$X^TY = \begin{pmatrix} 800 \\ 705000 \\ 4500 \end{pmatrix},$$

$$(X^TX)^{-1} = \begin{pmatrix} 10.6417 & -0.004718 & -1.1279 \\ -0.004718 & 2.3828\times 10^{-6} & 4.68626\times 10^{-4} \\ -1.1279 & 4.68626\times 10^{-4} & 0.1255 \end{pmatrix},$$

则回归系数为

$$\hat{\beta} = (X^TX)^{-1}X^TY = \begin{pmatrix} 111.62 \\ 0.0143 \\ -7.1887 \end{pmatrix}.$$

故所求的回归方程为

$$\hat{Y} = 111.62 + 0.0143x_1 - 7.1887x_2.$$

对回归方程做显著性检验：

$$S_T = l_{YY} = \sum_{i=1}^{n}(Y_i - \bar{Y})^2 = 67450 - 10\times 80^2 = 3450,$$

$$S_E = \sum_{i=1}^{n}(Y_i - \hat{Y}_i)^2 = 421.65, \quad S_R = \sum_{i=1}^{n}(\hat{Y}_i - \bar{Y})^2 = 3028.35.$$

于是，得 $F = 25.14 > F_{0.05}(2,7) = 4.74$，所以回归方程在显著水平 $\alpha = 0.05$ 下具有显著意义，即认为 Y 与 x_1, x_2 之间确存在线性相关关系．

再对因子 x_1, x_2 进行显著性检验．由式(8.21)的 F 统计量可求得

$$F_1 = \frac{\hat{\beta}_1^2 \cdot (10-2-1)}{S_E \cdot c_{11}} = \frac{0.0143^2 \times 7}{421.65 \times 2.3828\times 10^{-6}} = 1.425.$$

$$F_2 = \frac{\hat{\beta}_2^2 \cdot (10-2-1)}{S_E \cdot c_{22}} = \frac{(-7.1887)^2 \times 7}{421.65 \times 0.1225} = 6.836.$$

而 $F_{0.05}(1,7) = 5.59$，所以 $F_1 < 5.59, F_2 > 5.59$．故在显著性水平 $\alpha = 0.05$ 下，平均收入对需求量的影响不显著，商品价格对需求量的影响显著．

四、多元线性回归模型的预测

对于给定的一组解释变量的值 $X_0 = (x_{01}, x_{02}, \cdots, x_{0t})^T$ 相应的响应变量值为

$$Y_0 = \beta_0 + \beta_1 x_{01} + \beta_2 x_{02} + \cdots + \beta_t x_{0t} + \varepsilon_0.$$

用

$$\hat{Y}_0 = \hat{\beta}_0 + \hat{\beta}_1 x_{01} + \hat{\beta}_2 x_{02} + \cdots + \hat{\beta}_t x_{0t}$$

作为 Y_0 的点预测．

对于区间预测，与一元情形类似，$Y_0 - \hat{Y}_0$ 服从正态分布，并且

$$Y_0 - \hat{Y}_0 \sim N\left(0, \sigma^2 \left[1 + \frac{1}{n} + \sum_{i=1}^{t} \sum_{j=1}^{t} c_{ij}(x_{0i} - \overline{x}_i)(x_{0j} - \overline{x}_j)\right]\right).$$

当 n 较大且 x_{0i} 接近于 $\overline{x}_i$ 时,可以近似地认为

$$Y_0 - \hat{Y}_0 \sim N(0, \hat{\sigma}^2),$$

那么 Y_0 的置信水平 $1-\alpha$ 的预测区间可以近似地表示为

$$(\hat{Y}_0 - \hat{\sigma} \cdot u_{1-\frac{\alpha}{2}}, \hat{Y}_0 + \hat{\sigma} \cdot u_{1-\frac{\alpha}{2}}).$$

例 2 在本节例 1 中近似预测 $x_1 = 900, x_2 = 5.5$ 时的需求量.

解 由于 $\hat{Y}_0 = 111.62 + 0.0143 x_1 - 7.1887 x_2 = 84.95, \hat{\sigma} = 7.76$,所以,需求量的 95% 的近似预测区间为

$$(\hat{Y}_0 - 2\hat{\sigma}, \hat{Y}_0 + 2\hat{\sigma}) = (69.43, 100.47).$$

习 题 8

(A)

1. 某市商业部门为编制某种商品的采购供应计划,调查了 20 个居民点,其商品需求量和居民人数之间的关系如下表所示. 求这两个变量之间的线性回归方程并检验其相关的显著性($\alpha = 0.01$).

居民点	居民数 x/百人	商品需求量 Y/件	居民点	居民数 x/百人	商品需求量 Y/件
1	3.0	50	11	11.5	105
2	4.5	70	12	10.2	98
3	2.2	40	13	4.5	50
4	9.6	95	14	9.5	90
5	12.3	105	15	3.6	40
6	5.4	80	16	1.7	20
7	1.5	40	17	2.5	40
8	6.5	90	18	6.5	80
9	2.5	50	19	12.0	100
10	8.6	95	20	7.5	85

2. 有人认为,企业的利润水平和它的研究费用之间存在着近似的线性关系. 下面的资料能否证实这种论断($\alpha = 0.05$)?

年份	研究费用	利润	年份	研究费用	利润
1990	10	100	1995	12	300
1991	10	150	1996	12	280
1992	8	200	1997	12	310
1993	8	180	1998	11	320
1994	8	250	1999	11	330

3. 为了研究小麦基本苗数(单位:万/亩)与成熟期有效穗数(单位:万/亩)之间的关系(1亩 = 666.67平方米),某农场在同样的肥料和管理水平下,对5块麦田进行试验的数据如下表:

基本苗数 x	15.0	25.8	30.0	36.6	44.4
有效穗数 Y	39.4	42.9	41.0	43.1	49.2

由经验知道 Y 与 x 之间存在线性关系.

(1) 试求 Y 与 x 之间的回归方程;

(2) 对回归方程作显著性检验;

(3) 根据基本苗数 $x_0 = 26$ 万/亩,求成熟期有效穗数 Y_0 的预测区间($\alpha = 0.10$).

4. 一只红铃虫的产卵数与温度有关. 下表是产卵数与温度的一组数据:

编号	1	2	3	4	5	6	7
温度 $x/℃$	21	23	25	27	29	32	35
产卵数 Y	7	11	21	24	66	115	325

根据专业知识,Y 对 x 的回归方程可取为 $\hat{Y} = ae^{bx}$,求此非线性回归方程.

5. 为了考察某植物的生长量(单位:mm)与生长期的日照时间(单位:h)及气温(单位:℃)的关系,测得数据如表中所示. 由经验知道,Y 与 x_1, x_2 之间有线性回归关系. 试求二元线性回归方程及 σ^2 的估计值.

日照时间 x_1	气温 x_2	生长量 Y	日照时间 x_1	气温 x_2	生长量 Y
269	30.1	122	272	26.5	125
281	28.7	131	273	29.8	132
262	29.0	116	274	28.3	136
275	26.8	111	273	24.4	128
278	26.8	117	284	30.1	138
282	30.7	137	262	24.9	76
268	22.9	111	285	25.6	130
259	26.0	108	278	24.9	127
275	27.3	119	272	24.8	123
255	30.3	108	279	30.7	133

部分习题参考答案

习 题 1

(A)

1. (1) $\Omega=\{000,001,010,011,100,101,110,111\}$;其中 0 表示反面,1 表示正面. (2) $\Omega=\{(x,y)\mid x,y=1,2,3,4,5,6\}$; (3) $\Omega=\{1,2,3,\cdots\}$; (4) $\Omega=\{0,1,2,3,\cdots\}$; (5) $\Omega=\{t\mid t\geqslant 0\}$.

2. $A=\{100,101,110,111\}$; $B=\{011,101,110\}$; $C=\{001,010,011,100,101,110,111\}$; $A+B=\{011,100,101,110,111\}$; $A-B=\{100,111\}$; $AB=\{101,110\}$; $AC=\{100,101,110,111\}$; $C\bar{A}=\{001,010,011\}$.

3. (1) $A_1A_2A_3$; (2) $A_1A_2\overline{A_3}+A_1\overline{A_2}A_3+\overline{A_1}A_2A_3$ 或 $A_1A_2+A_2A_3+A_1A_3$; (3) $\overline{A_1}+\overline{A_2}+\overline{A_3}$.

4. 区别是 $A+B$ 是否等于 Ω.

5. 略.

6. 略.

7. 0.2;0.4;0.7;0.3.

8. 0.8.

9. $\dfrac{1}{2};\dfrac{1}{3};\dfrac{1}{6};\dfrac{2}{3}$.

10. 0.6286;0.0286;0.3429.

11. $1-\dfrac{A_{12}^{8}}{12^{8}}$.

12. 0.48;0.216;0.096.

13. 0.895.

14. $\dfrac{10!}{A_{30}^{10}};\dfrac{1}{2}$.

15. $\dfrac{2}{9}$.

16. $\dfrac{1}{1260}$.

17. $\dfrac{3}{8};\dfrac{1}{16}$.

18. $\dfrac{1}{6};\dfrac{2}{5};\dfrac{5}{6}$.

19. 10^{-4}; 10^{-5}; $\dfrac{A_{10}^5}{10^5}$; $\dfrac{C_5^3 9^2}{10^5}$.

20. $\dfrac{1}{12}$; $\dfrac{1}{20}$; $\dfrac{1}{6}$.

21. 0.129.

22. $\dfrac{3}{4}$.

23. 0.0826.

24. 0.5.

25. 略.

26. 略.

27. 0.9902.

28. 0.424.

29. 0.52.

30. 0.044; 0.6818.

31. 0.8; 0.5.

32. 0.0038.

33. 0.4; 0.4856.

34. 略.

35. 略.

36. 0.496.

37. 略.

38. 0.024; 0.664; 0.212.

39. 0.1323; 0.98542; 0.14688.

40. 0.352.

41. 0.3232; 0.5347.

42. $(1-10^{-4})^{52}$; $(1-10^{-4})^{260}$; $(1-10^{-4})^{520}$.

43. 略.

(B)

1. 0.

2. $C_{2n-k}^{n}\left(\dfrac{1}{2}\right)^{2n-k}$.

3. $\dfrac{1}{4}$.

4. 0.121.

5. $\dfrac{n}{m+n} \cdot \dfrac{N+1}{N+M+1} + \dfrac{m}{m+n} \cdot \dfrac{N}{N+M+1}$.

6. 当 $p>0.5$ 时,采用五局三胜制对甲更有利;当 $p=0.5$ 时,采用两种赛制对甲是一样的.

7. $\dfrac{1}{5}$.

8. 0.008; 0.6.

9. 0.8629.

习 题 2

(A)

1.

X	3	4	5
P	0.1	0.3	0.6

2.

X	-5	-2	0	2
P	0.2	0.1	0.2	0.5

3. (1) $\dfrac{1}{2(2^{100}-1)}$; (2) $\dfrac{1}{3}$.

4. (1) $P\{X=k\}=0.3^{k-1}\cdot 0.7, k=1,2,\cdots$;

   (2)

X	1	2	3	4
p_i	$\dfrac{7}{10}$	$\dfrac{7}{30}$	$\dfrac{7}{120}$	$\dfrac{1}{120}$

5. $\dfrac{4}{5}$; $\dfrac{4}{5}$; $\dfrac{7}{10}$.

6. $F(x)=\begin{cases}0, & x<3, \\ 0.1, & 3\leqslant x<4, \\ 0.4, & 4\leqslant x<5, \\ 1, & x\geqslant 5.\end{cases}$

7. 0.352.

8. $\dfrac{2}{3}e^{-2}$.

9. 1, 0.39.

10. 略.

11. (1) 是, $f(x)=\begin{cases}2x, & 0\leqslant x\leqslant 1, \\ 0, & 其他;\end{cases}$ (2) 不是.

12. (1) $\dfrac{1}{2}$, $F(x)=\begin{cases}\dfrac{1}{2}e^x, & x<0 \\ 1-\dfrac{1}{2}e^{-x}, & x\geqslant 0\end{cases}$, $1-\dfrac{1}{2}(e^{-\frac{\sqrt{2}}{2}}+e^{-1})$, $\dfrac{1}{2}(e^{-\frac{\sqrt{2}}{2}}-e^{-\sqrt{2}})$, $\dfrac{1}{2}e^{-1}$;

(2) 2, $F(x)=\begin{cases}0, & x<0, \\ \dfrac{1}{2}x^2, & 0\leqslant x<1, \\ 2x-\dfrac{1}{2}x^2-1, & 1\leqslant x<2, \\ 1, & x\geqslant 2,\end{cases}$ $\dfrac{1}{4}$, $2\sqrt{2}-\dfrac{9}{4}$, $\dfrac{1}{2}$.

13. 略.
14. 0.2.
15.

X	20π	22π	24π	26π
P	0.1	0.4	0.3	0.2

Y	100π	121π	144π	169π
P	0.1	0.4	0.3	0.2

16. 略.

17. (1) $f_Y(y)=\begin{cases}\dfrac{1}{\sqrt{2\pi}\,y}e^{-\frac{(\ln y)^2}{2}}, & y>0, \\ 0, & y\leqslant 0;\end{cases}$

(2) $f_Y(y)=\begin{cases}\dfrac{1}{2\sqrt{\pi(y-1)}}e^{-\frac{y-1}{4}}, & y>1, \\ 0, & y\leqslant 1.\end{cases}$

18. 略.
19. 略.
20. $\dfrac{2}{3}$.
21. $\dfrac{3}{4}, \dfrac{37}{12}, \dfrac{121}{48}, \dfrac{54}{4}$.
22. (1) $P\{X=k\}=C_n^k(0.94)^k(0.06)^{n-k}$; (2) $(0.94)^n$;
(3) $1-(0.94)^n-n(0.94)^{n-1}\cdot 0.06$;
(4) $0.06n, 0.0564n$.
23. $pq^k, \dfrac{q}{p}$.
24. 2.
25. 3680000.

26. $3e^{-2}-2e^{-3}$.

27. $a=\dfrac{1}{3}, b=2$.

28. $1-18.5e^{-5}$.

29. $\dfrac{\pi}{24}(a+b)(a^2+b^2)$.

30. 略.

31. $E(X)=\theta+\beta, D(X)=\beta^2$.

32. 33.64 元.

33. $20\dfrac{2}{3}\leqslant a\leqslant 26$,最少进货量 21 单位.

34. 略.

35. (1) 0.975, (2) 223.

(B)

1. (1) $a=e^{-\lambda}$; (2) $a=1$.

2. (1) 0.0729; (2) 0.00856; (3) 0.99954; (4) 0.40951.

3. (1) $c=\dfrac{1}{\pi}$; (2) $\dfrac{1}{3}$.

4. (1) $c=\dfrac{1}{2}$; (2) $\dfrac{1}{2}(1-e^{-1})$.

5. $1.96; 1.65; 2.58; 1.65$.

6. $f_Y(y)=\dfrac{2}{\pi(e^{2y}+1)}e^y, -\infty<y<+\infty$.

7. $f_Y(y)=\begin{cases}\dfrac{2}{\pi\sqrt{1-y^2}}, & 0<y<1,\\ 0, & \text{其他}.\end{cases}$

8. $G(y)=\begin{cases}0, & y\leqslant 0,\\ y, & 0<y<1,\\ 1, & y\geqslant 1.\end{cases}$

9. $E(X)=\dfrac{r}{p}, D(X)=\dfrac{rq}{p^2}$.

10. (1) $k=\dfrac{2}{\pi}$; (2) $E(X)=0$; (3) $D(X)=\dfrac{4}{\pi}-1$.

11. (1) 2, (2) $\dfrac{1}{3}$.

12. μ.

13. $E(Y)=0, D(Y)=1$.

14. 略.

15. $\dfrac{8}{9}$.

16. $p > \dfrac{8}{9}$.

17. 略.

习 题 3

(A)

1. (1) $A = \dfrac{1}{\pi^2}, B = \dfrac{\pi}{2}, C = \dfrac{\pi}{2}$; (2) $\dfrac{9}{16}$;

   (3) $F_X(x) = \dfrac{1}{2} + \dfrac{1}{\pi}\arctan\dfrac{x}{2}, F_Y(y) = \dfrac{1}{2} + \dfrac{1}{\pi}\arctan\dfrac{y}{3}$.

2.

X \ Y	0	1	2
0	0.16	0.32	0.16
1	0.08	0.16	0.08
2	0.01	0.02	0.01

3. (1),(2)

X \ Y	1	3	$p_i.$
0	0	$\dfrac{1}{8}$	$\dfrac{1}{8}$
1	$\dfrac{3}{8}$	0	$\dfrac{3}{8}$
2	$\dfrac{3}{8}$	0	$\dfrac{3}{8}$
3	0	$\dfrac{1}{8}$	$\dfrac{1}{8}$
$p_{\cdot j}$	$\dfrac{6}{8}$	$\dfrac{2}{8}$	

   (3) $P\{X=0|Y=1\}=0, P\{X=2|Y=1\}=\dfrac{1}{2}$,

   $P\{X=1|Y=1\}=\dfrac{1}{2}, P\{X=3|Y=1\}=0$.

4.

Y	0	1	2	3
$P_{j\mid 0}$	0	0	$\frac{3}{8}$	$\frac{5}{8}$

X	0	1	2
$P_{i\mid 2}$	$\frac{1}{3}$	$\frac{2}{3}$	0

5. (1) $c=4$; (2) $F(x,y)=\begin{cases} 0, & x<0 \text{ 或 } y<0, \\ x^2 y^2, & 0\leqslant x\leqslant 1, 0\leqslant y\leqslant 1, \\ x^2, & 0\leqslant x\leqslant 1, y>1, \\ y^2, & x>1, 0\leqslant y\leqslant 1, \\ 1, & x>1, y>1; \end{cases}$ (3) $\frac{1}{24}$.

6. (1) $\frac{2}{\pi^2}\cdot\frac{1}{4+x^2}\cdot\frac{1}{1+y^2}$; (2) $\frac{2}{\pi}\cdot\frac{1}{4+x^2}, \frac{1}{\pi}\cdot\frac{1}{1+y^2}$; (3) $\frac{1}{16}$.

7. (1) $f(x,y)=\begin{cases} 2, & 0<x<y<1, \\ 0, & \text{其他}; \end{cases}$

(2) $f_X(x)=\begin{cases} 2(1-x), & 0\leqslant x\leqslant 1, \\ 0, & \text{其他}, \end{cases}$ $f_Y(y)=\begin{cases} 2y, & 0\leqslant y\leqslant 1, \\ 0, & \text{其他}. \end{cases}$

8. (1) $f_X(x)=\begin{cases} xe^{-x}, & x>0, \\ 0, & x\leqslant 0, \end{cases}$ $f_Y(y)=\begin{cases} \frac{1}{2}y^2 e^{-y}, & y>0, \\ 0, & y\leqslant 0; \end{cases}$

(2) $f_{X\mid Y}(x\mid y)=\begin{cases} \frac{2x}{y^2}, & 0<x<y, \\ 0, & \text{其他}; \end{cases}$ (3) $1-e^{-0.5}-e^{-1}$.

9. (1),(2)

X \ Y	0	1	2	$p_{i\cdot}$
0	$\frac{1}{9}$	$\frac{2}{9}$	$\frac{1}{9}$	$\frac{4}{9}$
1	$\frac{2}{9}$	$\frac{2}{9}$	0	$\frac{4}{9}$
2	$\frac{1}{9}$	0	0	$\frac{1}{9}$
$p_{\cdot j}$	$\frac{4}{9}$	$\frac{4}{9}$	$\frac{1}{9}$	

(3) X 与 Y 不独立.

10. (1)

Y \ X	−1	0	1
0	0.25	0	0.25
1	0	0.5	0

(2) X 与 Y 不独立.

11. (1) $f(x,y)=\begin{cases} 2xe^{-y}, & 0<x<1, y>0, \\ 0, & 其他; \end{cases}$ (2) $1-e^{-2}\approx 0.7294$.

12. 独立.

13. 不独立.

14. $f_Z(z)=\begin{cases} 0, & z\leqslant 0, \\ 1-e^{-z}, & 0<z\leqslant 1, \\ (e-1)e^{-z}, & z>1. \end{cases}$

15. $g(u)=0.3f(u-1)+0.7f(u-2)$.

16. (1) $f_M(z)=\begin{cases} 3z^2, & 0\leqslant z\leqslant 1, \\ 0, & 其他; \end{cases}$ (2) $f_N(z)=\begin{cases} 1+2z-3z^2, & 0\leqslant z\leqslant 1, \\ 0, & 其他. \end{cases}$

17. $f_z(z)=\begin{cases} 0, & z\leqslant 0, \\ \lambda^2 z e^{-\lambda z}, & z>0. \end{cases}$

18. $f_U(u)=\begin{cases} 1-\dfrac{u}{2}, & 0<u<2, \\ 0, & 其他. \end{cases}$

19. $f_2(u)=\begin{cases} \dfrac{u^3 e^{-u}}{6}, & u>0, \\ 0, & u\leqslant 0. \end{cases}$

20. 46.

21. 0.5.

22. (1) $k=8$;

(2) $f_X(x)=\begin{cases} 4x(1-x^2), & 0\leqslant x\leqslant 1, \\ 0, & 其他, \end{cases}$ $f_Y(y)=\begin{cases} 4y^3, & 0\leqslant y\leqslant 1, \\ 0, & 其他. \end{cases}$

(3) X 与 Y 不独立; (4) $\dfrac{4}{225}$; (5) $\dfrac{1}{9}$; (6) $\dfrac{4}{\sqrt{66}}\approx 0.492$.

23. (1)

X \ Y	−1	1
−1	0.25	0
1	0.5	0.25

(2) 2.

24. (1)

X \ Y	0	1	2
0	$\frac{1}{5}$	$\frac{2}{5}$	$\frac{1}{15}$
1	$\frac{1}{5}$	$\frac{2}{15}$	0

(2) $-\frac{4}{45}$.

25. (1)

X \ Y	−1	0	1
0	0	$\frac{1}{3}$	0
1	$\frac{1}{3}$	0	$\frac{1}{3}$

(2)

Z	−1	0	1
P	$\frac{1}{3}$	$\frac{1}{3}$	$\frac{1}{3}$

(3) $\rho_{XY}=0$.

(B)

1. (1)

X_1 \ X_2	0	1
0	$1-e^{-1}$	0
1	$e^{-1}-e^{-2}$	e^{-2}

(2) $e^{-1}+e^{-2}$.

2. (1)

U \ V	0	1
0	0.25	0
1	0.25	0.5

(2) $\rho_{UV}=\dfrac{\sqrt{3}}{3}$.

3. 略.

4. (1) 0; (2) 不独立.

5. $\dfrac{1}{18}$

6. 略.

7. (1)

X \ Y	0	1
0	$\dfrac{2}{3}$	$\dfrac{1}{12}$
1	$\dfrac{1}{6}$	$\dfrac{1}{12}$

(2) $\rho_{XY}=\dfrac{\sqrt{15}}{15}$;

(3)

Z	0	1	2
P	$\dfrac{2}{3}$	$\dfrac{1}{4}$	$\dfrac{1}{12}$

8. (1) $f_X(x)=\begin{cases}2x, & 0<x<1,\\ 0, & \text{其他},\end{cases}$ $f_Y(y)=\begin{cases}1-\dfrac{y}{2}, & 0<y<2,\\ 0, & \text{其他};\end{cases}$

(2) $f_Z(z)=\begin{cases}1-\dfrac{z}{2}, & 0<z<2,\\ 0, & \text{其他};\end{cases}$ (3) $\dfrac{3}{4}$.

9. (1) $a=0.2, b=0.1, c=0.1$;

(2)

Z	-2	-1	0	1	2
P	0.2	0.1	0.3	0.3	0.1

(3) 0.2.

10. (1) $\dfrac{7}{24}$; (2) $f_Z(z)=\begin{cases}2z-z^2, & 0<z<1,\\ z^2-4z+4, & 1\leqslant z<2,\\ 0, & \text{其他}.\end{cases}$

11. (1) $\dfrac{1}{2}$; (2) $f_Z(z)=\begin{cases}\dfrac{1}{3}, & -1\leqslant z<2,\\ 0, & \text{其他}.\end{cases}$

12. (1) $\dfrac{4}{9}$;

(2)

X \ Y	0	1	2
0	$\dfrac{1}{4}$	$\dfrac{1}{3}$	$\dfrac{1}{9}$
1	$\dfrac{1}{6}$	$\dfrac{1}{9}$	0
2	$\dfrac{1}{36}$	0	0

13. $A=\dfrac{1}{\pi}$; $f_{Y|X}(y|x)=\dfrac{1}{\sqrt{\pi}}e^{-x^2+2xy-y^2}$, $-\infty<x<+\infty, -\infty<y<+\infty$.

14. (1) $f_X(x)=\begin{cases}x, & 0\leqslant x\leqslant 1,\\ 2-x, & 1<x\leqslant 2,\\ 0, & \text{其他};\end{cases}$

(2) $f_{X|Y}(x|y)=\begin{cases}\dfrac{1}{2(1-y)}, & 0\leqslant y\leqslant x\leqslant 2-y,\\ 0, & \text{其他}.\end{cases}$

15. (1) 0.25; (2) $-\dfrac{2}{3}$.

16. (1) $f_V(v)=\begin{cases}2e^{-2v}, & v>0,\\ 0, & v\leqslant 0;\end{cases}$ (2) 2.

17. (1) $f(x,y)=\begin{cases}\dfrac{9y^2}{x}, & 0<y<x, 0<x<1,\\ 0, & \text{其他};\end{cases}$

(2) $f_Y(y) = \begin{cases} -9y^2 \ln y, & 0 < y < 1, \\ 0, & \text{其他}; \end{cases}$ (3) $\dfrac{1}{8}$.

18. (1)

X \ Y	0	1
0	$\dfrac{2}{9}$	$\dfrac{1}{9}$
1	$\dfrac{1}{9}$	$\dfrac{5}{9}$

(2) $\dfrac{4}{9}$.

习 题 4

(A)

1. 18750.
2. 0.8992.
3. 0.8668.
4. 2265kW.
5. (1) 0.8185; (2) 81.
6. 104.

(B)

1. 略.
2. 98 箱.
3. 217.

习 题 5

(A)

1. $P\{X_1 = k_1, X_2 = k_2, \cdots, X_n = k_n\} = \left(\dfrac{p}{1-p}\right)^n (1-p)^{\sum_{i=1}^{n} k_i}$,其中 k_i 为正整数,$i = 1, 2, \cdots, n$.

2. $f(x_1, x_2, \cdots, x_n) = \alpha^n e^{-\alpha \sum_{i=1}^{n} x_i}, x_i > 0, i = 1, 2, \cdots, n$.

3. $f(x_1, x_2, \cdots, x_n) = \begin{cases} 1, & 0 \leqslant x_i \leqslant 1, i = 1, 2, \cdots, n, \\ 0, & \text{其他}. \end{cases}$

4. (1) $X_1 + X_2 + X_3, \max\{X_i, i = 1, \cdots, n\}, (X_n - X_1)^2$ 是统计量, $X_n + 2p$ 是枢轴量;
   (2) $\overline{X} = 0.6, S^2 = 0.3$.

5. $\overline{y} = \dfrac{\overline{x} - a}{b}, S_y^2 = \dfrac{S_x^2}{b^2}$.

6. $u_{0.4} = 0.25, u_{0.2} = 0.84, u_{0.1} = 1.28, u_{0.05} = 1.65$.

7. 1.145, 11.070, 2.558, 23.209.
8. 2.353, 3.365, 1.415, 3.169.
9. 0.1623, 0.0684, 0.0912.
10. 0.8808.
11. (B).
12. (B).
13. $a=\dfrac{1}{20}, b=\dfrac{1}{100}, Y\sim\chi^2(2)$, 自由度为 $n=2$.
14. n 至少为 35.
15. 0.6742.

(B)

1. 0.1.
2. 略.
3. (1) $X_{n+1}-\overline{X}\sim N\left(0,\dfrac{n+1}{n}\sigma^2\right)$; (2) $X_1-\overline{X}\sim N\left(0,\dfrac{n-1}{n}\sigma^2\right)$.
4. $a=\dfrac{1}{8}, b=\dfrac{1}{12}, c=\dfrac{1}{16}$, 自由度为 3.
5. 略.
6. (1) 0.94; (2) 0.895.
7. 略.
8. 略.
9. 略.

习 题 6

(A)

1. $C=\dfrac{1}{2(n-1)}$.
2. (1) 证明略. (2) 取 $\hat{\lambda}^2=\overline{X}^2-\dfrac{\overline{x}}{n}$, 则有 $E(\hat{\lambda}^2)=\lambda^2$, 即 $\hat{\lambda}^2$ 为 λ^2 的一个无偏估计.
3. 略.
4. $\hat{\lambda}=\dfrac{1}{n}\sum_{i=1}^{n}x_i=\overline{x}=2.4167$, 无死亡的概率 $p=P\{X=0\}=e^{-\lambda}$ 的最大似然估计值为 $\hat{p}=e^{-\hat{\lambda}}=e^{-2.4167}\approx 0.089$.
5. p 的最大似然估计值为 $\hat{p}=\overline{x}=\dfrac{15}{16}$.
6. $\hat{\alpha}=-\dfrac{n}{\sum_{i=1}^{n}\ln X_i}$.

7. $\hat{\theta} = \min_{1 \le i \le n} \{X_i\}$.

8. a, b 的最大似然估计量分别为 $\hat{a} = \min\{x_1, x_2, \cdots, x_n\}, \hat{b} = \max\{x_1, x_2, \cdots, x_n\}$.

9. (1) $\hat{p} = \dfrac{\overline{X}}{m}$; (2) $g(\hat{p}) = \dfrac{\overline{X}}{m - \overline{X}}$.

10. $(443.5, 448.5)$.

11. $(1250.2, 1267.8)$.

12. (1) n 至少取 25;(2) n 至少取 60.

13. $(68.2, 71.8)$.

14. $(12.49, 118.34)$.

15. (1) $(5.178, 5.622)$;(2) $(0.366, 0.631)$

16. (1) θ 的矩估计量为 $\hat{\theta} = 2\overline{X} - \dfrac{1}{2}$;

    (2) $4\overline{X}^2$ 不是 θ^2 的无偏估计量.

(B)

1. 略.

2. 略.

3. (1) $\hat{\theta} = \dfrac{1}{n} \sum\limits_{i=1}^{n} |X_i|$;

(2) 证明略.

(3) $D(\hat{\theta}) = \dfrac{\theta^2}{n}$.

4. (1) θ 的矩估计量为 $\hat{\theta} = \dfrac{3}{2} - \overline{X}$;(2) θ 的最大似然估计值为 $\hat{\theta} = \dfrac{N}{n}$.

5. $(1304, 1696)$.

6. (1) $\hat{\mu} = \dfrac{1}{n} \sum\limits_{i=1}^{n} \ln X_i$;

   (2) $\left(\dfrac{1}{n} \sum\limits_{i=1}^{n} \ln X_i - u_{\frac{\alpha}{2}} \cdot \sqrt{1/n}, \dfrac{1}{n} \sum\limits_{i=1}^{n} \ln X_i + u_{\frac{\alpha}{2}} \cdot \sqrt{1/n} \right)$;

   (3) $\left(\left(\prod\limits_{i=1}^{n} X_i \right)^{\frac{1}{n}} \cdot e^{-\frac{1}{2} - u_{\frac{\alpha}{2}} \cdot \sqrt{1/n}}, \left(\prod\limits_{i=1}^{n} X_i \right)^{\frac{1}{n}} \cdot e^{\frac{1}{2} + u_{\frac{\alpha}{2}} \cdot \sqrt{1/n}} \right)$.

7. (1) θ 的矩估计量为 $\hat{\theta} = \overline{X}$;

   (2) θ 的最大似然估计量为 $\hat{\theta} = \dfrac{2n}{\sum\limits_{i=1}^{n} \dfrac{1}{X_i}}$.

8. $(-0.4775, -0.1825)$.

9. (1) $(-0.8, 6.2)$; (2) $(0.139, 9.630)$.

部分习题参考答案

习 题 7

(A)

1. 有变化.
2. 新工艺下维生素 C 的含量高于旧工艺下维生素 C 的含量.
3. 可以认为 $E(X)=2000$.
4. 认为这批罐头合格.
5. 可以认为无显著变化.
6. 认为这批产品合格.
7. 有显著差异.
8. 可以认为方差相等.
9. 可以认为第一台机床的加工精度较第二台机床高.
10. 新工艺显著降低次品率.
11. 可认为 $X \sim b\left(n, \frac{1}{2}\right)$.
12. 可认为 $X \sim N(209, 6.5^2)$.

(B)

1. $T = \dfrac{\overline{X}\sqrt{n(n-1)}}{Q}$.
2. 36.
3. 可以认为这次考试全体考生的平均成绩为 70 分.

习 题 8

(A)

1. $\hat{Y}=27.6+6.93x; r=0.938$, 显著.
2. $r=0.565$, 线性关系不显著.
3. (1) $\hat{Y}=34.32+0.29x$;
   (2) $F=9.58 > 5.54$, 显著;
   (3) Y_0 的 90% 的预测区间为 $(36.29, 47.43)$.
4. $\hat{Y}=0.0214e^{0.2721x}$.
5. $\hat{Y}=1.154x_1+1.983x_2-247.805, \hat{\sigma}^2=85.72$.

参 考 文 献

陈桂林,计东海. 2005. 概率论与数理统计学习指导. 北京:科学出版社
范培华,胡显佑. 2004. 概率论与数理统计. 2版. 北京:高等教育出版社
龚德恩. 1992. 经济数学基础第三分册,概率统计. 成都:四川人民教育出版社
赖景耀,王春林. 2001. 概率与统计. 兰州:兰州大学出版社
李博纳,赵新泉. 2006. 概率论与数理统计. 北京:高等教育出版社
刘怀高,李振东. 1993. 应用概率统计. 兰州:兰州大学出版社
茆诗松,程依明,濮晓龙. 2011. 概率论与数理统计教程. 2版. 北京:高等教育出版社
牛丽英,赵广涛. 2005. 概率论与数理统计. 3版. 北京:人民日报出版社
世华,潘正义. 2009. 考研数学十年真题全方位解码(数学三). 北京:世界图书出版公司
李永乐,王式安. 2013. 数学历年真题权威解析(数学三). 北京:国家行政学院出版社
苏均和. 1989. 概率论与数理统计. 上海:上海财经大学出版社
隋亚莉,李鸿儒. 2007. 概率统计. 北京:清华大学出版社
王志宏. 2006. 全国硕士研究生入学考试真题详解与样题精选(数学四). 北京:清华大学出版社
威廉·费勒. 2006. An Introduction to Probability Theory and Its Applications. 北京:人民邮电出版社
吴赣昌. 2008. 概率论与数理统计. 2版. 北京:中国人民大学出版社
肖筱南. 2002. 新编概率论与数理统计. 北京:北京大学出版社
谢国瑞. 2002. 概率论与数理统计. 北京:高等教育出版社
张立卓. 2009. 概率论与数理统计解题方法与技巧. 北京:北京大学出版社
浙江大学. 1989. 概率论与数理统计. 北京:高等教育出版社
周概容. 2008. 经济应用数学基础(三):概率论与数理统计. 北京:高等教育出版社
周誓达. 2009. 经济应用数学基础(三):概率论与数理统计(含学习指导). 北京:中国人民大学出版社

附　　表

附表1　泊松分布表

$$P\{X \leqslant x\} = \sum_{k=0}^{x} \frac{\lambda^k e^{-\lambda}}{k!}$$

x	λ								
	0.1	0.2	0.3	0.4	0.5	0.6	0.7	0.8	0.9
0	0.9048	0.8187	0.7408	0.6730	0.6065	0.5488	0.4966	0.4493	0.4066
1	0.9953	0.9825	0.9631	0.9384	0.9098	0.8781	0.8442	0.8088	0.7725
2	0.9998	0.9989	0.9964	0.9921	0.9856	0.9769	0.9659	0.9526	0.9371
3	1.0000	0.9999	0.9997	0.9992	0.9982	0.9966	0.9942	0.9909	0.9865
4		1.0000	1.0000	0.9999	0.9998	0.9996	0.9992	0.9986	0.9977
5				1.0000	1.0000	1.0000	0.9999	0.9998	0.9997
6							1.0000	1.0000	1.0000

x	λ								
	1.0	1.5	2.0	2.5	3.0	3.5	4.0	4.5	5.0
0	0.3679	0.2231	0.1353	0.0821	0.0498	0.0302	0.0183	0.0111	0.0067
1	0.7358	0.5578	0.4060	0.2873	0.1991	0.1359	0.0916	0.0611	0.0404
2	0.9197	0.8088	0.6767	0.5438	0.4232	0.3208	0.2381	0.1736	0.1247
3	0.9810	0.9344	0.8571	0.7576	0.6472	0.5366	0.4335	0.3423	0.2650
4	0.9963	0.9814	0.9473	0.8912	0.8153	0.7254	0.6288	0.5321	0.4405
5	0.9994	0.9955	0.9834	0.9580	0.9161	0.8576	0.7851	0.7029	0.6160
6	0.9999	0.9991	0.9955	0.9858	0.9665	0.9347	0.8893	0.8311	0.7622
7	1.0000	0.9998	0.9989	0.9958	0.9881	0.9733	0.9489	0.9134	0.8666
8		1.0000	0.9998	0.9989	0.9962	0.9901	0.9786	0.9597	0.9319
9			1.0000	0.9997	0.9989	0.9967	0.9919	0.9829	0.9682
10				0.9999	0.9997	0.9990	0.9972	0.9933	0.9863
11				1.0000	0.9999	0.9997	0.9991	0.9976	0.9945
12					1.0000	0.9999	0.9997	0.9992	0.9980

x	λ								
	5.5	6.0	6.5	7.0	7.5	8.0	8.5	9.0	9.5
0	0.0041	0.0025	0.0015	0.0009	0.0006	0.0003	0.0002	0.0001	0.0001
1	0.0266	0.0174	0.0113	0.0073	0.0047	0.0030	0.0019	0.0012	0.0008
2	0.0884	0.0620	0.0430	0.0296	0.0203	0.0138	0.0093	0.0062	0.0042
3	0.2017	0.1512	0.1118	0.0818	0.0591	0.0424	0.0301	0.0212	0.0149
4	0.3575	0.2851	0.2237	0.1730	0.1321	0.0996	0.0744	0.0550	0.0403
5	0.5289	0.4457	0.3690	0.3007	0.2414	0.1912	0.1496	0.1157	0.0885
6	0.6860	0.6063	0.5265	0.4497	0.3782	0.3134	0.2562	0.2068	0.1649
7	0.8095	0.7440	0.6728	0.5987	0.5246	0.4530	0.3856	0.3239	0.2687
8	0.8944	0.8472	0.7916	0.7291	0.6620	0.5925	0.5231	0.4557	0.3918
9	0.9462	0.9161	0.8774	0.8305	0.7764	0.7166	0.6530	0.5874	0.5218
10	0.9747	0.9574	0.9332	0.9015	0.8622	0.8159	0.7634	0.7060	0.6453

续表

x	λ								
	5.5	6.0	6.5	7.0	7.5	8.0	8.5	9.0	9.5
11	0.9890	0.9799	0.9661	0.9466	0.9208	0.8881	0.8487	0.8030	0.7520
12	0.9955	0.9912	0.9840	0.9730	0.9573	0.9362	0.9091	0.8758	0.8364
13	0.9983	0.9964	0.9929	0.9872	0.9784	0.9658	0.9486	0.9261	0.8981
14	0.9994	0.9986	0.9970	0.9943	0.9897	0.9827	0.9726	0.9585	0.9400
15	0.9998	0.9995	0.9988	0.9976	0.9954	0.9918	0.9862	0.9780	0.9665
16	0.9999	0.9998	0.9996	0.9990	0.9980	0.9963	0.9934	0.9889	0.9823
17	1.0000	0.9999	0.9998	0.9996	0.9992	0.9984	0.9970	0.9947	0.9911
18		1.0000	0.9999	0.9999	0.9997	0.9994	0.9987	0.9976	0.9957
19			1.0000	1.0000	0.9999	0.9997	0.9995	0.9989	0.9980
20					1.0000	0.9999	0.9998	0.9996	0.9991

x	λ								
	10.0	11.0	12.0	13.0	14.0	15.0	16.0	17.0	18.0
0	0.0000	0.0000	0.0000						
1	0.0005	0.0002	0.0001	0.0000	0.0000				
2	0.0028	0.0012	0.0005	0.0002	0.0001	0.0000	0.0000		
3	0.0103	0.0049	0.0023	0.0010	0.0005	0.0002	0.0001	0.0000	0.0000
4	0.0293	0.0151	0.0076	0.0037	0.0018	0.0009	0.0004	0.0002	0.0001
5	0.0671	0.0375	0.0203	0.0107	0.0055	0.0028	0.0014	0.0007	0.0003
6	0.1301	0.0786	0.0458	0.0259	0.0142	0.0076	0.0040	0.0021	0.0010
7	0.2202	0.1432	0.0895	0.0540	0.0316	0.0180	0.0100	0.0054	0.0029
8	0.3328	0.2320	0.1550	0.0998	0.0621	0.0374	0.0220	0.0126	0.0071
9	0.4579	0.3405	0.2424	0.1658	0.1094	0.0699	0.0433	0.0261	0.0154
10	0.5830	0.4599	0.3472	0.2517	0.1757	0.1185	0.0774	0.0491	0.0304
11	0.6968	0.5793	0.4616	0.3532	0.2600	0.1848	0.1270	0.0847	0.0549
12	0.7916	0.6887	0.5760	0.4631	0.3585	0.2676	0.1931	0.1350	0.0917
13	0.8645	0.7813	0.6815	0.5730	0.4644	0.3632	0.2745	0.2009	0.1426
14	0.9165	0.8540	0.7720	0.6751	0.5704	0.4657	0.3675	0.2808	0.2081
15	0.9513	0.9074	0.8444	0.7636	0.6694	0.5681	0.4667	0.3715	0.2867
16	0.9730	0.9441	0.8987	0.8355	0.7559	0.6641	0.5660	0.4677	0.3750
17	0.9857	0.9678	0.9370	0.8905	0.8272	0.7489	0.6593	0.5640	0.4686
18	0.9928	0.9823	0.9626	0.9302	0.8826	0.8195	0.7423	0.6550	0.5622
19	0.9965	0.9907	0.9787	0.9573	0.9235	0.8752	0.8122	0.7363	0.6509
20	0.9984	0.9953	0.9884	0.9750	0.9521	0.9170	0.8682	0.8055	0.7307
21	0.9993	0.9977	0.9939	0.9859	0.9712	0.9469	0.9108	0.8615	0.7991
22	0.9997	0.9990	0.9970	0.9924	0.9833	0.9673	0.9418	0.9047	0.8551
23	0.9999	0.9995	0.9985	0.9960	0.9907	0.9805	0.9633	0.9367	0.8989
24	1.0000	0.9998	0.9993	0.9980	0.9950	0.9888	0.9777	0.9594	0.9317
25		0.9999	0.9997	0.9990	0.9974	0.9938	0.9869	0.9748	0.9554
26		1.0000	0.9999	0.9995	0.9987	0.9967	0.9925	0.9848	0.9718
27			0.9999	0.9998	0.9994	0.9983	0.9959	0.9912	0.9827
28			1.0000	0.9999	0.9997	0.9991	0.9978	0.9950	0.9897
29				1.0000	0.9999	0.9996	0.9989	0.9973	0.9941
30					0.9999	0.9998	0.9994	0.9986	0.9967
31					1.0000	0.9999	0.9997	0.9993	0.9982
32						1.0000	0.9999	0.9996	0.9990
33							0.9999	0.9998	0.9995
34							1.0000	0.9999	0.9998
35								1.0000	0.9999
36									0.9999
37									1.0000

附表2　标准正态分布函数 $\Phi(x)$

$$\Phi(x) = \frac{1}{\sqrt{2\pi}} \int_{-\infty}^{x} e^{-\frac{u^2}{2}} du$$

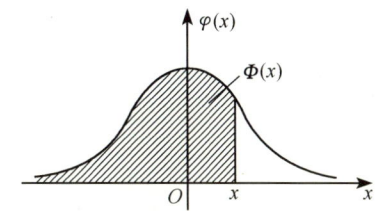

x	0.00	0.01	0.02	0.03	0.04	0.05	0.06	0.07	0.08	0.09
0.0	0.5000	0.5040	0.5080	0.5120	0.5160	0.5199	0.5239	0.5279	0.5319	0.5359
0.1	0.5398	0.5438	0.5478	0.5517	0.5557	0.5596	0.5636	0.5675	0.5714	0.5753
0.2	0.5793	0.5832	0.5871	0.5910	0.5948	0.5987	0.6026	0.6064	0.6103	0.6141
0.3	0.6179	0.6217	0.6255	0.6293	0.6631	0.6368	0.6406	0.6443	0.6480	0.6517
0.4	0.6554	0.6591	0.6628	0.6664	0.6700	0.6736	0.6772	0.6808	0.6844	0.6879
0.5	0.6915	0.6950	0.6985	0.7019	0.7054	0.7088	0.7123	0.7157	0.7190	0.7224
0.6	0.7257	0.7291	0.7324	0.7357	0.7389	0.7422	0.7454	0.7486	0.7517	0.7549
0.7	0.7580	0.7611	0.7642	0.7673	0.7704	0.7734	0.7764	0.7794	0.7823	0.7852
0.8	0.7881	0.7910	0.7939	0.7967	0.7995	0.8023	0.8051	0.8079	0.8106	0.8133
0.9	0.8159	0.8186	0.8212	0.8238	0.8264	0.8289	0.8315	0.8340	0.8365	0.8389
1.0	0.8413	0.8438	0.8461	0.8485	0.8508	0.8531	0.8554	0.8577	0.8599	0.8621
1.1	0.8643	0.8665	0.8686	0.8708	0.8729	0.8749	0.8770	0.8790	0.8810	0.8830
1.2	0.8849	0.8869	0.8888	0.8907	0.8925	0.8944	0.8962	0.8980	0.8997	0.9015
1.3	0.9032	0.9049	0.9066	0.9082	0.9099	0.9115	0.9131	0.9147	0.9162	0.9177
1.4	0.9192	0.9207	0.9222	0.9236	0.9251	0.9265	0.9279	0.9292	0.9306	0.9319
1.5	0.9332	0.9345	0.9357	0.9370	0.9382	0.9394	0.9406	0.9418	0.9430	0.9441
1.6	0.9452	0.9463	0.9474	0.9484	0.9495	0.9505	0.9515	0.9525	0.9535	0.9545
1.7	0.9554	0.9564	0.9573	0.9582	0.9591	0.9599	0.9608	0.9616	0.9625	0.9633
1.8	0.9641	0.9649	0.9656	0.9664	0.9671	0.9678	0.9786	0.9693	0.9699	0.9706
1.9	0.9713	0.9719	0.9726	0.9732	0.9738	0.9744	0.9750	0.9756	0.9761	0.9767
2.0	0.9773	0.9778	0.9783	0.9788	0.9793	0.9798	0.9803	0.9808	0.9812	0.9817
2.1	0.9821	0.9826	0.9830	0.9834	0.9838	0.9842	0.9846	0.9850	0.9854	0.9857
2.2	0.9861	0.9864	0.9868	0.9871	0.9875	0.9878	0.9881	0.9884	0.9887	0.9890
2.3	0.9893	0.9896	0.9898	0.9901	0.9904	0.9906	0.9909	0.9911	0.9913	0.9916
2.4	0.9918	0.9920	0.9922	0.9925	0.9927	0.9929	0.9931	0.9932	0.9934	0.9936
2.5	0.9938	0.9940	0.9941	0.9943	0.9945	0.9946	0.9948	0.9949	0.9951	0.9952
2.6	0.9953	0.9955	0.9956	0.9957	0.9959	0.9960	0.9961	0.9962	0.9963	0.9964
2.7	0.9965	0.9966	0.9967	0.9968	0.9969	0.9970	0.9971	0.9972	0.9973	0.9974
2.8	0.9974	0.9975	0.9976	0.9977	0.9977	0.9978	0.9979	0.9979	0.9980	0.9981
2.9	0.9981	0.9982	0.9982	0.9983	0.9984	0.9984	0.9985	0.9985	0.9986	0.9986
3.0	0.9987	0.9987	0.9987	0.9988	0.9988	0.9989	0.9989	0.9989	0.9990	0.9990
3.2	0.9993	0.9993	0.9994	0.9994	0.9994	0.9994	0.9994	0.9995	0.9995	0.9995
3.4	0.9997	0.9997	0.9997	0.9997	0.9997	0.9997	0.9997	0.9997	0.9997	0.9998
3.6	0.9998	0.9998	0.9999	0.9999	0.9999	0.9999	0.9999	0.9999	0.9999	0.9999
3.8	0.9999	0.9999	0.9999	0.9999	0.9999	0.9999	0.9999	0.9999	0.9999	0.9999

$\Phi(4.0)=0.999968329$　　$\Phi(5.0)=0.9999997134$　　$\Phi(6.0)=0.9999999990$

附表 3 χ^2 分布上侧分位数 $\chi^2_{\alpha,n}$ ($1\leqslant n\leqslant 45$)

(当 $n\geqslant 45$ 时,可使用近似公式:

$$\chi^2_{\alpha,n} \approx \begin{cases} \dfrac{1}{2}(\sqrt{2n-1}+u_{2\alpha})^2, & \alpha\leqslant 0.5, \\ \dfrac{1}{2}(\sqrt{2n-1}+u_{2(1-\alpha)})^2, & \alpha\geqslant 0.5, \end{cases}$$

其中 u_α 是 $N(0,1)$ 的双侧分位数)

α \ n	0.995	0.990	0.975	0.95	0.90	0.70	0.50	0.30	0.10	0.05	0.025	0.01	0.005	0.001
1	4×10^{-5}	2×10^{-4}	0.001	0.004	0.016	0.148	0.455	1.074	2.706	3.841	5.024	6.635	7.879	10.828
2	0.010	0.020	0.051	0.103	0.211	0.713	1.386	2.408	4.605	5.991	7.378	9.210	10.597	13.816
3	0.072	0.115	0.216	0.352	0.584	1.424	2.366	3.665	6.251	7.815	9.348	11.345	12.838	16.266
4	0.207	0.279	0.484	0.711	1.064	2.195	3.357	4.878	7.779	9.488	11.143	13.277	14.860	18.467
5	0.412	0.554	0.881	1.145	1.610	3.000	4.351	6.064	9.236	11.070	12.832	15.086	16.750	20.515
6	0.676	0.872	1.237	1.635	2.204	3.828	5.348	7.231	10.645	12.592	14.449	16.912	18.548	22.458
7	0.989	1.239	1.690	2.167	2.833	4.671	6.346	8.383	12.017	14.067	16.013	18.475	20.278	24.322
8	1.443	1.646	2.180	2.733	3.490	5.527	7.344	9.524	13.362	15.507	17.535	20.090	21.955	26.125
9	1.537	2.088	2.700	3.325	4.168	6.393	8.343	10.656	14.684	16.919	19.023	21.666	23.589	27.877
10	2.651	2.558	3.247	3.940	4.853	7.267	9.342	11.781	15.987	18.307	20.483	23.209	25.188	29.588
11	2.306	3.053	3.816	4.575	5.578	8.148	10.341	12.899	17.275	19.675	21.920	24.725	26.757	31.264
12	3.470	3.571	4.404	5.226	6.304	9.034	11.340	14.011	18.549	21.026	23.336	26.217	28.300	32.909
13	3.565	4.107	5.009	5.892	7.042	9.926	12.340	15.119	19.812	22.362	24.736	27.688	29.819	34.528
14	4.570	4.660	5.629	6.571	7.790	10.821	13.339	16.222	21.064	23.685	26.119	29.141	31.319	36.123
15	4.106	5.229	6.262	7.261	8.547	11.721	14.339	17.322	22.307	24.996	27.488	30.578	32.801	37.697
16	5.241	5.812	6.908	7.962	9.312	12.624	15.338	18.418	23.542	26.296	28.845	32.000	34.267	39.252

附表3 χ^2 分布上侧分位数 $\chi^2_{\alpha,n}$ ($1 \leqslant n \leqslant 45$)

续表

n \ α	0.995	0.990	0.975	0.95	0.90	0.70	0.50	0.30	0.10	0.05	0.025	0.01	0.005	0.001	α \ n
17	5.796	6.408	7.564	8.672	10.085	13.531	16.338	19.511	24.769	27.587	30.191	33.409	35.718	40.790	17
18	6.562	7.015	8.231	9.390	10.865	14.440	17.338	20.601	25.989	28.869	31.526	34.805	37.156	42.312	18
19	6.448	7.633	8.907	10.117	11.651	15.352	18.338	21.689	27.204	30.144	32.852	36.191	38.582	43.820	19
20	7.434	8.260	9.591	10.851	12.443	16.266	19.337	22.775	28.412	31.410	34.170	37.566	39.997	45.315	20
21	8.430	8.897	10.283	11.591	13.240	17.182	20.337	23.858	29.615	32.671	35.479	38.932	41.401	46.797	21
22	8.346	9.542	10.982	12.338	14.041	18.101	21.337	24.939	30.813	33.924	36.781	40.289	42.796	48.268	22
23	9.062	10.196	11.688	13.091	14.848	19.021	22.337	26.018	32.007	35.172	38.076	41.638	44.181	49.728	23
24	9.688	10.856	12.401	13.848	15.659	19.943	23.337	27.096	33.196	36.415	39.364	42.980	45.558	51.179	24
25	10.025	11.524	13.120	14.611	16.473	20.867	24.337	28.172	34.382	37.652	40.646	44.314	46.928	52.618	25
26	11.061	12.198	13.844	15.379	17.292	21.792	25.336	29.246	35.563	38.885	41.923	45.642	48.290	54.052	26
27	11.808	12.879	14.573	16.151	18.114	22.719	26.336	30.319	36.741	40.113	43.194	46.963	49.645	55.476	27
28	12.461	13.565	15.308	16.928	18.939	23.647	27.336	31.391	37.916	41.337	44.461	48.278	50.993	56.892	28
29	13.121	14.256	16.047	17.708	19.768	24.577	28.336	32.461	39.087	42.557	45.722	49.588	52.336	58.301	29
30	13.787	14.953	16.791	18.493	20.599	25.508	29.336	33.530	40.256	43.773	46.979	50.892	53.672	59.703	30
31	14.458	15.655	17.539	19.281	21.434	26.440	30.336	34.598	41.422	44.985	48.232	52.191	55.003	61.098	31
32	15.134	16.362	18.291	20.072	22.271	27.373	31.336	35.665	42.585	46.194	49.480	53.486	56.328	62.487	32
33	15.815	17.073	19.047	20.867	23.110	28.307	32.336	36.731	43.745	47.400	50.725	54.776	57.648	63.870	33
34	16.501	17.789	19.806	21.664	23.952	29.242	33.336	37.795	44.903	48.602	51.966	56.061	58.964	65.247	34
35	17.192	18.509	20.569	22.465	24.797	30.178	34.336	38.859	46.059	49.802	53.203	57.342	60.275	66.619	35
36	17.887	19.233	21.336	23.269	25.643	31.115	35.336	39.922	47.212	50.998	54.437	58.619	61.581	67.985	36
37	18.586	19.960	22.106	24.075	26.492	32.053	36.336	40.984	48.363	52.192	55.668	59.892	62.882	69.345	37
38	19.289	20.691	22.878	24.884	27.343	32.992	37.335	42.045	49.513	53.384	56.895	61.162	64.181	70.703	38
39	19.996	21.426	23.654	25.695	28.196	33.932	38.335	43.105	50.660	54.572	58.120	62.428	65.476	72.055	39
40	20.707	22.164	24.433	26.509	29.051	34.872	39.335	44.165	51.805	55.758	59.342	63.691	66.766	73.402	40
41	21.421	22.906	25.215	27.326	29.907	35.813	40.335	45.224	52.949	56.942	60.561	64.950	68.053	74.745	41
42	22.138	23.650	25.999	28.144	30.765	36.755	41.335	46.282	54.090	58.124	61.777	66.206	69.336	76.084	42
43	22.859	24.398	26.785	28.965	31.625	37.698	42.335	47.339	55.230	59.304	62.990	67.459	70.616	77.419	43
44	23.584	25.148	27.575	29.787	32.487	38.641	43.335	48.396	56.369	60.481	64.201	68.709	71.893	78.749	44
45	24.311	25.901	28.366	30.612	33.350	39.585	44.335	49.452	57.505	61.656	65.410	69.957	73.166	80.077	45

附表 4 F 分布上侧分位数 $F_\alpha(n_1, n_2)$

(n_k —— 第 k 自由度, $k=1,2$)

$\alpha=0.01$

n_2 \ n_1	1	2	3	4	5	6	7	8	9	10	15	20	30	60	∞
1	4052	5000	5403	5625	5764	5859	5928	5981	6023	6056	6157	6209	6261	6313	6366
2	98.50	99.00	99.17	99.25	99.30	99.33	99.36	99.37	99.39	99.40	99.43	99.45	99.47	99.48	99.50
3	34.12	30.82	29.46	28.71	28.24	27.91	27.67	26.49	27.35	27.23	26.87	26.69	26.51	26.32	26.13
4	21.20	18.00	16.69	15.98	15.52	15.21	14.98	14.80	14.66	14.55	14.20	14.02	13.84	13.65	13.46
5	16.26	13.27	12.06	11.39	10.97	10.67	10.46	10.29	10.16	10.05	9.72	9.55	9.38	9.20	9.02
6	13.75	10.93	9.78	9.15	8.75	8.47	8.26	8.10	7.98	7.87	7.56	7.40	7.23	7.06	6.88
7	12.25	9.55	8.45	7.85	7.46	7.19	6.99	6.84	6.72	6.62	6.31	6.16	5.99	5.82	5.65
8	11.26	8.65	7.59	7.01	6.63	6.37	6.18	6.03	5.91	5.81	5.52	5.36	5.20	5.03	4.86
9	10.56	8.02	6.99	6.42	6.06	5.80	5.61	5.47	5.35	5.26	4.96	4.81	4.65	4.48	4.31
10	10.04	7.56	6.55	5.99	5.64	5.39	5.20	5.06	4.94	4.85	4.56	4.41	4.25	4.08	3.91
12	9.33	6.93	5.95	5.41	5.06	4.82	4.64	4.50	4.39	4.30	4.01	3.86	3.70	3.54	3.36
14	8.86	6.51	5.56	5.04	4.70	4.46	4.28	4.14	4.03	3.94	3.66	3.51	3.35	3.18	3.00
16	8.53	6.23	5.29	4.77	4.44	4.20	4.03	3.89	3.78	3.69	3.41	3.26	3.10	2.93	2.75
18	8.29	6.01	5.09	4.58	4.25	4.01	3.84	3.71	3.60	3.51	3.23	3.08	2.92	2.75	2.57
20	8.10	5.85	4.94	4.43	4.10	3.87	3.70	3.56	3.46	3.37	3.09	2.94	2.78	2.61	2.42
30	7.56	5.39	4.51	4.02	3.70	3.47	3.30	3.17	3.07	2.98	2.70	2.55	2.39	2.21	2.01
40	7.31	5.18	4.31	3.83	3.51	3.29	3.12	2.99	2.89	2.80	2.52	2.37	2.20	2.02	1.80
60	7.08	4.98	4.13	3.65	3.34	3.12	2.95	2.82	2.72	2.63	2.35	2.20	2.03	1.84	1.60
120	6.85	4.79	3.95	3.48	3.17	2.96	2.79	2.66	2.56	2.47	2.19	2.03	1.86	1.66	1.38
∞	6.63	4.61	3.78	3.32	3.02	2.80	2.64	2.51	2.41	2.32	2.04	1.88	1.70	1.47	1.00

附表4　F分布上侧分位数 $F_\alpha(n_1, n_2)$

续表

$\alpha = 0.025$

n_1 n_2	1	2	3	4	5	6	7	8	9	10	15	20	30	60	∞
1	647.79	799.50	864.16	899.58	921.85	937.11	948.22	956.66	963.28	968.63	984.87	993.10	1001.4	1009.8	1018.3
2	38.51	39.00	39.17	39.25	39.30	39.33	39.36	39.37	39.39	39.40	39.43	39.45	39.47	39.48	39.50
3	17.44	16.04	15.44	15.10	14.89	14.74	14.62	14.54	14.47	14.42	14.25	14.17	14.08	13.99	13.90
4	12.22	10.65	9.98	9.04	9.36	9.20	9.07	8.98	8.90	8.84	8.66	8.56	8.46	8.36	8.26
5	10.01	8.43	7.76	7.39	7.15	6.98	6.85	6.76	6.68	6.62	6.42	6.33	6.22	6.12	6.02
6	8.81	7.26	6.60	6.23	5.99	5.82	5.70	5.60	5.52	5.46	5.27	5.17	5.07	4.96	4.85
7	8.07	6.54	5.89	5.52	5.29	5.12	4.99	4.90	4.82	4.76	4.57	4.47	4.36	4.25	4.14
8	7.57	6.06	5.42	5.05	4.82	4.65	4.53	4.43	4.36	4.30	4.10	4.00	3.89	3.78	3.67
9	7.21	5.71	5.08	4.72	4.48	4.32	4.20	4.10	4.03	3.96	3.77	3.67	3.65	3.45	3.33
10	6.94	5.46	4.83	4.47	4.24	4.07	3.95	3.85	3.78	3.72	3.52	3.42	3.31	3.20	3.08
12	6.55	5.10	4.47	4.12	3.89	3.73	3.61	3.52	3.44	3.37	3.18	3.07	2.96	2.85	2.72
14	6.30	4.86	4.24	3.89	3.66	3.50	3.38	3.29	3.21	3.15	2.95	2.84	2.73	2.61	2.49
16	6.12	4.69	4.08	3.73	3.50	3.34	3.22	3.12	3.05	2.99	2.79	2.68	2.57	2.45	2.32
18	5.98	4.56	3.95	3.61	3.38	3.22	3.10	3.01	2.93	2.87	2.67	2.56	2.44	2.32	2.19
20	5.87	4.46	3.86	3.51	3.29	3.13	3.01	2.91	2.84	2.77	2.57	2.46	2.35	2.22	2.09
30	5.57	4.18	3.59	3.25	3.03	2.87	2.75	2.65	2.57	2.51	2.31	2.20	2.07	1.94	1.79
40	5.42	4.05	3.46	3.13	2.90	2.74	2.62	2.53	2.45	2.39	2.18	2.07	1.94	1.80	1.64
60	5.29	3.93	3.34	3.01	2.79	2.63	2.51	2.41	2.33	2.27	2.06	1.94	1.82	1.67	1.48
120	5.15	3.80	3.23	2.89	2.67	2.52	2.39	2.30	2.22	2.16	1.95	1.82	1.69	1.53	1.31
∞	5.02	3.69	3.12	2.79	2.57	2.41	2.29	2.19	2.11	2.05	1.83	1.71	1.57	1.39	1.00

续表

$\alpha = 0.05$

n_1 \ n_2	1	2	3	4	5	6	7	8	9	10	15	20	30	60	∞
1	161.45	199.50	215.71	224.58	230.16	233.99	236.77	238.88	240.54	241.88	245.95	248.01	250.09	252.20	254.32
2	18.51	19.00	19.16	19.25	19.30	19.33	19.35	19.37	19.39	19.40	19.43	19.45	19.46	19.48	19.50
3	10.13	9.55	9.28	9.12	9.01	8.94	8.89	8.85	8.81	8.79	8.70	8.66	8.62	8.57	8.53
4	7.71	6.94	6.59	6.39	6.26	6.16	6.09	6.04	6.00	5.96	5.86	5.80	5.75	5.69	5.63
5	6.61	5.79	5.41	5.19	5.05	4.95	4.88	4.82	4.77	4.74	4.62	4.56	4.50	4.43	4.37
6	5.99	5.14	4.76	4.53	4.39	4.28	4.21	4.15	4.10	4.06	3.94	3.87	3.81	3.74	3.67
7	5.59	4.74	4.35	4.12	3.97	3.87	3.79	3.73	3.68	3.64	3.51	3.44	3.38	3.30	3.23
8	5.32	4.46	4.07	3.84	3.69	3.58	3.50	3.44	3.39	3.35	3.22	3.15	3.08	3.01	2.93
9	5.12	4.26	3.86	3.63	3.48	3.37	3.29	3.23	3.18	3.14	3.01	2.94	2.86	2.79	2.71
10	4.96	4.10	3.71	3.48	3.33	3.22	3.14	3.07	3.02	2.98	2.85	2.77	2.70	2.62	2.54
12	4.75	3.89	3.49	3.26	3.11	3.00	2.91	2.85	2.80	2.75	2.62	2.54	2.47	2.38	2.30
14	4.60	3.74	3.34	3.11	2.96	2.85	2.76	2.70	2.65	2.60	2.46	2.39	2.31	2.22	2.13
16	4.49	3.63	3.24	3.01	2.85	2.74	2.66	2.59	2.54	2.49	2.35	2.28	2.19	2.11	2.01
18	4.41	3.55	3.16	2.93	2.77	2.66	2.58	2.51	2.46	2.41	2.27	2.19	2.11	2.02	1.92
20	4.35	3.49	3.10	2.87	2.71	2.60	2.51	2.45	2.39	2.35	2.20	2.12	2.04	1.95	1.84
30	4.17	3.32	2.92	2.69	2.53	2.42	2.33	2.27	2.21	2.16	2.01	1.93	1.84	1.74	1.62
40	4.08	3.23	2.84	2.61	2.45	2.34	2.25	2.18	2.12	2.08	1.92	1.84	1.74	1.64	1.51
60	4.00	3.15	2.76	2.53	2.37	2.25	2.17	2.10	2.04	1.99	1.84	1.75	1.65	1.53	1.39
120	3.92	3.07	2.68	2.45	2.29	2.18	2.09	2.02	1.96	1.91	1.75	1.66	1.55	1.43	1.25
∞	3.84	3.00	2.60	2.37	2.21	2.10	2.01	1.94	1.88	1.83	1.67	1.57	1.46	1.32	1.00

附表4　F分布上侧分位数 $F_\alpha(n_1, n_2)$

续表

$\alpha=0.10$ n_1 n_2	1	2	3	4	5	6	7	8	9	10	15	20	30	60	∞
1	39.86	49.50	53.59	55.83	57.24	58.20	58.91	59.44	59.86	60.19	61.22	61.74	62.27	62.79	63.33
2	8.53	9.00	9.16	9.26	9.29	9.33	9.35	9.37	9.38	9.39	9.42	9.44	9.46	9.47	9.49
3	5.54	5.46	5.39	5.34	5.31	5.28	5.27	5.25	5.24	5.23	5.20	5.18	5.17	5.15	5.13
4	4.54	4.32	4.19	4.11	4.05	4.01	3.98	3.95	3.94	3.92	3.87	3.84	3.82	3.79	3.76
5	4.06	3.78	3.62	3.52	3.45	3.40	3.37	3.34	3.32	3.30	3.24	3.21	3.17	3.14	3.11
6	3.78	3.46	3.29	3.18	3.11	3.05	3.01	2.98	2.96	2.94	2.87	2.84	2.80	2.76	2.72
7	3.59	3.26	3.07	2.96	2.88	2.83	2.78	2.75	2.72	2.70	2.63	2.59	2.56	2.51	2.47
8	3.46	3.11	2.92	2.81	2.73	2.67	2.62	2.59	2.56	2.54	2.46	2.42	2.38	2.34	2.29
9	3.36	3.01	2.81	2.69	2.61	2.55	2.51	2.47	2.44	2.42	2.34	2.30	2.25	2.21	2.16
10	3.29	2.92	2.73	2.61	2.52	2.46	2.41	2.38	2.35	2.32	2.24	2.20	2.16	2.11	2.06
12	3.18	2.81	2.61	2.48	2.39	2.33	2.28	2.24	2.21	2.19	2.10	2.06	2.01	1.96	1.90
14	3.10	2.73	2.52	2.39	2.31	2.24	2.19	2.15	2.12	2.10	2.01	1.96	1.91	1.86	1.80
16	3.05	2.67	2.46	2.33	2.24	2.18	2.13	2.09	2.06	2.03	1.94	1.89	1.84	1.78	1.72
18	3.01	2.62	2.42	2.29	2.20	2.13	2.08	2.04	2.00	1.98	1.89	1.84	1.78	1.72	1.66
20	2.97	2.59	2.38	2.25	2.16	2.09	2.04	2.00	1.96	1.94	1.84	1.79	1.74	1.68	1.61
30	2.88	2.49	2.23	2.14	2.05	1.98	1.93	1.88	1.85	1.82	1.72	1.67	1.61	1.54	1.46
40	2.84	2.44	2.23	2.09	2.00	1.93	1.87	1.83	1.79	1.76	1.66	1.61	1.54	1.47	1.38
60	2.79	2.39	2.18	2.04	1.95	1.87	1.82	1.77	1.74	1.71	1.60	1.54	1.48	1.40	1.29
120	2.75	2.35	2.13	1.99	1.90	1.82	1.77	1.72	1.68	1.65	1.55	1.48	1.41	1.32	1.19
∞	2.71	2.30	2.08	1.94	1.85	1.77	1.72	1.67	1.63	1.60	1.49	1.42	1.34	1.24	1.00

续表

$\alpha = 0.25$

n_1 \ n_2	1	2	3	4	5	6	7	8	9	10	15	20	30	60	∞
1	5.83	7.50	8.20	8.58	8.82	8.98	9.10	9.19	9.26	9.32	9.49	9.58	9.67	9.76	9.85
2	2.57	3.00	3.15	3.23	3.28	3.31	3.34	3.35	3.37	3.38	3.41	3.43	3.44	3.46	3.48
3	2.02	2.28	2.36	2.39	2.41	2.42	2.43	2.44	2.44	2.44	2.46	2.46	2.47	2.47	2.47
4	1.81	2.00	2.05	2.06	2.07	2.08	2.08	2.08	2.08	2.08	2.08	2.08	2.08	2.08	2.08
5	1.69	1.85	1.88	1.89	1.89	1.89	1.89	1.89	1.89	1.89	1.89	1.88	1.88	1.87	1.87
6	1.62	1.76	1.78	1.79	1.79	1.78	1.78	1.78	1.77	1.77	1.76	1.76	1.75	1.74	1.74
7	1.57	1.70	1.72	1.72	1.71	1.71	1.70	1.70	1.69	1.69	1.68	1.67	1.66	1.65	1.65
8	1.54	1.66	1.67	1.66	1.66	1.65	1.64	1.64	1.64	1.63	1.62	1.61	1.60	1.59	1.58
9	1.51	1.62	1.63	1.63	1.62	1.61	1.60	1.60	1.60	1.59	1.57	1.56	1.55	1.54	1.53
10	1.49	1.60	1.60	1.59	1.59	1.58	1.57	1.56	1.56	1.55	1.53	1.52	1.51	1.50	1.48
12	1.46	1.56	1.56	1.55	1.54	1.53	1.52	1.51	1.51	1.50	1.48	1.47	1.45	1.44	1.42
14	1.44	1.53	1.53	1.52	1.51	1.50	1.49	1.48	1.47	1.46	1.44	1.43	1.41	1.40	1.38
16	1.42	1.51	1.51	1.50	1.48	1.47	1.46	1.45	1.44	1.44	1.41	1.40	1.38	1.36	1.34
18	1.41	1.50	1.49	1.48	1.46	1.45	1.44	1.43	1.42	1.42	1.39	1.38	1.36	1.34	1.32
20	1.40	1.49	1.48	1.47	1.45	1.44	1.43	1.42	1.41	1.40	1.37	1.36	1.34	1.32	1.29
30	1.38	1.45	1.44	1.42	1.41	1.39	1.38	1.37	1.36	1.35	1.32	1.30	1.28	1.26	1.23
40	1.36	1.44	1.42	1.40	1.39	1.37	1.36	1.35	1.34	1.33	1.30	1.28	1.25	1.22	1.19
60	1.35	1.42	1.41	1.38	1.37	1.35	1.33	1.32	1.31	1.30	1.27	1.25	1.22	1.19	1.15
120	1.34	1.40	1.39	1.37	1.35	1.33	1.31	1.30	1.29	1.28	1.24	1.22	1.19	1.16	1.10
∞	1.32	1.39	1.37	1.35	1.33	1.31	1.29	1.28	1.27	1.25	1.22	1.19	1.16	1.12	1.00

附表5 t分布上侧分位数表

$$P\{t_n > t_\alpha(n)\} = \alpha$$

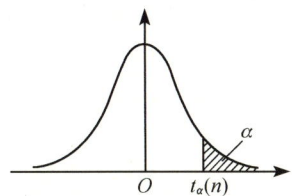

α \ n	0.10	0.05	0.025	0.01	0.005
1	3.078	6.314	12.706	31.821	63.657
2	1.886	2.920	4.303	6.965	9.925
3	1.638	2.353	3.182	4.541	5.841
4	1.533	2.132	2.776	3.747	4.604
5	1.476	2.015	2.571	3.365	4.032
6	1.440	1.943	2.447	3.143	3.707
7	1.415	1.895	2.365	2.998	3.499
8	1.397	1.860	2.306	2.896	3.355
9	1.383	1.833	2.262	2.821	3.250
10	1.372	1.812	2.228	2.764	3.169
11	1.363	1.796	2.201	2.718	3.106
12	1.356	1.782	2.179	2.681	3.055
13	1.350	1.771	2.160	2.650	3.012
14	1.345	1.761	2.145	2.624	2.977
15	1.341	1.753	2.131	2.602	2.947
16	1.337	1.746	2.120	2.583	2.921
17	1.333	1.740	2.110	2.567	2.898
18	1.330	1.734	2.101	2.552	2.878
19	1.328	1.729	2.093	2.539	2.861
20	1.325	1.725	2.086	2.528	2.845
21	1.323	1.721	2.080	2.518	2.831
22	1.321	1.717	2.074	2.508	2.819
23	1.319	1.714	2.069	2.500	2.807
24	1.318	1.711	2.064	2.492	2.797
25	1.316	1.708	2.060	2.485	2.787
26	1.315	1.706	2.056	2.479	2.779
27	1.314	1.703	2.052	2.473	2.771
28	1.313	1.701	2.048	2.467	2.763
29	1.311	1.699	2.045	2.462	2.756
30	1.310	1.697	2.042	2.457	2.750
40	1.303	1.684	2.021	2.423	2.704
60	1.296	1.671	2.000	2.390	2.660
120	1.289	1.658	1.980	2.358	2.617
∞	1.282	1.645	1.960	2.326	2.576

附表6 检验相关系数的临界值表

α \ $n-2$	5%	1%	α \ $n-2$	5%	1%	α \ $n-2$	5%	1%
1	0.997	1.000	16	0.468	0.590	35	0.325	0.418
2	0.950	0.990	17	0.456	0.575	40	0.304	0.393
3	0.878	0.959	18	0.444	0.561	45	0.288	0.372
4	0.811	0.917	19	0.433	0.549	50	0.273	0.354
5	0.754	0.874	20	0.423	0.537	60	0.250	0.325
6	0.707	0.834	21	0.413	0.526	70	0.232	0.302
7	0.666	0.798	22	0.404	0.515	80	0.217	0.283
8	0.632	0.765	23	0.396	0.505	90	0.205	0.267
9	0.602	0.735	24	0.388	0.496	100	0.195	0.254
10	0.576	0.708	25	0.381	0.487	125	0.174	0.228
11	0.553	0.684	26	0.374	0.478	150	0.159	0.208
12	0.532	0.661	27	0.367	0.470	200	0.138	0.181
13	0.514	0.641	28	0.361	0.463	300	0.113	0.143
14	0.497	0.623	29	0.355	0.456	400	0.095	0.123
15	0.482	0.606	30	0.349	0.449	1000	0.062	0.081